普通高等教育"十二五"规划教材
全国高等院校财经管理类规划教材



# 营销学原理

（第二版）

吴长顺 编著

北京大学出版社
PEKING UNIVERSITY PRESS

**内 容 提 要**

本书分为十六章：营销的基本概念、营销规划、宏观营销环境、营销信息系统与营销研究、消费品市场、工业品市场、目标市场与市场定位、产品策略、新产品开发与产品市场生命周期、定价策略、分销渠道、零售、批发和物流管理、整合营销传播、广告、市场推广与公共关系、人员推销等内容。

本书内容全面、论述清晰、文笔简练流畅、时代性强、实用性高，可作为大中专院校的经济与管理专业或其他专业学修营销学课程的通用教材。本书对各类企业的营销人员及管理人员的实际工作有参考价值，因而亦可作为各类培训的教材。

**图书在版编目(CIP)数据**

营销学原理/吴长顺编著. —2 版.—北京：北京大学出版社，2013.5

(全国高等院校财经管理类规划教材)

ISBN 978-7-301-22471-7

Ⅰ.①营…　Ⅱ.①吴…　Ⅲ.①市场营销学—高等学校—教材　Ⅳ.①F713.50

中国版本图书馆 CIP 数据核字(2013)第 087363 号

**书　　名：营销学原理(第二版)**

著作责任者：吴长顺　编著

责 任 编 辑：吴坤娟

标 准 书 号：ISBN 978-7-301-22471-7/F·3619

出 版 发 行：北京大学出版社

地　　址：北京市海淀区成府路 205 号　100871

网　　址：http://www.pup.cn　　新浪官方微博：@北京大学出版社

电 子 信 箱：zyjy@pup.cn

电　　话：邮购部 62752015　发行部 62750672　编辑部 62756923　出版部 62754962

印　刷　者：北京虎彩文化传播有限公司

经　销　者：新华书店

787 毫米×1092 毫米　16 开本　14.25 印张　333 千字

2007 年 8 月第 1 版

2013 年 5 月第 2 版　2020 年 9 月第 4 次印刷(总第 7 次印刷)

定　　价：28.00 元

---

# 前　言

营销学作为一门学科诞生已经有百年左右的历史了。尽管其诞生地在美国，但在中国及其他国家的传播和成长壮大的速度并不逊于美国，这就说明营销学是一门极有应用价值的学问。营销学发展到当今我们已经发现其与我们人类生活的关系愈益密切，大到国家管理、政府运作、政党发展，中到企业兴衰、业务成长、社团运作需要营销学，小到我们每个人的谋事生存、与人交往、立足社会等也都需要营销的知识。在现代社会中，掌握了营销学的基本理论和知识以后，不论对于社会中的哪个主体来讲都有了谋求更好生存状态的本领，整个社会也会达到更加和谐的状态。因此，营销学的知识对人类社会的存在和演进是极为重要的。

营销学到底是干什么的，能达到什么目的，为什么会越来越受到全社会的追捧？这个问题一直以来都模糊不清，众说纷纭，莫衷一是。现在来看，营销是一种谋求对方产生符合自己希望行为的一套策略和方法的活动，也就是企业谋划目标顾客产生购买行为的一套方法和策略。要特别注意的是，获取对方符合自己的行为并不是要为对方设置陷阱，损害对方的利益，而是要在对方（顾客）获得应有收益的前提下追求自身（企业）的利益最大化。营销活动的结果应该是涉及的交换各方都能得到价值增值。从另一方面讲，营销也是获取顾客、留住顾客的方法和策略。在现代市场经济条件下，商品供过于求，呈现出买方市场形态，企业在与顾客的交往关系中企业处于积极主动地位，顾客处于消极被动地位，顾客掌握着交往的主动权和选择权。这样一来，企业如何获得顾客与留住顾客就成为企业处理与顾客关系的全部内容，也就是营销管理的所有内容。获得顾客和留住顾客同样不能采用损人利己的手段和方法。不但不能坑害顾客，还要着力为顾客创造卓越的消费价值。在顾客得到卓越的消费价值的前提下，谋求为企业带来利润。其实，顾客在得到卓越消费价值的同时，也一定会为企业回报利润的。在最高意义上讲，营销是在创造和传递生活标准给社会，改变着人类的生存水平和文明进程，因此，营销对人类社会的发展来讲功莫大焉！

伴随着改革开放的东风，营销学在 20 世纪 70 年代末传入中国，之后便迅速发展起来，成为改革开放时代主旋律中最为显著的音符之一。人们对来自西方社会的“Marketing”一词的翻译和理解几经周折，至 21 世纪初，才基本上被广泛译成“营销”或“营销学”。在商业实践中，20 世纪末的中国企业大多都已设置了履行营销职能的部门，只不过名称各不相同。企业内部的营销部门在企业的生存与发展大业中起着举足轻重的作用，成为各企业极为重要的一个职能部门。企业内部的营销人员往往是最为庞大和复杂的职工队伍，专业性要求亦愈益提高。在非营利性的组织中，目前也有一些设置了营销部门。值得注意的是，营销学是一门实践极强的应用性学科，是一门知识与实践并重的学问，不同文化形态的差异为营销学的发展和应用提供了不小的比较思维的空间。

在中国目前的各类大中专院校中，大多开设了市场营销专业，这是一件好事情，说明中国的商业活动繁荣与兴旺。市场营销专业不用说自然要学习营销学的课程，其实，非营销专业的学生也要学习营销学的知识。高等院校中的非市场营销专业的学生通过学习营销学课程，有助于把本专业的知识发扬光大！另一方面，也可以使自己更好地在社会中发展，使自己的价值得到充分的展露。

吴长顺

于中山大学善思堂

2013.5

# 目　　录

# 第一章　营销的基本概念

**本章学习要点**

1. 掌握营销的含义；
2. 掌握顾客忠诚、顾客满意和关系营销的含义；
3. 掌握营销观念的含义以及营销观念的演进阶段；
4. 掌握营销管理的任务和流程；
5. 掌握非盈利性营销的含义。

在现代社会中，厂商的营销活动与每一个人的生活都有密切的关系。张三，一位在广州市一家外资企业上班的职业经理人，一早就在 HTC 手机的闹铃声中醒来，使用“黑人”牌牙刷和“中华”牌牙膏刷牙，喝“伊力”牌牛奶，吃圣安娜公司生产的“中之皇”牌面包，穿上前一天用“立白”牌洗衣粉在“海尔”牌洗衣机中洗干净的开开牌衬衫，开“天籁”牌小轿车到公司上班，用雷诺原子笔书写文件，使用联想笔记本电脑在 MSN 上与国内外同行进行业务交流；中午和三位同事到公司附近的大西豪餐厅吃一顿工作快餐；下班回到家后，打开“美的”牌电冰箱喝一罐健力宝运动饮料；晚上打开“松下”牌平板电视机，观赏欧洲足球联赛实况转播，看到“999”感冒灵的广告以及其他厂商提供的广告。由上述张三一天的生活历程可知，在现代社会中，人们所使用的产品和服务大都有企业营销活动的身影。经由营销活动，企业的商品或服务得以产生并得到消费者的认可或喜爱，且要有可能经过诸多环节铺货到消费者能够并愿意获得的终端地点，还要在终端对消费者展开促销攻势和对竞争者开展争夺战。

企业的营销活动使消费者有更多的产品和服务可供选择，更能享用许多可提高人们生活品质和工作效率的产品和服务。可见，营销在现代社会中的重要性，值得我们予以重视并深入研究。

## 1.1　营销的定义

营销的定义为何？许多人误以为营销就是销售，也有人认为营销就是促销和广告。出现这种现象很正常，现代人每天均遭受到电视广告、电台广告、报纸广告、杂志广告、信函广告、路牌广告、互联网广告等各类广告的围攻，也经常会有厂商利用电话推销或派销售人员上门推销。

因此，当许多人在知道营销并非销售、促销或广告，甚至销售、促销和广告也不是营销最重要的部份分，常感到非常的惊讶。其实，销售、促销或广告对于营销而言，只是露出海面的一小部分冰山而已，它们都只是营销的多种职能之一，且通常并非是现代营销最重要的功能。如果营销人员能做好市场分析，洞察到顾客的需要，开发出适当的产品或服务，并且做好定价及分销工作，则这些产品或服务的销售将可事半功倍。

人们很容易发现，“热销产品”常使使顾客趋之若鹜，当苹果公司设计出触摸屏 iPhone 手机和平板电脑、广州丰田汽车公司生产出第六代凯美瑞轿车、腾讯公司推出即时通信工具 QQ 以及新浪网推出微博时，消费者曾趋之若鹜，因为这些公司设计出适合顾客需要的产品。

20 世纪最具影响力的世界级管理大师得鲁克认为：“营销的目的是要使销售成为多余。营销的目的是要充分认识和了解顾客，并使产品或服务能适合顾客，并自行销售它自己。”这段话的意义就是说如果企业能够真正了解顾客的需要，设计适当的产品或服务，就不需要额外的销售或广告活动了。当然，这并不是说销售及广告是不重要的，而是强调销售和广告只是营销的一部分活动而已。营销的真正含义是指通过诱发消费者的消费欲望而实现交换(Exchange)的过程，它以满足人们需要为最终目的。

### 一、营销的内涵

美国营销协会(AMA)2007 年给“营销”定义：营销是一种组织职能，也是为了组织自身及利益相关者的利益而创造、传播、传递顾客价值，管理顾客关系的一系列过程。这个定义是在美基础之上，美国著名的营销学学者罗杰·A. 凯林等学者认为：营销是创造、传播、传递和交换待售物，从而使组织、组织利益相关者和社会获益的活动。

综合这两种定义，可以看出：(1) 营销是一种为顾客创造、传播、传递消费价值的活动；(2) 营销活动的结果不仅要使营销活动的主体获益，而且要使营销活动的相关者亦有所收益；营销活动的主体包括营销活动的发起者即主动的一方，也就是营销商[①]，以及营销活动的对象即被动的一方，也就是消费者；(3) 营销活动的一项重要内容是要维护与顾客之间的关系；(4) 营销是有一系列活动组成的程序性和时间性的过程；(5) 营销是组织的一项职能。

企业的营销也可以这样来定义：以创造顾客消费价值为根本宗旨，企业为实现经营目标而与市场需求之间动态平衡的整体性管理活动。

这种对营销的界定，包含了以下这样几层含义。第一，企业的营销活动是在为顾客创造消费价值(Customer Value)，消费价值反映了消费者对产品或服务的满足欲望或需求能力的主观评价，对个人和家庭来讲，是一种感知价值(Perceived Value)，一件提供物[②]满足消费的能力越强，它的价值就越高；反之，就越小。企业进行营销活动的基本目的是满足顾客的消费欲望或需求，也就是创造顾客消费价值。创造卓越的顾客消费价值是企业营销追求的最高境界。对企业来讲，顾客消费价值的载体是生产的产品或服务。顾客消费价值体现在营销商提供物的质量、价格、便利性、及时送货和售前售后服务在内的一系列利益组合。

---

① 营销商是包括组织和个人(个体)，组织有营利性的和非营利性的两类。在本书中，营销商与厂商、厂商、厂商、企业、公司等都是一个含义，将会交替使用，它是指处于买方市场中的从事营利性活动的组织。

② 企业的提供物一般是指产品或服务。在一般的意义上，营销商的提供物很多种形态，除了产品和服务之外，还有如人物、地方、信息、产权、活动、组织及思想(Ideas)等。

营销商提供物的消费价值与使用价值不能等同。有使用价值的事物不一定有消费价值，如空气；有消费价值的事物一定有使用价值。消费价值高的事物其使用价值不一定高，如在荒漠中的饮用水；使用价值高的事物消费价值不一定高，如铱星手机。消费价值是使用价值的营销化的一个概念。营销商所追求的不仅仅是产品使用价值的完美无缺，更应该关注如何为消费者提供卓越的消费价值。

第二，企业的营销活动是企业的一项职能，是为实现企业的宗旨和经营目标而服务的。20世纪世界级著名的管理学大师彼得·德鲁克认为，企业存在的目的就是创造顾客，也就是创造市场，这项工作在企业中是由营销活动来实现的，其他的职能活动都是营销职能的支持者和辅助者。创造顾客不仅仅是指开发新顾客，而且还有维系老顾客的含义。在现代商业社会，企业应该奉行"拥有顾客比拥有产品更重要，拥有市场比拥有企业更重要的"的商业哲学。

第三，企业营销活动是针对市场需求而进行的，营销管理在本质上是对需求的管理，即为实现企业的经营目标，通过营销的调研、计划、执行、组织与控制，来管理目标市场的需求水平、时机和构成。在现代大多数市场呈现出供过于求的格局中，营销的产生是人类商业活动必然的结果，本质是诱发、创造、引导、改变消费需求的战略战术。在实际操作中，企业对市场需求的态度，不仅要满足和适应市场上目前存在的需求，在市场上处于被动的地位，做到这一点仅仅是一般的销售经理的工作水平而已，适用于卖方市场条件。除此之外，营销商要积极引导、创造和开发市场需求，在市场上处于主动的地位，做到这个层次，便可展现出营销大师的魅力，它适用于买方市场条件。

第四，企业营销活动是涉及企业全组织的一项活动。彼得·德鲁克曾说过："营销是如此基本，以致不能把它看成是一个单独的功能，……从它的最终结果来看，也就是从顾客的观点来看，营销是整个企业的功能。"现实中，我们不能把营销仅仅看做是企业内营销部门一个职能部门的事情，尽管营销活动的具体事务是由营销部门执行的，而应把它看成企业组织内所有部门和所有人员的事情。也就是说，企业内所有部门和所有人员都要树立和履行为顾客创造价值、让顾客满意、为顾客服务的思想及责任。营销原则成为现代企业首要的、至高无上的、无可替代的工作准则。

第五，企业的营销活动不是静态的需求管理，而是始终与市场需求之间保持动态的平衡。这是因为，一方面，市场需求在不断地变化着，从低级到高级，从一种形态、样式嬗变到另外一种形态、样式；另一方面，消费者的需求面临着诸多竞争对手的诱惑，随时可能发生移情别恋。在这种情形下，企业的营销活动要始终密切关注目标市场的需求未来可能的演进方向和性质，适时做出营销策略的改进和调整，因应、唤起和满足市场需求的新变化，提高顾客满意度和忠诚度。

顾客满意(Customer Satisfaction)是购买者认为所购之物达到或超过事前的预期的一种感觉，是以购买者感知到的产品实际状况与购买者的预期相比较来判定的。如果产品的实际状况不如顾客的预期，购买者会感到不满意；如果实际状况恰如预期，购买者就会感到满意；如果实际状况超过预期，购买者就会感到非常满意。顾客的预期是由过去的购买经验、朋友的意见以及营销商和竞争者的信息和承诺来决定的。

高度满意的顾客将会重复购买，对企业的产品或品牌形成忠诚感，而对价格不太敏感，也会向其周围的人说有利于企业和其产品的善言，形成对企业及其产品有利的"口碑"。相对于竞争者而言，营销商应设法获得高的顾客满意，但无须提供最大的顾客满意。一再降低价格或增加服务固然可提高顾客满意，但可能降低利润。营销的目的是要创造顾客价值的同时并能获得利润，这需要维持很巧妙的平衡。佛瑞德里克(Frederick)指出，忠诚顾客会为企业带来直接的效益，并将其归纳为6个方面：节约争取新顾客所需的成本；增加基本利润；增加企业的交叉收入；降低营业成本；引荐新顾客；价格优势。在多数行业里，忠诚的顾客支付的价格实际上要比一般顾客高。

在现代营销理念中，为了提高顾客的忠诚度，赢得目标消费者的长期交换[①]关系，营销商需要实施关系营销策略。也就是说，要把传统的只看重单次买卖活动的交易营销(Transaction Marketing)范式转变成关系营销(Relationship Marketing)的范式。通过关系营销，企业可以留住老顾客，追求消费者欲罢不能和“零顾客叛离”的效果，为企业带来更高市场占有率和销售额。关系营销推崇的策略为：除了创造短期交易之外，营销商应设法和有价值的顾客、经销商、供应商等建立长期的关系，要不断地提供高质量的产品、优质的服务和合理的价格来建立稳固的经济和社会关系。关系营销理论的假定是：建立良好的关系，有利润的交易就会源源不断地跟着来。关系营销的目标是要提供给顾客长期的价值，而成功的营销是指长期的顾客满足和长期保有顾客。

不难看出，所谓关系营销，是指企业要在盈利的基础上，建立、维持和促进与顾客和其他伙伴之间的关系，以实现参与交易各方的目标，从而形成一种兼顾各方利益的长期互惠关系。与交易营销不同的是，关系营销强调的是以无形的东西(如感情、承诺、信任等)为交换的重要因素，体现一个持续的过程，强调买卖双方乃至多方的互惠互利。关系营销范式在BtoB营销[②]和服务营销实践中获得了很好的应用。

关系营销最根本的是能够给营销商带来非同凡响的盈利性。像其他有形资产和无形资产一样，关系营销对于改进企业未来的财务绩效和降低成本是非常有用的，其价值产生于持续不断的买卖交易、增量销售(Up-selling)或交叉销售(Cross-selling)。增量销售指的是刺激现有顾客消费更多的其当前消费的产品，或者促使其减少对其他供应商的产品消费，增加对本企业产品的消费。交叉销售指的是向现有顾客销售其可能感兴趣的其他类别产品或服务，扩大与现有顾客的接触范围，增强对企业同顾客之间关系的支撑力度，分散关系破裂的

---

① 交换是向某人取得某一被欲求的事物，并以提供另一种事物给这个人作为回报的行为。人们取得所欲求之事物的方式有好多种，交换只是其中的一种方式。在西方的营销学中，交换被看做是营销的核心概念。

一般认为，人们取得产品的第一种方式是：自行生产(self-production)，不必与其他人发生互动。在此种情况下，就没有市场存在，因此也没有营销。第二种方式是：暴力强求(coercion)，被夺取的人除了可能不受到伤害外，没有任何的利益。第三种方式是：乞求(begging)，除了感激以外，没有给予施舍者任何有形的报偿。第四种方式是：交换，以提供金钱、其他物品或服务来达成交换。

营销是以交换的方式获得所需之物，并让渡对被交换方有价值之物。交换构成了营销的基本立论基础，必须具备下列五个条件：(1) 至少要有两方当事人。(2) 每一方都拥有对方可能认为有价值的东西。(3) 每一方都具有沟通及运送的能力。(4) 每一方都可以自由地接受或拒绝对方提供的产品。(5) 每一方都相信与对方交易是适当的或满意的。

若这些条件存在，交换就可能发生。至于交换是否会真正发生，则要看交换的条件是否能使双方的情况都比交换前更好(至少不应更差)，也即实现经济学上的“帕累托改进”的效果。因此，可将交换视为创造价值的过程(value-creating process)，也就是交换的结果通常能增进交换双方的价值。

而交易则是营销的衡量单位。交易包括双方当事人之间价值的给予。交易有货币的交易(monetary transaction)；也有以物易物的交易(barter transaction)。

② BtoB营销的含义见下文。

风险,使顾客关系更为牢固,从而提高顾客关系的质量。

总之,营销是一种理念、一种商业哲学、一种态度、一种观念、一种管理方式、一种职能、一系列的活动。

人类的营销活动有多种形态。有消费者对消费者的营销,称之为 C2C 营销;有消费者对企业(组织)的营销,称之为 C2B 营销;有企业(组织)对个人和家庭的营销,称之为 B2C 营销或消费品营销;有企业对企业(组织)或个体的营销,称之为 B2B 营销或工业品营销。在本书中,以探讨 B2C 营销为主,兼顾 B2B 营销。

## 二、顾客满意与顾客忠诚

顾客满意和顾客忠诚是企业营销活动追求的主要结果之一。那么,顾客满意是如何形成的呢?

伍德罗夫(Woodruff)(1997)从顾客价值层次的角度出发,提出顾客满意的模型(图 1-1)。他认为顾客从"途径—目标"模式形成期望价值,从最低一层开始,顾客首先会考虑产品的具体属性和效能;在第二层,顾客将依据具体属性对实现预期结果的能力形成期望;在第三层,顾客会根据这些结果对其目标的实现能力形成期望。顾客使用同样的期望属性、结果和目标来评价产品,形成实受价值,进而形成"基于属性的满意"、"基于结果的满意"和"基于目标的满意"。

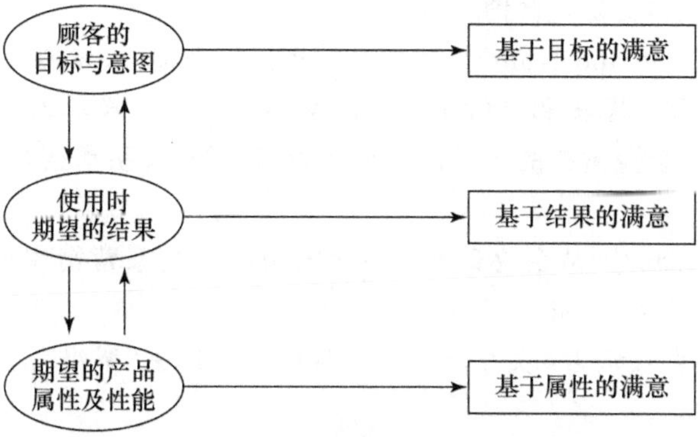


**图 1-1　顾客满意的形成模型**

达成顾客满意并不是企业营销活动的目的,企业活动的目的最终是要实现顾客的重复购买本企业的产品,增加企业产品的消费量,即实现顾客忠诚的目标。顾客忠诚是指顾客对企业提供物重复的购买意愿和购买行为倾向的程度,即顾客未来再次重复购买的可能性大小。奥利弗(Oliver)(1999)从认知、情感、意动和行为四个维度出发,认为顾客忠诚是在未来持续重购或再惠顾某一偏好产品或服务的一种深度承诺,从而导致对同一品牌或同一品牌某一大类的重复购买,当然也存在情景影响以及营销努力对转移行为的潜在影响。他认为,顾客忠诚可以通过四个阶段形成:第一个阶段是认知忠诚,它直接或间接展示了对品牌及其利益的认知,这是基于企业提供卓越性满足的信念而进行的购买;第二个阶段是情感忠诚,它是对品牌的一种有利态度,是认知忠诚阶段顾客对期望重复性的确认结果;第三个阶段是意动忠诚,它意味着是强烈的意向性,具有高水平的承诺,是一种激励力量;第四个阶段是行为忠诚,这意味着忠诚的强烈动机,还导致克服各种阻止顾客不购买忠诚品牌的障碍。

就顾客忠诚的形成机理，一些学者在心理学研究的基础上，逐步形成了三大出发点：基于交易层面上的顾客忠诚；基于关系演进的顾客忠诚；交易层面和关系演进并举的顾客忠诚。

对于顾客满意和顾客忠诚的内在逻辑关系，不同研究人员给出了不尽相同的解释。科尼(Coyne)(1999)指出，顾客满意对顾客忠诚的影响根据满意程度而不同。他认为当顾客满意度较高时，这种关系就强；当顾客满意度较低时，这种关系就弱；当顾客关系中等时，这种关系也中等。另外，米特尔和赖萨(Mittal & Lassar)(1998)指出，顾客满意不一定意味着顾客忠诚。因为不满意顾客如果无法从其他企业获得更好的服务，那么他们仍将继续购买；即使是满意顾客，他们还有渴望转移到其他企业购买，以便得到更满意的结果。

### 三、关系营销

关系是一种连接，这种连接有三种形式：人际间、组织间和人与组织间。关系营销理论自 20 世纪 80 年代提出以来，得到了广泛的传播与应用，收到来自学界和实务界的广泛关注。

在 1983 年，白瑞(Berry)最先提出了关系营销的概念，他指出：关系营销的实质是吸引、保持和强化现有顾客。他认为，由于挽留老顾客比获取新顾客的成本更低，而且对企业利润具有正面影响。关系营销范式强调企业营销的一个重要目标是发展与保持持续性的顾客关系，完全不同于离散性的交易式营销。

摩根和汉特(Morgan and Hunt)认为关系营销是旨在建立、发展和维持与顾客的成功关系交换的所有营销活动。摩根和汉特是从经济交换和社会交换的差异角度出发，认为从经济交换转向社会交换，企业营销的本质也在于承诺和信任，关系承诺与信任是关系营销成功的核心。

顾木森(Gummesson)则从企业竞争网络化的角度对关系营销作了解释，他认为：关系营销就是把营销看做关系、网络和互动。

库珀尔斯克和杰克森认为：关系营销就是利用数据库去“瞄准”消费者，去保持消费者，与消费者建立连续关系。

格鲁鲁斯(Gronroos)认为：营销就是建立、保持和加强与顾客以及其他合作者的关系，以此使各方面的利益得到满足和融合。这个过程是通过信任和承诺来实现的。

根据在企业营销的哲学、战略和具体方法的不同，关系营销共分为三个层次：(1) 一级关系营销。企业通过价格和其他财务上的价值让渡吸引顾客与企业建立长期交易关系，如对那些频繁购买以及按稳定数量进行购买的顾客给予财务奖励的营销计划。(2) 二级关系营销。当企业不仅用财务上的价值让渡吸引顾客，还尽量了解单个顾客的需要和愿望，提供个性化和人格化服务，来增加公司与顾客的社会联系时，就进入二级关系营销，它的主要表现形式是建立顾客俱乐部。(3) 三级关系营销。这是企业和顾客互相依赖对方的结构性变化，也就是双方成为合作伙伴关系。在存在专用性资产和重复交易的条件下，一方放弃关系将会付出转移成本(Switching Cost)，关系的维持具有价值，从而形成“双边锁定”。良好的结构性关系将提高客户转向竞争者的机会成本，同时也将增加客户脱离竞争者而转向本企业的利益。关系营销认为，一级关系营销是低层次的，尽管这种方式对消费者看起来很有吸引力，但却很难创造持久的顾客关系，因为竞争对手很快就会模仿从而失去优势。三级关系营销是高层次的，因为关系营销不仅仅是手段而且是营销哲学，双方的关系是互惠、稳定的，给双方带来长期的价值，可以获得持久的竞争优势。二级关系营销是介于两者之间的层次。

关系营销与交易营销存在一定的差异，如表1-1所示。

**表1-1 关系营销与交易营销的区别**

| 项目 | 关系营销 | 交易营销 |
| --- | --- | --- |
| 适合的顾客 | 适合于具有长远眼光和转换成本高的顾客 | 适合于眼光短浅和转换成本低的顾客 |
| 买卖双方的关系 | 长期的关系，比较牢靠，竞争者很难破坏企业与顾客的关系 | 离散的关系，如果竞争者可用较低的价格、较高的技术解决顾客面临的问题，顾客会与本公司终止关系 |
| 营销目标 | 维系老顾客 | 开发新顾客 |
| 营销的焦点 | 长期关系的维系 | 交易的完成 |
| 对价格的看法 | 不是主要的竞争手段 | 是主要的竞争手段 |
| 企业强调 | 回头客比率、顾客忠诚度、建立长久的关系、顾客满意 | 销售量，市场占有率，“一锤子买卖”也干，顾客满意不是考虑的重点 |
| 营销管理的追求 | 追求买卖双方互利关系的最佳化、长期化 | 单次交易的最大化 |
| 市场风险 | 小 | 大 |
| 了解对方文化背景 | 非常必要 | 没有必要 |
| 最终结果 | 顾客资产；超出“分销渠道”概念范畴，可能成为战略伙伴，发展成为营销网络 | 当期利润；未超出“分销渠道”的概念范畴 |

值得注意的是，关系营销有其适用范围。科特勒(Kotler)认为，组织究竟适用关系营销还是交易营销取决于利润水平以及渠道中成员之间的分离程度。此外，顾客类型、产业性质等因素也对营销范式的选择产生直接的影响。与关系型顾客相比，交易型顾客最关心的仍然是价格的可接受度，一般在购买过程中不太愿意与供应商或服务提供商发生过多的接触，消费品和耐用消费品更适用交易营销。一般来说，产品的无形性和复杂性程度越高，关系营销的适用性就越大。贝克(Baker)等(1998)认为，较适合关系营销的领域有：需要消费者参与二次开发的产品、服务业；需要买卖双方密切合作的复杂和昂贵的产业项目、娱乐和体育项目、适合品牌化的产品；需要顾客投入很多资金和资产的贵重和复杂产品；需要顾客参与售前和售后服务的复杂产品，以及与其他产品或服务不可分离的产品或服务。

帕尔默(Palmer)(1996)认为，关系营销并不适用于以下六种情况，而交易营销则更有利于企业提高利润：一是交换中的某一方或各方都不希望建立长期关系；二是双方在资源等方面的关系不对称，一方希望减少对另一方的依赖；三是买卖双方之间的社会联系有助于降低顾客感知风险和简化决策过程，但是正式决策过程与买卖双方之间的社会联系是互相排斥的；四是随着卖方信心的增加，购买方对持续关系的需要反而降低；五是营销既可以增加利润，又可能增加成本；六是关系网络的形成容易导致垄断，违背竞争原则。

营销商与顾客之间的关系不是一成不变的，而是随着时间的演进和业务的不同呈现出不同的形态。巴顿·威兹(Barton A. Weitz)等学者认为营销活动的双方之间存在着两种基本的关系类型：市场交换和伙伴关系。其中每一种类型又包括两小类，如表 1-2 所示。

**表 1-2　购买者与销售者之间的关系类型**

| 关系中涉及的因素 | 关系类型 | | | |
|---|---|---|---|---|
| | 一次性交易 | 购销关系 | 合伙关系 | 战略伙伴关系 |
| 时间范围 | 短期 | 长期 | 长期 | 长期 |
| 对另一方的关心程度 | 低 | 低 | 中等 | 高 |
| 信任度 | 低 | 低 | 高 | 高 |
| 在关系中的投资 | 低 | 低 | 低 | 高 |
| 关系的本质 | 冲突、讨价还价 | 合作 | 调和 | 协同 |
| 关系中的风险 | 低 | 中等 | 高 | 高 |
| 潜在的利益 | 低 | 中等 | 高 | 高 |

资料来源：巴顿·威兹(Barton A. Weitz)等.销售与顾客关系管理[M].北京：人民邮电出版社，2008，第 37 页。

市场交换关系是指买卖双方之间只关注交易活动中己方利益的现象。卖方只关心销售的达成与否，买方仅关注以最低的价格购得所需之物。它包括两种类型：一次性交易和购销关系。一次性交易是指双方可能因为偶然的情景而产生的几乎没有下一次的买卖情形。购销关系是基于习惯和常规的带有忠诚特征的长期买卖交易关系，消费者前一次购买后的评价会影响到下一次的购买行为，只要消费者购后满意而且价格依然合适，重复购买就会发生。

伙伴关系是指所有当事方都关心相互的利益并追求双赢关系。伙伴关系包括两种类型：关系合伙和战略伙伴关系。关系合伙主要是指工业品营销中买卖双方的销售人员和采购者之间形成了一种主要基于个人层面的合作氛围，在这种氛围中，买卖双方都感到安全可靠，能够坦率地、真诚地交流，相互信任。

战略伙伴关系是一种长期的商业关系，是为了发现和开发合作机会而建立起来的战略关系。战略伙伴关系中的成员很大程度上相互依赖、彼此信任，分享目标并对如何实现目标达成一致，能表现出愿意承担风险、分享机密信息及为了维护关系进行重大投资的倾向。

## 四、营销在企业中的角色

营销职能在企业的不同层级中扮演着不同的角色，同样，在不同的组织形态下用新的角色也是存在差异的。在传统的层级制组织中，对大型官僚式层级制企业来讲，一般有三个层次的营销职能分布，即作为文化、作为战略和作为战术等三种营销职能。作为文化是指营销要在整个组织内部树立以消费者为中心的文化氛围、经营哲学和价值观念，这种营销职能一般归属于公司高层和中层事业部(SUB)[①]主管。作为战略是指事业部(SUB)履行营销的市场细分、目标市场选择和营销定位[②]等职能。作为战术是指营销管理人员履行营销策略和战术职能，主要是执行营销组合策略即有关产品、定价、分销和营销传播等策略的制定和执行工作，这些工作属于操作层面的活动。

---

① 事业部也称战略业务单位，英文是 Strategic Business Unit，简称 SUB。

② 市场细分、目标市场选择和营销定位等概念的含义将在第七章中阐释。

人类社会进入21世纪，传统的垂直一体化的多部门的组织形态逐渐被网络组织(Network Organization)和战略联盟[①]所取代。在这种新型的商业秩序中，传统的市场和公司之间的清晰的界限以及企业与外部环境之间的界限都消失了，供应商不再是“局外人”，客户被看做是企业的生命源泉，客户的构想和企业的视野融为一体。在无边界企业中，内部职能变得模糊起来。技术人员要与营销和销售、财务以及其他职能人员结成一个团队。客户服务也成为所有人的职责。这样一来，网络组织中的核心企业的营销角色就会发生一系列重要的变革，最为明显的是营销原先作为一项特殊的管理职能从组织中消失了，传统的职能界限变得模糊不清。在网络组织中与客户保持持续的关系成为最为重要的营销职能，具备关系管理技能的营销人员具有很高的商业价值，决定着网络组织的市场竞争力。同时，理解顾客需求并为顾客提供卓越的消费价值依然是网络组织中核心企业的重要职能。

### 五、顾客资产管理

顾客资产(Customer Equity)是指企业所有顾客折现的终生价值之和。现代企业追求的目标不是利润最大化而是企业价值的最大化。真正体现企业价值的不在于企业拥有多少固定资产和无形资产，也不在于它当前的产品市场占有率有多高(因为只表明企业过去的业绩，而无法表明企业将来的业绩)，而在于它拥有多少在未来能够给其带来现金收益的顾客数量。很明显，这样顾客的数量越大，企业的价值也就越高。以往，顾客被看做是一种游离于企业之外的外生变量，现如今，由于市场供给日趋丰富，人类进入产品丰裕的社会，各厂商为争夺市场(顾客资源)展开残酷的竞争，这样一来，顾客就如同其他的生产要素(物质资本、人力资本)一样，被看做一种资产，是一种内生变量，具有内在的增值性。只有顾客资产增值以后，企业的有形资产和无形资产才具有实际的经济意义。正是从这个意义上说，顾客是一项资产或一种经济资源。

顾客资产的意义如下。

(1) 顾客及顾客资产在企业中居于首要地位，而品牌及品牌资产退居次要地位并必须服从于顾客资产管理的需要。相应地，企业管理理念也从长期以来的“品牌导向”转入“顾客导向”，企业的核心竞争力主要体现在顾客资产上。显然，顾客的忠诚度越高，顾客资产就越大。

(2) 顾客资产把顾客看做“资产”或“资本”而不是其他东西。顾客资产像其他生产要素(人力资本、物质资本等)一样具有内在增值性，它能产生收益现金流，具有投资风险，需要成本支出以进行维护管理。这和一般的资本如人力资本和物质资本具有共同性。顾客是企业的利润来源。简单地说，顾客是一种重要的生产要素，需要纳入企业要素管理范畴。

(3) 既然视顾客为资产，必然涉及如何“资本化”顾客资产，并且像管理其他资产一样建立一个资产账户，以便进行评估、优化并正确衡量相关的投入和产出问题。

(4) 打破了过去一切为了市场占有率而不计较顾客成本的管理模式。如何以最小成本获得顾客、以最小成本巩固顾客资产、争取最有价值的顾客才是提升企业资产质量的核心。

顾客资产由以下三部分组成：

(1) 价值资产，是顾客基于对获得的利益与成本支出之间差异的知觉判断基础上对厂

① 网路组织和战略联盟的概念见有关的“管理学”及“战略管理”等方面的著作。

商提供物(产品或服务)效用的客观评估。价值资产的决定因素包括：质量、价格和方便性。

(2) 品牌资产，是顾客对品牌的主观和无形的评估，它超越了客观的知觉价值。品牌资产的决定因素包括：顾客对品牌的知晓；顾客对品牌的态度；顾客对品牌伦理的知觉。

(3) 关系资产，是指顾客粘住品牌的倾向，超越了主观和客观的评价。目的是防止顾客移情别恋。关系资产的决定因素包括：忠诚奖励计划；特殊礼遇规划；亲和规划；社区建设规划；知识积累规划。

顾客资产在数量上等同于企业所有顾客的顾客终生价值(Customer Lifetime Value, CLV)之和。顾客终身价值是顾客在未来一段时间内(顾客生命周期)给企业带来的净现金流的现值。雷赤黑尔德(Reichheld)认为顾客终身价值是指在维持顾客的条件下企业从该顾客持续购买中所获得的利润流的现值，主要取决于三个因素：① 顾客购买所带来的边际贡献；② 顾客保留的时间长度；③ 贴现率。

提高顾客资产的价值需要企业实施客户关系管理(Customer Relationship Management, CRM)和大客户管理(Key Account Management, KAM)。目前，人们对客户关系管理有不同的解释。美国著名的 IT 研究组织 Gartner Group 将客户关系管理(CRM)定义为："通过围绕客户细分来组织企业，鼓励满足客户需要的行为，并通过加强客户与供应商之间联系等手段来提高赢利、收入和客户满意度的遍及整个企业的商业策略。"

英国斯通和伍德科克认为，CRM 是营销学、销售学、营销沟通和客户管理技巧与过程在以下方面的广泛运用：找到你所列出的每一个客户；建立公司与这些客户间的关系—— 一种在许多交易中都存在的关系；管理这些事关客户和公司利益的关系。

卡尔松营销集团认为：CRM 是通过培养公司的每一个员工、经销商或客户对该公司更积极的偏爱或偏好，留住他们并以此提升公司业绩的一种营销策略。

NCR 的罗纳德·史威福特认为：狭义的 CRM 是指企业通过富有意义的交流沟通，理解并影响客户行为，最终实现提高获得、客户保留、客户忠诚和客户创利的目的。广义的 CRM 是指通过满足甚至超出消费者的要求，达到使他们愿意再次购买的程度，并将潜在的消费者转变成忠诚客户的所有活动。

综上所述，顾客关系管理(CRM)有这样几层意思：

(1) CRM 是一种以产品和企业为中心转向以客户为中心的经营理念，是一种围绕客户展开一切商业活动的全面企业战略。这是 CRM 的根本之所在，其他的手段、方法都应为这一理念服务。

CRM 的主要作用可以从三个层面来体现。从对外的层面而言，能够及时有效地解决来自外部客户抱怨的问题，为客户提供超出其期望值的产品或服务，达到提高客户满意度的目的。从企业内部的层面而言，可以改善企业内部工作人员，例如销售人员、市场推广人员以及服务支持人员的工作环境，使得原来一些重复性的工作减少了，增加了很多具有增值性和创造性的工作，提高了知识工作者的劳动生产率。从 ERP 的层面而言，CRM 的应用，能够有效地解放 ERP 的潜力。

(2) CRM 是一套客户信息管理系统。CRM 系统多年的发展经历了销售自动化(SFA)、客户服务系统(CSS)和呼叫中心(CC)，后来逐渐综合了现代营销理念——忠诚度、满意度、客户价值、一对一营销、大规模定制以及客户化等，这些都是以计算机电话集成技术(CTI)、因特网功能以及专门的 CRM 技术为基础的一套客户信息管理系统，也是今天 CRM

表现的主要形式。

(3) CRM是一种营销管理的方法和流程。企业实施CRM,将在组织结构和业务流程上围绕客户进行重构,形成一套以客户为中心的业务流程,从这个意义上讲,CRM是一种区别于传统营销的一种方法和流程。

所谓的大客户管理(Key Account Management,KAM),简单地说,就是一个获取、保持和增加可获利大客户的过程,是一种向忠诚大客户提供优良的服务品质的做法,其目的是为了更有效率地获取、开发并留住企业最重要的资产——大客户,最终获取大客户的终身价值。大客户也可以是我们通常称呼的"VIP客户",是最大、最重要、最有价值的客户。KAM的目标应该是,在生产、营销和服务方面为大客户打造专门的服务和针对性、个性化的解决方案。KAM以"一对一营销"的理论为基础,通过将人力资源、业务流程与专业技术进行有效的整合,最终帮助企业将涉及大客户的各个领域完美地集成于一体,使得企业可以低成本、高效率地满足大客户的个性化需求,从而让企业可以最大限度地提高大客户满意度及忠诚度,挽回失去的大客户,保留现有的大客户,不断发展新的大客户,发掘并牢牢地把握住能给企业带来最大价值的客户群,取得与大客户的战略性双赢。

### 六、体验营销

20世纪末,美国出现了一种崭新的营销理念——体验营销,它是伴随着体验经济时代的到来而出现的一种新的营销观念和方式。体验营销是继商品营销、服务营销之后的一种新的营销模式,它强调的是营销商如何在与消费者的交换过程中给消费者营造一种由体验所产生的乐趣、愉悦、感受等精神享受的情景,最终达到实现产品或服务买卖和提高顾客忠诚度的目标。体验是人在实践中亲身经历的一种心理活动,并在亲身经历中体会知识、感受情感,包括两种含义:一种是行为体验,另一种是内心体验。人们在消费过程中,不只是希望从产品或服务中获得的功效性价值,还希望在消费中获得惊奇、震撼、激动的终极体验和难以忘怀的愉悦记忆。营销商通过体验营销强化了传统的产品或服务中"4P"策略的作用。体验营销是由派恩(Pine)和吉尔摩(Gimore)在1998年首先提出的,他们认为,体验营销是要从消费者的感官、情感、思考、行动、关联五个方面重新定义、设计营销理念,消费者消费时是理性与感性兼具的,消费者在消费前、消费中和消费后的体验是研究消费者与企业品牌经营的关键。施密特(Schmitt)认为,体验营销是基于个别顾客的心理学理论及顾客的社会行为,并将传统营销的观点融入其中。他认为体验营销有四个特点:聚焦点在顾客的体验上;检验消费者的情景;顾客是理性与感性的动物;方法与工具具有多种来源。

根据派恩(Pinc)和吉尔摩(Gimore)的研究,体验营销可以分为四类。(1) 娱乐体验营销。它是企业以满足顾客的娱乐体验来吸引顾客,娱乐体验是顾客参与度较低,主要依靠感觉被动地感受的一种体验,它多是一种单一的行为。(2) 教育体验营销。企业通过教育者与受教育者的互动来使受教育者吸取体验(知识),企业要创造条件和环境促使顾客积极使用其大脑和身体。教育体验营销包含了客体更多的积极参与。(3) 审美体验营销。营销商通过巧妙地利用美的元素,如色彩、音乐、形状、图案等;以及美的风格,再配以美的主题,来迎合消费者的审美情趣。(4) 逃避现实的体验营销。营销商在某种环境中营造某种氛围,使顾客不仅完全沉浸在某种体验里,还主动地参与到这种体验的营造之中,这种逃避现实的体验是一种完全互动的体验。

# 1.2　营销观念的演进

## 一、营销观念的含义

营销观念属于上层建筑的范畴，是指企业管理者在组织和谋划企业的营销管理实践活动时所依据的指导思想和行为准则。因此，营销观念是一种观点、态度和思想方法，是一切经营活动的出发点，也是一种商业哲学或思维方法。中国人有这样的说法："行成于思，三思而后行"。这充分说明"思"对"行"有着重要的前提性作用。企业的营销活动，是一种管理实践活动的过程，它必须在一定的营销观念支配下进行。因此，我们在研究各项具体营销活动之前，必须对营销观念的产生和发展有一定的了解。

营销观念既然是一种指导营销活动的基本思想，就是人类商业活动发展到一定历史阶段的产物。人类自产生商品交换以来，由于生产力发展缓慢，直到产业革命前很长一段时期，交换制度都停留在极其简单的形态上，交换对象仅限于小量生产的手工业品，企业营销活动处于萌芽阶段。那时一小群木匠、制鞋匠、裁缝师傅等各种各样的手工业者，只与少数顾客进行小规模的交易。后来，随着产业革命的到来，个体商品生产让位于大工业生产，从而使得商业活动也变得更复杂了。买者与卖者之间的个人对个人的关系已少见了。这时营销活动才真正向前迈进了一步，营销观念才逐步形成，并一直处于发展中。

产业革命以后，就西方社会来说，营销观念的发展，可分为两个明显的阶段。

## 二、以企业内部为中心的传统营销观念阶段

### 1. 生产观念阶段

这一阶段为19世纪末到20世纪初。当时西方各国普遍的情况是，国民收入低，生产力水平落后，整个社会的产品不太丰富，企业只要通过提高产量和生产效率，降低生产成本就可获得巨额利润。营销商在与消费者的关系中居于有利的主导地位，一般只生产品种单一的产品，消费者需求比较被动，没有多少选择余地。

所谓生产观念，是指在上述整个社会生产力水平比较低下，产品供不求，消费者购买产品毫无选择余地的卖方市场情况下，营销商们所持的一种指导营销实践的观念。他们认为，消费者会接受任何能买得到、买得起的产品。这种观点立足于两个重要前提：第一，消费者的注意力只集中在是否买得起及价格是否便宜上；第二，消费者并不了解同类产品还有非价格差异（如质量、花色品种、造型、外观等差异）。因此，他们把营销活动的重点放在如何有效利用生产资源及提高劳动效率，以获得最大产量及降低生产成本上。如汽车大王福特（Henry Ford）早期的营销观念便是如此。其在1914年开始生产价格低廉的T型汽车。这种汽车到1921年时，在美国汽车市场上的占有率已上升到56%。当时，福特的经营哲学便是如何使T型车的生产效率不断提高，从而降低成本，使更多的人买得起汽车。他曾说过这样的话："不管顾客需要什么，我的汽车就是黑颜色的。"这是只求产品价廉而不讲究花色式样的生产观点的典型代表。显然，在生产观念指导下，生产和销售的关系必然是"以产定销"。这种观念也称做生产者导向观念，是指导企业经营实践最古老的观念。

2. 产品观念阶段

所谓产品观念，是以消费者会选择价格相同而质量最好的产品的假设为前提的营销思想。它认为，只要产品的质量上乘，具有其他产品无法比拟的优点和特征，就会受到消费者的欢迎，消费者也愿意多花钱去购买优等的商品。在这种观念的指导下，企业往往把注意力集中在产品的精心制作上，而根本不去考虑市场上消费者是否真正接受这种产品。像"好酒不怕巷子深"、"一招鲜、吃遍天"等都是这种营销观念的反映。

上面的两种营销观念，它们有一个共同的特点，就是营销商要高效率地生产产品，为消费者提供"优良"的产品。它们对丰富市场供给、增加社会财富、提高社会生活质量方面有着积极作用。但它们最终会使企业感染上"营销近视症"。所谓"营销近视症"，就是不适当地把注意力放在产品上，而不是放在市场的需要及其发展演变上，其结果只会导致企业丧失市场，失去生存和竞争能力。这是因为产品只不过是满足市场需求的一种媒介，一种手段，一旦有更能充分满足消费需求的新产品出现，现有的产品就会被淘汰。同时，消费者的需求是多种多样并且不断变化的，不是所有的消费者都偏好价高质优的产品。

3. 推销观念阶段

这一阶段大约为 20 世纪的 30 年代和 40 年代。随着科学技术的进步，生产力的提高，产品的数量与花色品种也开始大大增加，市场上的商品供过于求。1929 年爆发的经济危机，给资本主义世界带来了沉重的打击，企业担心的是如何扩大产品的销售而不是如何扩大产品的生产。这样，推销观念(Selling Concept)开始占据主导地位。

推销观念是以下列判断为前提，即消费者不会因自身的需求与愿望主动地购买商品，而必须在强烈的销售刺激引导下才会采取购买行动。在推销观念的指导下，企业认为主要的任务是扩大销售，通过各种推销手段促使消费者购买。因此，企业注意运用推销术、广告术等来刺激消费者。于是形成了一种所谓"高压式"的"硬卖"风气，不问消费者是否真正需要，不择手段地采取各种推销活动，把商品推销给消费者。推销观念的核心仍然没有摆脱以企业为中心的框架，从而使企业的经营观念仍然停留在旧观念的基础上。

## 三、以企业外部为中心的现代营销观念阶段

1. 市场营销观念

这一阶段是从 20 世纪 50 年代开始的。由于前一阶段剧烈的推销竞争，各企业逐渐意识到，要保证获得高额利润，使企业有良好的声誉，提高商品的销量，不能再单纯依靠以销售为中心"硬卖"的办法，而必须转到以消费者为中心的轨道上来，即必须把高压式的"硬卖"转变为诱发式的"软卖"，整个营销活动依据消费者的需要而展开，如何取悦消费者成为企业营销活动的核心和基本出发点。这就形成了一种新的营销思想市场营销观念(Marketing Concept)。

市场营销观念是要确立这样一种理念：企业的一切经营策略应以市场需求为导向；满足市场需求与消费者的愿望是企业的责任；在满足需要的基础上，实现长期的合理的利润。因此，"顾客至上"、"顾客就是上帝"、"顾客永远是正确的"等口号，成为现代营销商及企业家的座右铭。

在这种观念下的营销活动，不仅包括了销售，同时还包括了市场调查、消费者研究，新产

品开发、广告活动以及售后服务等，并且都站在消费者的立场来规划这些活动，以消费者的要求为出发点，围绕着消费者开展一切营销活动，因而，它是一种组织的整体性营销活动。

市场营销观念奠基于四个主要的支柱，即目标市场、顾客需要、整体营销和利润。

(1) 目标市场

营销观念起始于市场，但没有一家公司，不论它的规模多大，能够在每一个细分市场中营运，并能满足不同市场中的每一位消费者的需要；也没有公司能够在一个广大的市场中做好营销工作。因此，公司要小心界定它们的目标市场(Target Market)，并针对目标市场的情况发展制订营销方案，才可能有最好的营销表现。

(2) 顾客需要

营销工作有赖于充分了解顾客的需要与欲望，但要真正去了解顾客的需要和欲望并非易事。例如，张三说他想要一套"物美价廉"的音响组合，到底他所说的"价廉"是指什么样的价钱、"物美"是指什么样的品质水准呢？营销商要进一步去探究。

公司界定顾客需要时应从顾客的观点去界定，而非从公司的观点去界定。因此，要对顾客做研究，了解他们的真正需要，并让顾客满意。顾客导向的公司通常会定期追踪其顾客的满意水准，并设定改进的目标。

(3) 整体营销

整体营销有两方面的含义。首先，各种营销功能——销售、广告、产品管理、营销研究(Marketing Research)等——都必须互相协调配合。例如，销售部门认为产品经理制定的"价格太高"或"销售目标太高"。这些营销功能都必须从顾客的观点来加以协调和整合。

其次，营销部门必须和公司的其他部门有良好的协调。如果营销只是一个部门的工作而已，那营销是做不好的；要让所有的员工都认识到他们对顾客满足的影响，营销才能奏效。因此，营销观念要求公司不仅要做好外部营销(External Marketing)，也要做好内部营销(Internal Marketing)。内部营销是指雇用、训练和激励公司内部的员工，让他们都能了解顾客满足的重要性，并愿全力做好服务顾客的工作。事实上，内部营销必须优先于外部营销。在公司的员工都有心为顾客提供卓越服务的时候，公司对顾客的服务承诺才有意义。

(4) 利润

市场营销观念的目的是要帮助组织达成它们的目标。对营利性企业而言，主要目标是利润；对非营利或公共组织而言，主要目标是维持生存和吸引资金来从事活动。营利性公司以让顾客获得满足，为顾客创造卓越消费价值，解决顾客所存在的问题，并且比竞争者更能让顾客满足来达成其利润目标。因此，利润是顾客满意的自然回报。这样的营销商奉行"拥有市场比拥有企业更重要，拥有顾客比原有产品更重要"的经营原则。

2. 社会营销观念

社会营销观念以消费者为中心的营销观念，进入 20 世纪 70 年代以来又有所发展，逐渐演变成社会营销观念(Social Marketing Concept)。所谓社会营销观念，就是不仅要满足消费者的需要与欲望并由此获得企业的利润，而且要符合消费者自身和整个社会的长远利益，要正确处理消费者欲望、消费者利益和社会长远利益之间的关系。社会营销的任务在于把上述几方面的利益协调起来，做到统筹兼顾。

社会营销观念的基本前提是：

(1) 消费者的需要与消费者本身或社会的长远利益并非总是一致的；

(2) 关心是否满足消费者需求及消费者长远利益和社会长远利益的公司，将会越来越受到消费者的欢迎；

(3) 公司能否吸引并保留住大量顾客，其关键不仅在于满足消费者的眼前需求，而且还应顾及个人及社会的长远利益。

社会营销观念的兴起，具有一定的社会历史背景。

20 世纪 70 年代以后，人们逐渐怀疑，在一个环境不断遭到破坏、资源日趋短缺、人口爆炸性增长、通货膨胀席卷全球、各国普遍忽视社会利益的年代里，单纯的市场营销观念回避了消费者需求与消费者长远利益、社会长远利益的冲突。单纯的市场营销观念是否还是一种适宜的经营思想？社会营销观念出现并提出很多新观念，如“人类观念”、“理智消费观念”、“生态学营销观念”等。这一新观念要求营销人员在制定营销政策时，必须平衡三点：即企业方面的利润，消费者方面的需求满足及社会方面的人类福利考虑(如图 1-2 所示)。图 1-2 也表示了营销观念的演变过程：最初，营销商的营销决策主要以企业获利多少为依据；后来，开始认识到满足消费者需求的深远意义，于是市场营销观念产生；今天，企业在做营销规划时，开始考虑到社会的利益，从而形成了新的社会营销观念，这种观念要求全面平衡三点，即对企业的利润、消费者的需要和社会的利益加以全面平衡。

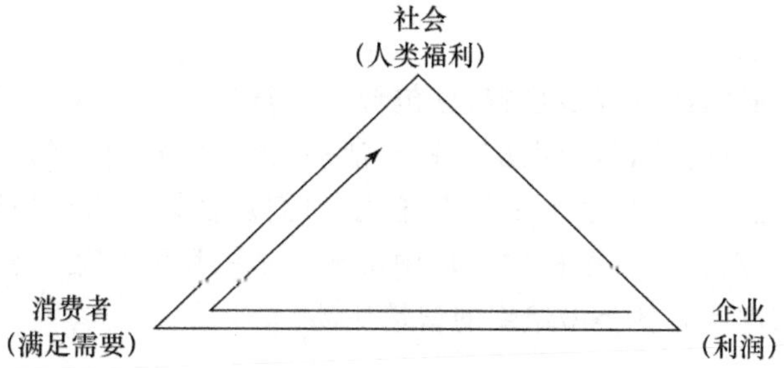


**图 1-2　社会营销观念强调的三点考虑**

3. 大营销观念

进入 20 世纪 80 年代后，国际市场竞争日趋激烈，许多国家和地区政府干预加强，贸易保护主义抬头。在此形势下，科特勒教授提出了一种新的营销观念——大营销观念(Megamarketing Concept)。他认为，企业在进行营销活动时，不仅是顺从和适应周围环境，而且可以影响它；企业不仅仅是满足顾客需要，而且可以利用“6PS”[①]打开和进入某一市场，创造或改变顾客需要。

以上三个阶段的六种营销观念，总的说来，就是新旧两种观念。前两个阶段为旧观念，后一个阶段为新观念。下面将上述几种营销观念作一归纳总结，如表 1-3 所示。

① 6PS 为 Product (产品)，Price(价格)，Promotion(促销)，Place(地点)，Power(权力)，Public Relation( 公共关系)。

表 1-3　营销观念的演变

| 营销观念 | | 营销程序 | 重点(中心) | 手段 | 营销目标 |
|---|---|---|---|---|---|
| 传统营销观念 | 生产观念 | 产品→市场 | 产品 | 提高生产效率 | 通过增加产量降低成本取得利润 |
| | 产品观念 | 产品→市场 | 产品 | 生产优质产品 | 通过提高质量，扩大销售量取得利润 |
| | 推销观念 | 产品→市场 | 产品 | 促进销售策略 | 加强推销活动，扩大销售量，取得利润 |
| 现代营销观念 | 市场营销观念 | 市场→产品→市场 | 消费者需求 | 整体营销活动 | 在满足消费者需求的过程中，取得利润 |
| | 社会营销观念 | 市场→产品→市场 | 消费者需求<br>社会公众利益 | 多层次的<br>整体营销活动 | 通过满足顾客需要，增进社会利益，企业取得利益 |
| | 大营销观念 | 市场→产品→市场 | 消费者需求 | 大营销组合 | 满足、创造或改变需求取得利润 |

# 1.3　营销管理

完成交换的过程必须经过许多步骤，也包含一些技巧。一般人对于购买产品以满足家庭需要，都非常熟悉。有时候，他们也从事销售活动(例如销售自己的二手车或出租自有房屋等)。但是企业在处理交换过程上更为专业化，他们从多样的市场中购买原物料，将它们转变为有用的产品，然后在另外多样的市场中出售。本书所要介绍的营销学是企业的营销活动，而不是个人、家庭或其他类型组织的营销活动。

## 一、营销管理的任务

在一般人的头脑中，营销管理(Marketing Management)的主要任务是刺激或诱发消费者对公司产品的需求。然而，对营销管理的任务而言，此种说法显得太狭隘。营销管理的任务在于影响需求的水准、时机和构成，以利于公司实现经营目标，简单地讲，营销管理就是需求管理。

企业组织在市场上通常都有一个理想的需求水准，但是实际的需求水准可能低于、高于或等于理想的需求水准。需求不足时固然需要刺激需求，但有时需求过高或不足或不正常地变化时，也需要加以有效的管理，才能达成企业组织的目标。例如，交通运输业、旅游业常常面临淡季与旺季需求水准相差甚大的问题，这就需要通过不同的营销方案来缩小此种差距，这便是营销管理的任务。

营销管理的关键是调节需求的水准的时机和构成。在不同的需求情况下，营销管理所承担的营销任务也有不同。一般言之，需求情况有以下 8 种类型。

1. 负的需求

负的需求(Negative Demand)是指某一潜在市场中的全部或大部分的重要顾客群体都不喜欢公司的产品或服务。例如，有人不喜欢去看牙医、不喜欢到沙漠或北极去旅行、不喜欢搭乘飞机、不喜欢吃牛肉等，这些都属于负的需求。面对负的需求情况，营销商必须设法加以改变，将负的需求转变为正的需求。

2. 无需求

无需求(No Demand)是指某一潜在市场中的所有或重要的顾客群体对公司的产品或服务缺乏兴趣。在市场对公司的产品或服务没有兴趣的情况下，营销商的任务就是要引起人们的兴趣，刺激人们的需求，将没有需求转变为正的需求。

3. 潜在需求

潜在需求(Latent Demand)是指有人对某事物具有强烈的需求，但这种事物尚未以实际产品或服务的形态出现。例如，许多抽烟者希望有一种香烟，一方面有香烟的好味道，另一方面又不会产生有害健康的尼古丁和焦油；有人希望电视台能提供好节目，但不要插播商业广告，这些都是潜在需求的例子。潜在需求的存在代表一种市场机会，营销商应该掌握这种机会，有效地将潜在需求转变为实际的需求。

4. 下降的需求

下降的需求(Declining Demand)是指对其一产品或服务的需求水准已经降低，如果不及时采取有效的措施，需求水准将继续下降。在需求水准下降的情况下，营销商必须设法使需求复苏。

5. 不规则的需求

不规则的需求(Irregular Demand)是指对产品或服务的需求是有季节性或不规则性的，需求的时间形态和供给的时间形态不相一致，如旅馆有淡季和旺季、公共汽车在上下班时的需求较大、电力需求也有颠峰和低谷时间等。在这种不规则需求的情况下，营销商必须利用营销手段，诸如弹性定价、加强促销等，使供需的时间形态比较一致。这种营销任务就是所谓的规则化营销(Synchromarketing)。

6. 充分需求

充分需求(Full Demand)是指市场的需求水准与时间正好与我们所期望的需求水准或时间相符合时的情况。在这种充分需求的情况下，也绝不能掉以轻心，因为市场的需求和嗜好是会改变的，竞争对手也正在伺机而动。因此，必须随时注意市场的变化和竞争者的行动，维持营销活动的效率。

7. 过多需求

过多需求(Overfull Demand)是指需求超过供给时的需求情况。此时，营销商得想办法利用抬高价格、减少服务、降低品质或减低促销活动等方式来减少市场的需求。这种营销任务即是所谓的低营销(De-Marketing)。

8. 有害需求

有害需求(Unwholesome Demand)是指有许多产品或服务，如烟、酒、赌博等，对顾客、对社会都是有害的，对这些产品的需求应予以消除。

从上述这 8 项任务，可以看出营销管理人员责任的重大与任务之艰巨，如何圆满完成这些任务，是营销商的最大挑战。

## 二、营销管理的过程

营销管理是涉及分析、规划、执行和控制的一个过程。图 1-3 说明了分析、规划、执行和控制这4个营销管理功能之间的关系。营销人员首先设计战略性计划，再将之转化成营销计划；接着要根据计划执行各项营销行动；最后，衡量并评估执行结果，如有偏差，并应采取改正行动，以确保目标的实现。

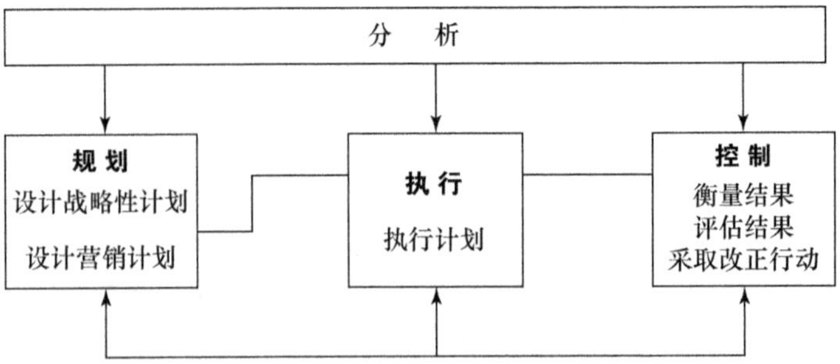


**图1-3　分析、规划、执行和控制的关系**

1. 营销分析

营销管理从营销分析开始。营销人员应先分析市场和营销环境，找出市场机会和环境威胁。还要了解自身的优势和劣势，用以寻找最有吸引力、也最可能实现的市场机会。

营销分析人员应运用营销研究和营销信息系统（Marketing Information System）来搜集其他营销管理功能（规划、执行和控制）所需的信息，提供给相关营销人员作为制定决策的重要依据。有关营销研究和营销信息系统的内容将在第四章中加以介绍。

2. 营销规划

营销规划（Marketing Planning）的功能在于设计出一份具体可行的营销计划，供相关部门和人员据以执行。营销规划通常包括组织使命的界定、环境分析（Situation Analysis）、营销战略的设计等步骤，而最终的产物则是一份详细的营销计划。有关营销规划的内容将在第二章中加以介绍。

3. 营销执行

规划良好的策略只是成功营销的一个起点，如果不能有效地执行，再好的策略也无济于事。营销执行就是要把营销计划转化为营销行动，以实现营销的战略目标。营销规划强调营销活动是什么（What）和为何（Why）的问题，营销执行则要强调何人（Who）、何地（Where）、何时（When）和如何（How）的问题。

为了有效地执行营销计划，营销商需要设计出合适的营销部门。营销部门有若干安排方式，包括功能性组织（如设销售经理、广告经理、营销研究经理、顾客服务经理或新产品经理）、地理性组织（根据国家、地区和区域来分派销售和营销人员）、产品管理组织（为每一特定产品或品牌设一位产品经理）、市场管理组织（根据特定市场设市场经理）。那些生产许多不同的产品，卖给不同地区和不同市场的大公司，通常采用上述组织的某种混合型式，以使每一功能、地区、产品和市场都能得到管理阶层的关注，混合式的组织虽然增加了管理的层级，减少了组织的弹性，但组织专业化的利益通常超过它的缺点。

4. 营销控制

营销计划不论如何周密，在执行时常可能因外在环境改变或执行上发生偏差，而使执行结果未能符合原先的预期，因此营销人员应定期进行营销控制。

营销控制的过程包括衡量结果、评估结果和采取改正行动等三个步骤。首先要衡量实际的执行绩效，再和计划目标或预期绩效相比较，评估实际绩效与目标发生差异的原因，并采取改正行动以缩小实际与预期绩效间的差距。

营销控制有操作性控制(Operating Control)和战略性控制(Strategic Control)两部分。操作性控制在查核比较绩效和正在执行的年度计划，必要时并采取改正行动，其目的在于达成年度计划中所设定的销售、利润和其他目标，也可用来决定不同产品、销售区域、市场和渠道的获利能力。战略性控制在了解公司的基本策略与它的环境是否配合良好。营销审计(Marketing Audit)是战略性控制的一种主要工具，它是对公司的环境、目标、战略、策略和执行做全面性、系统性、独立性和定期性的检查，以确定问题所在和机会。

## 1.4 非营利性营销

营销是从营利性企业的经营环境中孕育和发展出来的，传统的营销也只应用于营利性企业的经营活动。但自科特勒和列维( Levy)于 1969 年提出扩大化的营销观念之后，营销的理念和策略已不只适用于营利性的企业，它同时也可适用于非营利性的组织。自 20 世纪 70 年代以来，愈来愈多的非营利性组织，诸如教会、学校、医院、军队、政府机关、慈善团体、政治组织、政党等，都已先后采用营销的观念和技术，以便能更有效地达成组织使命和目标。

### 一、非营利营销的类型

非营利营销(Nonprofit Marketing)的类型，如表 1-4 所示，大致有人物营销(Person Marketing)、地方营销(Place Marketing)、思想营销(Idea Marketing)和组织营销(Organization Marketing)等 4 类。

**表 1-4 非营利营销的类别**

| 类　别 | 定　义 | 例　子 |
|---|---|---|
| 人物营销 | 用来争取对某一个人有利反应的营销 | 美国总统的大选，艺人的推广 |
| 地方营销 | 用来争取对某一特定地区做有利反应的营销 | 风景点的宣传，河北莱阳野三坡 |
| 思想营销 | 用来推广某一理想或议题的营销 | “实践是检验真理的唯一标准” |
| 组织营销 | 用来为某一特定组织吸引会员、捐款者、参与者或义务劳动者的营销 | “希望工程”赞助活动 |

1. 人物营销

人物营销是指营销人员为了给某一个人争取有利的反应所做的营销工作和活动。最常见的例子是在西方政治竞选活动中助选人员为了帮助候选人争取捐款、义务劳工、支持和选票所做的一切营销活动。在美国、日本、西欧等许多国家和地区，营销人员经常参与各项政治竞选活动，负责重要的选战决策和候选人形象的塑造。

除了政治人物可利用营销来争取选民的支持之外，演艺人员、运动明星、医生、律师、会计师、建筑师等，也可运用人物营销来建立名声、塑造形象和增加收入。非营利组织也可通过人物营销将组织本身和著名人物结合起来，以协助达成组织的目标。

2. 地方营销

地方营销是指营销人员为了给某一地区争取有利的反应所做的营销工作和活动。地方营销的目的通常是争取游客、会议产业（Convention Business）或新产业到某一地区，营销人员可利用产品设计及广告、公共报导、推广等各种促销方法来创造或改进该地区的形象。城市、工业区、观光区甚至整个国家都可利用地方营销来吸引观光客和投资者。例如，从20世纪末开始，中国许多地区把旅游作为当地支柱产业后进行了比较大规模的宣传活动，这就是一种地方营销，希望以营销的方法增进人们对本地（例如贵州、宁夏等）的认识，争取企业和人才到本地来生根发展。

3. 思想营销

思想营销亦称社会营销（Social Marketing），是指营销人员为了推广某一社会理念或议题所做的营销工作和活动。社会理念涵盖的范围甚广，诸如公共健康（如戒烟、戒酒、反吸毒等）、环境保护、消费者保护、家庭计划、民主、男女平等，等等，都属社会理念的范畴，也是理念营销的领域。例如，某基金会为推广戒烟的理念，曾规划及推动多项戒烟运动，以营销的方法向社会大众宣传吸烟的坏处，并向抽烟的民众提供如何成功戒烟的经验与方法。美国明尼苏达州的公共健康部曾以香烟税的收入制作了两个广告，用以减少女性吸烟者，广告在该州电视台播出后，该州成年女性抽烟的比例从29％下降到21％。

4. 组织营销

组织营销是指组织的营销人员为了吸引会员、捐款者、参与者和义务工所做的营销工作。许多宗教组织、慈善团体和公益团体都曾利用营销的方法去争取社会人士的认同、捐款和义工的服务，就是常见的组织营销。

## 二、非营利与营利导向的营销

营利性组织的营销和非营利性组织的营销有其共同之处，也存在差异。不论是营利性组织或非营利性组织，买卖双方都会有交换关系存在，因此都用得着营销。许多营销的观念和技术也都可同样应用到营利性组织和非营利性组织。

不过，如表1-5所示，营利导向的营销和非营利性营销也有若干基本的差异。非营利性营销除了产品和服务之外，还包括组织、人物、地方和思想；非营利性营销的交换过程除了货币的交易之外，还有非货币的交易；非营利性营销的目标较复杂，因其成败不是仅仅以经济效益来衡量；非营利性营销的利益通常与消费者的付款无关；非营利性组织可能要去为那些从经济角度来看无利可图的市场提供服务；非营利性组织通常并不只是有一个目标市场——客户，而是有服务对象（即客户）和捐助者这两个目标市场。

**表1-5　非营利性营销和营利导向营销的基本差异**

| 非营利性营销 | 营利导向的营销 |
|---|---|
| 关心组织、人物、地方、思想以及产品或服务 | 主要关心产品和服务 |
| 交换可能是非货币的或货币的 | 交换通常是货币的 |
| 目标较为复杂，因为成败不能只用财务单位来衡量 | 目标通常用销售、利润和现金收入来表示 |
| 非盈利服务的利益通常与消费者付款无关 | 利益通常与消费者有关 |
| 人们可能预期或要求非营利性组织去服务那些无利可图的细分市场 | 营利性组织只经营那些有利可图的细分市场 |
| 非营利性组织通常有两个目标市场：客户和捐助者。 | 营利性组织通常只有一个目标：客户。 |

# 1.5 营销学的研究对象与方法

## 一、营销学的研究对象

任何一门学科都有其独特的研究对象。现代营销学着重研究组织如何诱发消费需求并把它的提供物(包括实物产品、劳务、思想、价值观,等等)传送给其消费者,以达到提高组织和消费者双方利益和效用的目的。就盈利性的企业而言,现代营销学着重研究在买方市场条件下,企业组织的营销管理问题,即着重研究企业在激烈竞争和不断变化的营销环境中,如何识别、分析、评价、选择和利用市场机会,如何有效地诱发目标消费需求以及设计出相应的产品、价格、渠道、营销传播等策略,以满足其目标顾客的需要,同时建立与顾客等有关各方长期互利的关系,求得长期生存和发展。就非营利性企业而言,现代营销学研究如何把组织所要宣扬的价值观、所主张的社会规范和价值准则等传授给消费者,达到使组织和消费者都获益的目的。

总而言之,依据前面给营销下的定义,营销学的研究对象是:组织在动态的市场上如何有效地管理其交换过程和交换关系、营销活动过程,提高交换双方的利益和效用,实现组织的目标。

## 二、营销学的研究方法

营销学的研究方法很多,归纳起来,可概括为传统研究法和现代研究法两大类七个具体方法。

1. 传统研究法

传统研究法是指在 20 世纪 50 年代以前,营销学的研究着重从流通领域开始,相应采取以下三种具体方法。

(1) 产品研究法,又称客体研究法,是一种以物为中心的研究方法。它认为产品是企业营销活动的客体,产品研究是营销活动的基本研究。由此,它以产品为主线,要求在营销环境中按产品性质及其特征进行分类,并在此基础上分别探讨各有关产品的设计、性能、质量、价格、品牌、款式、规格、包装、商标、广告、分销以及其他手段等,并据此制定相应的营销战略和策略,以求满足消费者的各种需要。这种研究法能较具体深入地分析各个或各类产品的营销问题,针对性强,但耗费力量较多,还会产生重复现象。企业营销管理人员常常采用这种方法研究本企业产品的营销活动。

(2) 机构研究法,又称组织研究法或主体研究法。所谓机构研究法,就是着重分析研究渠道系统中各个环节和各种类型的营销机构(如各种商品代理商、批发商、零售商等)的营销活动。这里所说的机构是指在渠道系统中从事营销的各种类型的组织,如各种生产者(如制造商、矿商、农场主),各种商品代理商(如经纪人、制造商的代理商、销售代理商、进口代理商),各种独立批发商(如完全职能或服务批发商、各种有限职能或服务批发商),各种零售商(如专业商店、百货商店、超级市场、大卖场),等等。这一方法的优点是可以利用各类或按每一具体机构的统计资料及其成本、利润和销售趋势进行分析,从而有助于对营销各因素的控制和管理。不足之处在于未完全摆脱以物为中心,比较忽视对消费者需求的研究。

（3）职能研究法，又称功能研究法。它是从营销机构在营销过程中所具有的购买、推销、运输、装卸、仓储、资金融通、风险承担以及提供市场信息和服务等所体现的交换、供给、便利3大功能的角度，来认识和研究营销问题，以便及时发现机会，开拓市场的一种方法。这种方法有助于较为深入地研究各个营销环节的活动。

2. 现代研究法

所谓现代研究法，是相对于传统研究法而言的一种研究方法。它是指20世纪50年代以后，由于传统营销学发展成为现代营销学，因而营销学的研究方法也由传统研究法发展为现代研究法。它包括以下4种具体研究方法。

（1）管理研究法，又称决策研究法。它是以企业为主体，从营销管理决策的角度，综合产品研究法、组织研究法和功能研究法的基本要求，着眼于寻找企业的市场机会，针对目标市场的需要，分析市场环境，同时考虑到企业的资源和目标，制定相应的营销策略，以满足目标市场的需要，实现企业目标。

（2）系统研究法。任何一个企业的营销活动过程都是一个系统。它通常由这样几个要素构成：① 环境，即那些影响产品和供给的外部因素；② 企业与竞争对手的竞争策略；③ 主要营销决策变量；④ 主要分销渠道；⑤ 购买行为模式；⑥ 行业的销售情况及企业的销售情况与成本。所谓系统研究法，就是企业管理阶层做营销管理决策时，把企业的营销活动过程看成一个系统，统筹兼顾系统中的各个相互影响、相互作用的要素，千方百计地使各个部分协同行动，从而产生系统的整合效应，提高消费者的满足程度及企业的经济效益。

（3）社会研究法，又称环境研究法或生态研究法。它主要运用社会学、环境学和生态学理论，研究营销活动对社会利益带来的影响，阐明现代企业的营销活动可能带来的公害。如由于污染或欺骗等侵害消费者的虚假行为，并说明应该怎样解决和预防这些害处，以维护消费者的利益等。

（4）心理研究法。它是一种从心理学和行为学的角度研究营销活动的方法。消费者需求既是经济变量的函数，同时也易受人们心理因素变化的影响。消费者的知觉、情绪、个性、学习、气质等心理因素不仅影响着购买动机，而且还深深地影响着现实消费中的购买行为。所以，营销学必须加强社会心理行为的研究，分析不同群体、不同阶层、不同的文化、不同的种群的特殊心理活动及其变化过程，从而强化营销活动的针对性和有效性。

## 本章复习思考题

1. 学习营销的有何意义？顾客满意、顾客忠诚的含义是什么？
2. 分析关系营销与交易营销的联系与区别？
3. 什么是顾客资产？什么是顾客关系管理(CRM)？
4. 营销观念是指什么？人类的营销观念经历了哪几个阶段？
5. 营销管理的任务是什么？营销管理的流程有哪几步？
6. 营销学的研究方法有哪些？企业营销与非营利性组织的营销有何区别？

# 第二章　营销规划

**本章学习要点**

1. 掌握营销规划的步骤；
2. 掌握营销计划的构成；
3. 掌握销售预测的类型和方法。

消费者每天都接触到许多企业的营销活动。例如，张三在电视上看到健力宝牌运动饮料的广告，到好又多超市买一罐健力宝牌运动饮料，并参加其抽奖或赠品活动。但是，消费者可能很少想到这些活动是企业花费许多心思设计出来的。企业设计这些营销活动必须遵循一些原则，按照一定的步骤进行，这是本章所要介绍的营销规划。

## 2.1　营销规划

### 一、营销规划的阶段

营销观念是抽象的，要具体地将它落实在企业的营销活动中，必须通过一连串的步骤来完成。营销规划的流程，如图 2-1 所示，包含以下 6 个步骤。

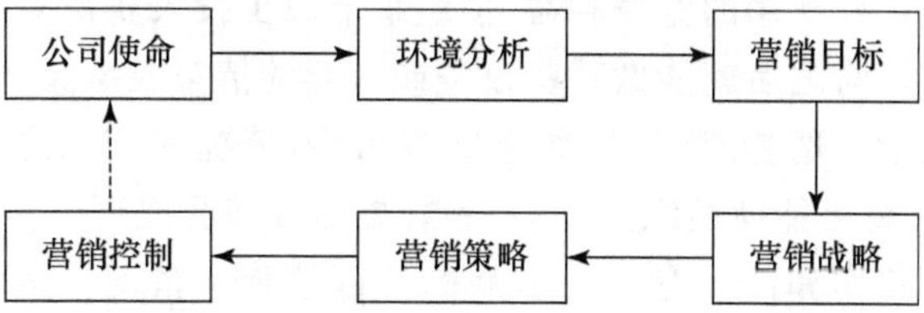


**图 2-1　营销规划的阶段**

(1) 确定公司使命：公司使命是指组织的长期承诺和长期目标，它根植于公司的历史、管理阶层的偏好、资源、独特能力以及环境因素。

(2) 进行环境分析：环境分析，亦称 SWOT 分析，是指对组织的内部优势(Strengths)和劣势(Weakness)以及外部机会(Opportunities)和威胁(Threats)进行分析，最终是要为企业的营销活动寻找到未来发展的市场机会。

(3) 制定营销目标(Marketing Objectives)：制定销售目标、市场占有率(Market Share)

目标和其他营销目标。

(4) 制定营销战略(Marketing Strategies)：包括选择目标市场(Target Market)和市场定位(Positioning)。

(5) 确定营销策略：营销组合(Marketing Mix)

(6) 营销控制：制订监督和控制计划，比较营销计划的执行情况和实现营销目标的程度。

1. 确定公司使命

营销规划的第一个步骤是要明确公司的整体目标和长期承诺。公司使命可用公司所服务的客户群体、所提供的产品或服务、所执行的功能、及(或)使用的技术来表达。当一家营销商寻求一个新的顾客群体或放弃一个原有的顾客群体、引进一种新的产品(物品或服务)或消除一种旧的产品、购并另一家公司或出售它自己的一家公司、增加或减少营销功能、或改变它的主要技术时，都表示它已在考虑它的公司使命。

许多成功的组织都把它们的组织使命用文字写下来，称为“使命声明”(Mission Statement)。组织使命声明至少在以下 5 个方面对公司提供了很大的利益。

① 使命声明给了公司一个清晰的目的和方向，以免公司步入歧途。

② 使命声明叙述了公司的独特目标，帮助它与其他相类似的竞争公司有所区别。

③ 使命声明让公司专注于顾客需要，而非它自己的技术和能力。

④ 使命声明提供给高层管理人员在选择不同的行动路线时的特定方向和目标，帮助他们决定哪些市场机会是应该去追逐的、哪些市场机会是不应该去追求的。

⑤ 使命声明提供了指引公司的所有员工和经理人员行为和思考的规范，使得使命声明像胶水一样可以把公司凝聚在一起。

2. 进行环境分析

环境分析也称 SWOT 分析，是要探讨公司的优势、劣势、机会和威胁。首先，要找出公司最重要的内部优势和劣势，接着要找出公司所面对的外部市场机会和威胁。SWOT 的意义如下。

① 优势：能提供杠杆作用的竞争利益，使组织能以少投入获得多回报。

② 劣势：一旦被认清之后就能做某些改进或补偿的情势或情况。

③ 机会：在市场上的情势或情况，如果这些情势/情况和产品之间能够建立适当的联结，则这些情势或情况将可能使组织的产品/品牌更易被接受或更受喜爱。

④ 威胁：对营销工作和活动有不利影响的外部情势和情况。威胁虽然很少能加以控制，但如能在它们变得不能驾驭之前予以确认，还是能够去影响它们的。如果能够明确威胁的存在，组织通常会设法去规避。

(1) 内部优势和劣势

内部优势和劣势是指那些组织通常能够控制的内部因素，诸如公司的使命、财务资源、技术资源、研究开发能力、组织文化、人力资源、产品特色、营销资源等。例如，某家公司的优势可能是它有很强的研发能力，其劣势可能是它的分销渠道比不上主要竞争对手的渠道。

(2) 外部机会和威胁

外部机会和威胁是指那些公司通常无法控制的外部因素，包括竞争、政治、经济、法律、社会、文化、科技、自然和人口环境等。这些外部因素通常是公司无法加以控制的，但却对公司的营运有重大的影响。例如，油价的上涨并非一般厂商所能左右，但却会增加厂商的产销成本，如不妥善处理，将成为厂商的一种威胁。而环保意识的高涨，对那些比竞争者更重视污染防治和生态保护的厂商而言，可能会是一个机会。

在分析外部机会和威胁时，可利用机会矩阵和威胁矩阵来进行。机会矩阵，如图 2-2 所示，可根据吸引力和成功概率这两个因素将机会分成 4 类。左上方的第 1 类是最好的机会，吸引力高，成功的概率也高，公司应全力追求这一类的机会；右下方的第 4 类是最差的机会，通常可不必考虑；至于其他两类的机会应加以监听，一旦它们的吸引力或成功概率有所改进的话，就有可能成为最好的机会。

威胁矩阵，如图 2-3 所示，可根据发生概率和严重性的高低将威胁分成四类。左上方的第 1 类威胁，发生的概率高，一旦发生则严重性高，这是最应密切注意的主要威胁，应预先做出谋划，右下方的第 4 类威胁无足轻重，可予忽略，至于其他两类的威胁也应加以注意。

| | | 成功概率 | |
|---|---|---|---|
| | | 高 | 低 |
| 严重性 | 高 | 1 | 2 |
| | 低 | 3 | 4 |

**图 2-2 机会矩阵**

| | | 发生概率 | |
|---|---|---|---|
| | | 高 | 低 |
| 严重性 | 高 | 1 | 2 |
| | 低 | 3 | 4 |

**图 2-3 威胁矩阵**

3. 制定营销目标

营销目标主要包括销售目标和市场占有率目标。

(1) 销售目标

在决定营销战略之前，应先设定销售目标，而在设定销售目标之前，通常需要进行销售预测，并根据销售预测的结果和其他因素的考虑，设定一个可以实现而又具有挑战性的销售目标。销售目标通常用销售单位(如件、台、箱、公斤、磅、吨等)或销售金额(如人民币、美元、日元、马克等)来表示。

(2) 市场占有率目标

另一个重要的营销目标是市场占有率目标。市场占有率的公式如下：

$$\text{市场占有率(MS)}=\frac{\text{本公司的销售额}}{\text{该产品的市场销售总额}}$$

或

$$\text{MS}=\text{本公司的销售金/产品的总销售金额}$$

例如，某一年中国分体空调总共销售了 10 万台，格力牌分体空调此年共销售 1 万台，则该公司的 MS=1/10=10%。上述的公式只适用于计算有形产品的市场占有率，如为无形的服务，上式的公式就不适用，而应以顾客的人数来表示：

$$\text{MS}=\text{本公司的顾客人数/市场中潜在顾客的总人数}$$

4. 制定营销战略

营销战略包括目标市场选择、市场定位设计。

(1) 目标市场的选择

在营销目标确定后，接着应考虑要争取哪一部分的市场(或顾客群体)，即要选择哪一个或哪几个市场作为企业未来某一期间内想要全力去占领、真心去服务的市场，这些市场称之为目标市场或目标顾客群体。

为了选择目标市场，须先将市场加以细分。在一般情况下，任何一个企业都无法为市场中的所有顾客提供满意的服务，因为顾客的人数可能太多，分布过广，或购买行为的差异过大，而无法对所有的顾客都提供有效率的服务，因此必须把人口统计变数、地理变数、心理变数、行为变数等(对消费品市场而言)，或顾客规模、使用率、地理位置、组织结构、购买阶段、产品用途等(对工业品市场而言)细分因素作为市场细分化的标准，将一个异质性的大市场细分成若干比较同质性的小市场，然后从这些较具同质性的小市场中找出较具吸引力且能有效服务的一个或若干部分作为目标市场。

(2) 营销定位设计

根据目标市场的需要以及竞争者在目标市场顾客心目中的形象，企业应选定一个有利的竞争性定位，即决定对目标市场提供什么独特的利益或价值，使目标市场的消费者愿意来购买本公司的产品或品牌而非购买竞争对手的产品或品牌，或惠顾本公司的商店而非惠顾竞争对手的商店。良好的定位应具有独特性，使自己与竞争者具有真正的差别，同时要具有吸引力和竞争力。

营销定位要对目标市场具有足够的吸引力，所提供的利益要能真正满足或切合目标市场的需要，打动顾客的心、抓住顾客的心。而且，企业提供给目标市场的消费价值还要比竞争者提供给目标市场的消费价值更具吸引力，即企业的定位要比竞争对手的市场定位更受到目标市场的喜爱。

5. 制定营销组合策略

营销组合是指公司用来向目标市场的消费者提供消费价值的各种可控制因素。凡是在公司的控制之下而能影响消费者行为反应的任何因素都属于营销组合的一个要素。营销组合一般可区分为产品(Product)、地点(Place)、定价(Pricing) 和营销传播(Marketing Communication)或促销(Promotion)等 4 类，即统称之“4P”策略。营销组合的内容如下。

(1) 产品，包括质量、特征、式样、品牌名称、包装、规格、服务、保证等。

(2) 地点，包括渠道、涵盖区域、位置、实体分配(Physical Distribution)(含存货、运输)等。

(3) 营销传播，包括广告、人员推销(Personal Selling)、市场推广(Sales Promotion)和公共关系(Public Relation)等。

(4) 定价，包括标价、折扣、折让、付款期间、信用条件等。

6. 制订控制计划

最后，营销规划人员尚需制订控制计划。营销计划一旦付诸实施之后，常会因外在环境的改变，或营销人员未按营销计划切实执行，而未能达成预期的营销目标。因此，在执行营销计划的过程中，必须拟定一套控制标准，以确保营销计划能根据外在环境和竞争情势的改变而适时调整，也能及时发现执行偏差之处并迅速采取改正措施。

### 二、营销计划

营销规划的结果是制订一份书面的营销计划。营销计划是营销规划的最终产物，其内容大纲如表2-1所示，包括给管理者阅读的摘要，以及组织使命、环境分析、营销目标、营销策略、预算和进度、控制计划等部分。

营销计划有以下3项重要的用途：

（1）它提供一种有规律的方法来分配公司的资源。

（2）它是行动的蓝图。协调组织内外参与营销工作的每一个人的活动，并集中注意这些活动。它有助于促使每一个人都向同一目标努力，并以最有效能和效率的方法来使用资源。

（3）它可作为一种衡量的基准。在建立可衡量的目标之后，管理阶层可利用销售分析或其他研究方法来确定目标是否实现。一个良好的营销计划会提供期中的考核点，以便在目标未达成时及时调整战略和战术。

**表2-1 营销计划大纲**

| |
|---|
| 摘要（供管理者审阅） |
| Ⅰ．组织使命 |
| Ⅱ．SWOT分析 |
| Ⅲ．营销目标：1．销售目标；2．市场占有率目标；3．其他目标。 |
| Ⅳ．营销策略：1．目标市场；2．定位；3．营销组合：（1）产品；（2）定价；（3）渠道；（4）营销传播。 |
| Ⅴ．预算和进度 |
| Ⅵ．控制计划 |

## 2.2 销售预测

良好的营销规划须建立在良好的销售预测之上。销售预测是指营销商用来预测在未来某一特定期间的销售数量或销售金额。在决定营销目标和制定营销战略与策略时，进行销售预测是很重要的一项工作。

销售预测方法主要有定性预测方法和定量预测方法两种。前者主要依据预测人员的判断或经验做预测，后者主要根据过去的历史资料做预测。

### 一、定性预测方法

定性预测方法是根据预测者的直觉反应和主观评估，或依据意见调查的结果做预测。在某些情况下，知觉、主观判断或意见调查是预测者唯一可用的工具。

1．个人判断法

顾名思义，个人判断法就是由个别专家估计未来的情况，专家的人数可以是一人至数十人不等。许多专家提供的不是直接的预测数值，也不是区间预测值或概率分布预测值，预测人员或研究人员要利用一些交谈或访问的技巧旁敲侧击才能取得专家的估计。

2. 管理人员意见法

个人判断法是由专家个别做预测，然后由预测人员加以加权汇总，求得加权平均估计值。由于各专家是个别做预测，未能收到集思广益的效果，管理人员意见法正好可弥补其缺点。

管理人员意见法是利用群体讨论的方式，首先组成专家小组，然后定期集会共同讨论、共同做预测，希望能从讨论中得到一致的看法。使用管理人员意见法时，公司通常将销售、生产、财务、采购和营销等相关领域的管理人员聚在一起举行会议，共同对预测事项进行讨论。有些公司在开会之前会准备一些相关的背景资料供与会者事前参考，可增进管理人员对预测背景的了解与共识。

管理人员意见法的优点是简单迅速，不需要准备详细的统计资料，而且可以汇集不同管理人员的经验与知识，并可经由讨论而增进各部门管理人员间的共识。此外，当缺乏适当的历史资料或环境有不连续的变动时，管理人员意见法也是少数能够应用的方法之一。不过，这种方法虽可收到集思广益的效果，但参与者有时容易受别人影响，难以维持独立的判断。在面对面的讨论过程中，成员在组织中的职位高低以及说服能力的强弱多少都会影响到预测的品质。因此，利用管理人员意见做预测时，应尽可能避免这些容易造成偏差的因素。

3. 销售人员意见法

除了询问专家或管理人员外，处于第一线的销售人员平时能接触到顾客，对市场行情有深入的了解，他们对未来的市场需求走向和销售量的起伏，往往可以提供宝贵的意见。因此，调查本公司销售人员的意见不失为一种可行的预测方法。

销售人员意见书可依调查人数的多寡，采取个别判断、群体讨论或问卷调查的方式，调查对象也可依情况分别调查销售员、销售主管或经销商。收集销售人员的意见作为预测的依据，还可收到两项附带的好处：一是让销售人员参与预测工作，可收到激励之效；二是可促使销售人员多去了解市场、认识顾客，从而适时、适地、适量地提供顾客所需的产品或服务。

4. 意愿调查

前面 3 种方法基本上都是利用某种“专家”的经验与知识，透过个别判断或群体讨论的方式来预测未来的销售量，可以说是一种“间接”的判断预测方式。意愿调查是利用各种访问方法（如人员访问、电话访问或邮寄问卷调查），直接搜集一般大众或潜在顾客对未来趋势的意见或未来购买意图的信息，然后根据意见调查的结果做预测。

意愿调查是直接对决定未来趋势走向的一般大众或潜在顾客的未来行动意愿进行调查，最主要的是顾客购买意愿的调查。顾客的购买意愿常是基于接受调查当时他对未来一定期间内的经济环境与个人情况所作的预期，如果这些预期到时并未如原先所料地出现，则他可能不会按其原先的意愿去购买。

5. 试销法

试销（Test Marketing）法就是在产品全面上市前选择某一区域市场进行测试以估计未来销售状况的一种市场预测方法。如果购买者并无明确的采购计划，或是其购买意图变化莫测,而专家意见又不可靠时,直接试销不失为一种可行的办法。在预测新产品的销售情形或现有产品在新分销渠道或新市场的销售情形时,试销特别适用,而试销的结果通常可以用来做更可靠的销售和利润预测。

试销的成本可能很大而且费时,因此公司是否采用试销方法,一方面受到投资成本及风险大小的影响,另一方面也要考虑时间压力及研究成本。一般而言,当开发和投入新产品的成本较低,或管理者确信新产品会成功时,可不必先行试销;反之,如果投入新产品需要大笔投资或管理者对新产品并非很有把握的时候,则最好先进行试销。

6. 德尔菲法

德尔菲法是1950年代美国兰德公司开发出来的长期预测技术。德尔菲法是一种使专家们的意见经由科学的沟通程序以获得一致结果的预测方法,其目的在于获取专家们的基本共识,以寻求对特定预测事项的一致意见,既可收集思广益之效,又可维持专家们独立判断的品质。

运用德尔菲法的第一步是组成专家小组,然后以一系列的问卷向专家小组的每一个成员分别询问,依据专家们对前一个问卷的答复拟订下一个问卷,或辅以个别访谈,直到获得一个比较一致的预测结果为止。利用德尔菲法进行预测时,需要有一位协调者居中策划协调,拟定问卷,整理并综合专家们对未来的估计。

德尔菲法将各专家分开,彼此不做讨论。让他们分别做预测,以免受其他专家的意见影响,经由专家们反复地提供预测的数据,最后得出一个比较一致的预测值。在理论上和实践中,德尔菲法都可使专家们的意见趋于一致。当某位专家发现自己的意见与大多数专家的意见不同,而又不太肯定自己的立场时,常会改变他的意见,但如果他确有理论根据,并对其判断深具信心,就会坚持己见,用书面文字陈述他的看法,说服并改变其他专家的意见。

德尔菲法主要的优点是可达到集思广益的效果,而且不需要利用复杂的统计分析技术,也不需要历史资料。但德尔菲法也有缺点:可信度不够,对模棱两可的问题敏感性过高,难以评定所需专门知识的程度,未能考虑不可预料的事件。此外,专家难求,专家的代表性不足,预测过程耗时甚长,也是德尔菲法的缺点。

## 二、定量预测方法

定量预测方法是根据以往比较完整的历史统计资料,运用各种数学模型对市场未来发展趋势做出定量的计算,求得预测结果。这类方法有助于在定性分析的基础上,掌握事物量的界限,帮助企业更正确地进行决策。常用的定量预测方法主要有时间序列分析法和因果分析法。

1. 时间序列分析法

时间序列分析法就是将经济发展、购买力大小、销售变化等同一变数的一组观察值,按照时间顺序加以排列,构成统计的时间序列,然后运用一定的数字方法使其向外延伸,预计市场未来的发展变化趋势,确定市场预测值。

时间序列分析法的主要特点是以时间的推移研究和预测市场需求趋势,不受其他外在因素的影响。不过,在遇到外界发生较大变化,如国家政策发生变化时,根据过去已发生的数据进行预测,往往会有较大的偏差。

时间序列分析法具体做法较多，常用的较简便的方法主要有以下几种。

(1) 简单平均法

简单平均法是采用计算一定观察期的数据平均数，以平均数为基础确定预测值的方法。简单平均法有多种，如算术平均法、几何平均法和加权平均法等。常用的是算术平均法，以公式表示为：

$$\overline{X}=\frac{X_1+X_2+\cdots+X_n}{n}=\frac{\sum_{i=1}^{n}X_i}{n}$$

式中：$\overline{X}$表示平均数，即预测值；

$X_1,X_2,X_3,\cdots,X_n$代表各期实际销售数据；

$n$ 表示资料期数。

该方法适用于时间序列比较稳定，无明显变化趋势时的预测。

(2) 移动平均法

移动平均法是以假定预测值同预测期相邻的若干观察期数据有密切关系为基础的。所以，移动平均法是将观察期的数据，由远而近按一定跨越期进行平均，取其平均值，随着观察期的推移，按一定跨越期的观察值数据也相应向前移动，逐一求得移动平均值，并将接近预测期的最后一个移动平均值作为确定预测值的依据。

移动平均法的公式为：

$$F_{t+1}=\frac{X_t+X_{t-1}+\cdots+X_{t-(n-1)}}{n}$$

式中：$F_{t+1}$表示 $t+1$ 期的预测值；

$X_t$表示第 $t$ 期实际值；

$n$ 表示跨越期。

(3) 加权移动平均法

加权移动平均法，是对观察值分别给予不同的权数，按不同权数求得移动平均值，并以最后的移动平均值为基础，确定预测值的方法。

采用加权移动平均法，是因为观察期的近期观察值对预测值有较大影响，它更能反映近期市场变化的趋势。所以，对于接近预测期的观察值给予较大权数值，对于距离预测期较远的观察值则相应给予较小的权数值，以不同的权数值调节各观察值对预测值所起的作用，使预测值能够更近似地反映市场未来的发展趋势。

运用加权移动平均法计算预测值的公式为：

$$F_{t+1}=\frac{W_nX_t+W_{n-1}X_{t-1}+\cdots\cdots+W_1X_{t-n+1}}{\sum_{i=1}^{n}W_i}=\frac{\sum W_{t+1}X_{t-n+1}}{\sum_{i=1}^{n}W_i}$$

式中：$F_{t+1}$表示 $t+1$ 期的预测值；

$X_t$表示时间序列 $t$ 期的观察值；

$W_i$ 表示时间序列为 $i$ 的对应权术值。

(4) 指数平滑法

指数平滑法实际上是一种特殊的加权移动平均法。其特点是：第一，指数平滑法进一步加强了观察期近期观察值对预测值的作用，对不同时间的观察值所赋予的权数不等，从而加大了近期观察值的权数，使预测值能够迅速反映市场实际的变化，权数之间按等比级数减少，此级数之首项为平滑常数 $a$，公比为$(1-a)$；第二，指数平滑法对于观察值所赋予的权数有伸缩性，可以取不同的 $a$ 值以改变权数的变化速率，如 $a$ 取小值，则权数变化较迅速，观察值的新近变化趋势较能迅速反映于指数移动平均值中。因此，运用指数平滑法，可以选择不同的 $a$ 值来调节时间序列观察值的均匀程度(即趋势变化的平稳程度)。

运用指数平滑法计算预测值的公式为：

$$F_{t+1}=aX_t+(1-a)F_t$$

式中：$F_{t+1}$表示 $t+1$ 期的预测值；

$F_t$表示 $t$ 期的预测值；

$X_t$表示 $t$ 期的实际值；

$a$ 表示平滑系数。

平滑系数 $a$ 值的选取应根据长期趋势变动和季节性变动情况而定。一般说来，应按以下情况处理：(1) 如果观察值的长期趋势变动为接近稳定的常数，应取居中的 $a$ 值(一般取 0.4～0.6)，使观察值在指数平滑值中具有大小接近的权数；(2) 如果观察值呈现明显的季节性变动时，则宜取较大的 $a$ 值(一般取 0.6～0.9)，使近期观察值在指数平滑值中具有较大作用，从而使近期观察值能迅速反映在未来的预测值中；(3) 如果观察值的长期趋势变化较缓慢，则宜取较小的 $a$ 值(一般取 0.1～0.4)，使近期观察值的特征也能反映在指数平滑值中。

2. 因果分析法

因果分析法是利用事物发展变化的因果关系来进行预测的方法。它以事物发展变化的因果关系为依据，抓住事物发展的主要矛盾与次要矛盾的相互关系，建立数学模型进行预测。

运用因果分析法进行市场预测，主要是采用回归分析方法，除此之外，计量经济模型和投入产出分析等方法也较为常用。在这里，我们只介绍回归分析法。

回归分析法是研究两个以上变量之间关系的数学方法。如果只涉及两个变量，叫做一元回归分析或单回归分析；如果涉及两个以上的变量，则叫做多元回归分析或复回归分析。

(1) 一元回归分析法

一元回归分析，主要是导出两个变量之间的关系式。借回归分析导出的这种关系式，叫做回归方程式。在市场预测中，两个变量之间的关系，一般呈线性关系。所以，一元线性回归分析是市场预测中较为常用的方法。其回归方程式为：

$$Y_t=a+bx$$

式中：$Y_t$表示应变量，即预测值；

$t$ 表示预测的时间周期；

$x$ 表示自变量，即引起市场变化的某种因素。

在市场预测中，回归分析是通过观察值确定回归系数 $a$ 和 $b$ 之值。推断 $a$,$b$ 值的常用方法是最小二乘法，其计算公式为：

$$a=\overline{Y}-b\overline{X},$$

$$b=\frac{\sum X_iY_i-\overline{X}\sum Y_i}{\sqrt{\sum X_i^2-\overline{X}\sum X_i}}$$

式中：$\overline{X}=\frac{1}{n}\sum X_i$，　$\overline{Y}=\frac{1}{n}\sum Y_i$

在确定了回归方程之后，还需要判断检验这一线性回归方程对预测是否有意义。如果实际统计数据的波动幅度很大，用求出的线性回归方程进行预测的偏差也就很大，这样利用它来预测的意义就不大了。对预测模型进行检验，一般包括方差分析、标准差分析、相关分析和显著性检验。限于篇幅，在此不再介绍，读者可参阅有关的书籍做进一步的了解。

一元线性回归法可以用于时间回归分析预测，也可以用于因果回归分析预测。

(2) 多元回归分析法

在现实生活中，客观事物是复杂的，一个因变量往往会受许多自变量的影响，如果仅根据一个自变量的变化去预计因变量的变化趋势，就会忽视其他自变量的变化对因变量的影响作用。因此，当研究变量之间的关系涉及两个以上变量时，就应当运用多个自变量，采取多元回归分析法。

在市场预测中，运用多元回归分析，就是从多个变量中选一个因变量，而把其余变量作为自变量。常用的是多元线性回归分析，它与一元线性回归分析法基本相同，只是扩展了方程式的内容，增加了解联立方程的过程。多元线性回归分析，也是运用最小二乘法，使估计值(回归方程计算值)与观察值之间方差平方和为最小，达到回归方程与观察值的数据点线性拟合为最佳。

多元线性回归的基本方程是：

$$Y_t = a + b_1X_1 + b_2X_2 + \cdots + b_mX_m$$

式中：$Y_t$表示应变量，即预测值；

$t$ 表示预测的时间周期；

$X_1, X_2, \cdots, X_m$ 表示自变量；

$a, b_1, b_2, \cdots, b_m$ 表示回归系数。

多元线性回归系数的计算方法较为复杂，一般可利用计算机软件来计算。

## 本章复习思考题

1. 营销规划的步骤有哪些?
2. 营销计划的内容有哪些?
3. 销售预测的定性方法有哪些?
4. 销售预测的定量方法有哪些?

# 第三章 宏观营销环境

本章学习要点

1. 掌握宏观营销环境的概念；
2. 掌握宏观营销环境的构成。

营销人员所做的每一件营销活动都受到许多不可控制的外在因素的影响。这些影响营销工作的外在因素统称为宏观营销环境(Marketing Macro Environment)。

## 3.1 宏观营销环境的重要性

所有的营销活动都会受到宏观环境的影响。如图 3-1 所示，宏观营销环境包括人口环境、经济环境、竞争环境、科技环境、政治法律环境和社会文化环境。

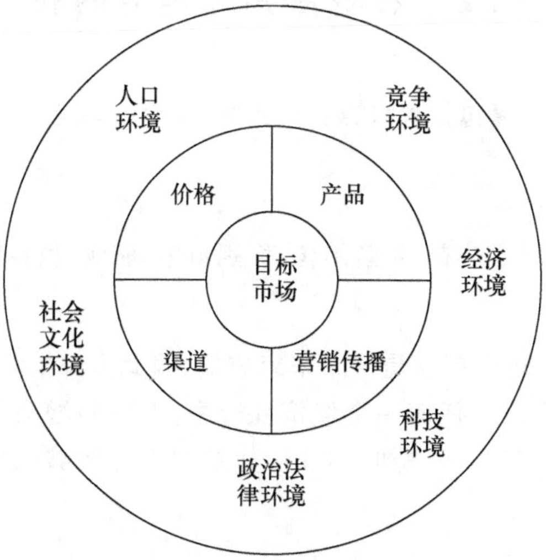


图 3-1 宏观营销环境示意图

宏观营销环境不断在变动中，环境的变动一方面可以带来许多的市场机会，一方面也将带来许多的威胁。例如，由于消费者的环境保护意识日益提高，将为营销环保产品、提供环保服务和平日重视环境保护而又形象良好的厂商提供许多成长的机会。而国际石油价格的提高（如1970年代两次全球石油危机造成石油价格高涨），导致生产成本普遍提升，对于能源消耗量大的企业尤其是一项很大的威胁。

同时，宏观营销环境决定着各类消费者愿意和可能的消费行为和模式。营销商既不能完全被动地适应环境的变革，在多变的环境面前亦步亦趋，无所作为；也不能完全掌控环境的变化，让复杂的环境听命于自己的安排，为所欲为。科学的营销环境理念应该是能动地适应环境的变迁。

由于宏观环境对企业的经营有重大的影响，因此营销商必须适应外在环境的改变而调整其目标市场及营销组合决策，才能永续生存与发展。美国的西尔思（Sears）百货公司提供了一个很好的实例：西尔思原是一家成功的邮购业者，主要以美国农村的农民为目标市场。该公司预见到由于汽车的普及和道路的改善，农民愈来愈容易到市镇和城市的商店去采购，因此在各地交通便利地点开了许多家连锁商店，每家商店都有足够的停车空间，除了供应农民之外，也供应城市的居民。后来因都市街道和公路拥挤，人们愈来愈不喜欢到商店去采购，西尔思又针对城市居民推出电话购物和邮购业务，获得了相当的成功。

由于外在环境的变动对企业的营销活动有很重大的影响，因此营销人员必须密切注意环境的变动趋向，收集有关外在营销环境的信息，此种收集环境信息的过程称为环境扫描（Environmental Scanning）。通过环境扫描的过程，企业可以从顾客、销售员、经销商、供应商、政府机关、报纸杂志、书籍、商业调查机构、学术研究机构等许多来源收集有关外在环境的信息，并适时评估各项主要环境因素的变动对公司营销活动的影响，及时采取有效的应对策略。

## 3.2 宏观营销环境的内容

如前所述，营销宏观环境包括人口、经济、竞争、政治法律、科技和社会文化环境。

### 一、人口环境

人口环境指人口的成长、分布、年龄结构、性别角色、职业、教育程度等。

#### 1. 人口成长

全球人口不断增加。由于市场是由人来组成的，因此人口的增加，加上购买力的配合，将会为企业带来市场机会。在任何一个经济社会中，人口的增加往往表示整个社会对衣、食、住、行、育、乐等各方面需求的增加。此时，如果购买力能够维持，则市场机会亦将随之成长。

#### 2. 人口的分布和移动

人口的分布和移动情况对企业的营销活动也有很大的影响。人口集中的都市区通常是市场潜力比较大的地区。例如，美国的纽约、芝加哥、洛杉矶等城市，日本的东京、大阪等城市，中国的北京、上海、广州等城市，都是人口集中、市场潜力大、市场机会多的地区。

人口的移动也会为企业带来市场机会。例如，由于汽车的普及、大众公交系统的发展和郊区设施的改善,人口常有从市中心区移往郊区居住的现象,将使郊区的市场潜力不断增大。

3. 年龄结构

不同的年龄层对产品和服务的需要往往有很大的不同,因此营销人员应了解市场的年龄结构以及年龄结构的变动情形。

一个社会的年龄结构通常可分为婴幼儿、儿童、少年、青年、中年、老年等年龄层。年龄结构变动,市场机会也将随之改变。例如,在许多经济社会中,如美国、日本、中国的上海等,年龄结构已日趋老化,65岁以上的老年人口愈来愈多,占总人口的比重愈来愈高,已成为所谓的"高龄化社会"。因此,凡与老人需要有关的产品和服务,如老人食品、老人住宅、老人居家照顾等,都可望有很大的市场机会。

4. 教育水准

人们的教育程度不同,对产品和服务的需要常会有明显的差异,对营销活动的反应也往往不一样。例如,教育程度高的消费者对高品质产品、书籍、杂志、艺术、文娱活动的需求通常会比教育程度低者要高,而看电视的时间则较少。在许多国家中,消费者的教育水准有快速提升的趋势,从事国际营销时应配合此趋势不断调整其营销策略。

5. 性别角色

对某些产品和服务的需要,常是男女有别。例如,女性消费者对化妆品、减肥美容服务、整形服务的需求通常比男性消费者要高;而男性消费者对烟、酒、球类活动的需求,则往往比女性消费者要高。传统上,家庭主妇对日常家用产品的购买拥有较大的决定权;而在现代工商社会中,愈来愈多的妇女投入就业市场,女性劳动参与率提高,加上女性的教育水平不断提升,组织中女性主管也愈来愈多,女性在家庭和社会中的角色已有了显著的改变,对产品和服务的需要也随之而有了很大的改变。例如,职业妇女增多已为高级服饰、化妆品、幼儿园服务、家庭冷冻食品、家庭清洁服务的营销商带来了很大的市场机会。营销人员应密切注意女性角色改变的趋势。

6. 职业

不同职业的消费者往往有不同的产品需要和购买行为。例如,蓝领工人和白领工人的消费习惯就有很大的不同,他们在品牌和商店的选择、媒体的关注等各方面的消费行为存在着明显的差异。

## 二、竞争环境

竞争环境包括组织在国内和国外所面对的各种现有或潜在的竞争因素。

1. 竞争结构

根据经济学家的分类,竞争结构有4种,即完全垄断(Monopoly)、寡头垄断(Oligopoly)、垄断性竞争(Monopolistic Competition)和完全竞争(Pure Competition)。各种竞争结构的特性如表3-1所示。

表 3-1　不同的竞争结构

| 属性 | 完全垄断 | 寡头垄断 | 垄断性竞争 | 完全竞争 |
|---|---|---|---|---|
| 厂商数目 | 1 | 很少 | 若干 | 许多 |
| 各厂商的市场规模 | 小或大 | 大 | 小或大 | 小 |
| 对营销计划的控制 | 对价格、分销、营销传播和产品的控制力强 | 对价格、分销、营销传播和产品有一些控制力 | 对价格、分销、营销传播和产品有一些控制力 | 对价格无法控制；对分销、营销传播和产品未能有效控制 |
| 进入产业的难度 | 困难 | 困难 | 容易 | 容易 |
| 差别利益 | 只来自产品或服务 | 非价格营销因素 | 任何营销因素 | 无 |
| 营销的关键任务 | 维持独特地位 | 非价格因素差异化 | 任何因素的差异化 | 确保推广和广泛分销的供应 |

（1）完全垄断

在完全垄断情况下，同一产品或服务只有一家厂商供应，因此这家垄断厂商对价格有很大的控制力，对产品、渠道和营销传播活动也有很强的影响力。当一个市场处于完全垄断状态时，其他厂商要想进入该产业的难度很高。但如果享有完全垄断优势的厂商是属于国营企业或公共事业单位，则通常会受到较严密的管制。如多年来煤气、自来水和电力均分别由国有的公司独家供应，其价格的升降都将受到相当程度的管制。

（2）寡头垄断

在寡头垄断情况下，产品是相似的，由极少数厂商控制大部分的市场，每家厂商所占有的市场都相当大，对价格、渠道、营销传播和产品计划也都各有一些控制力，其他厂商不易进入该产业。

（3）垄断性竞争

在垄断性竞争的情况下，同一产品或服务有许多厂商在供应，每家厂商的市场占有率都不高，对价格、渠道、营销传播和产品计划都各有一些控制力。其他厂商容易进入该产业。

（4）完全竞争

在完全竞争的情况下，产品相似，买卖双方对市场都熟悉，而且进入市场的障碍很少，买卖双方都很容易进入市场参与竞争。各家厂商对价格无控制力，对渠道、营销传播和产品计划也未能做有效的控制。

2. 竞争力量

大多数的企业至少都会有一些竞争者，营销人员必须注意这些外在的竞争力量。组织可能面临的竞争力量可分成 5 种类型，即：现有的竞争对手、新竞争者的威胁、替代产品的威胁、供应商的议价力和购买者的议价力（如图 3-2 所示）。

（1）现有的竞争对手

在设计产品的营销策略时，营销商应分析现有的竞争者。谁是主要的竞争者？他们的年销售额有多少？他们控制多大的市场？他们的优势和劣势是什么？他们的营销策略有哪些？依据对这些问题的了解，营销商可以制定较好的策略来对抗现有的竞争对手。

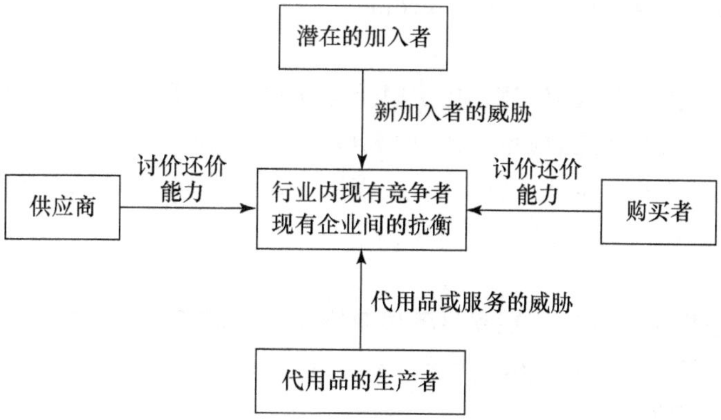


**图 3-2 竞争力量**

(2) 新竞争者的威胁

除非政府禁止,新竞争者进入市场的可能性是始终存在的。有些市场较容易进入,有些市场则不是那么容易进入。进入的障碍可能包括投资金额大、需要有多年经验来降低生产成本、投入要素的可获得性、政府政策、专有产品差别化、品牌认知、转换成本、分销渠道的可获得性和预期的报复等。进入障碍低的产业很可能有新的竞争者出现。

(3) 替代产品的威胁

广义地说,产业中的所有卖者都在和提供替代产品的卖者相互竞争。例如,民航和铁路之间为争夺客源的竞争;行驶市区和郊区间的公交汽车和地铁,对上班族而言,是相互竞争的替代产品。

替代产品的存在有助于制约某些产品的价格。价格太高,最后将无利可图。例如,其厂商如发现购买财务软件和雇用兼职财会人员比聘用会计师事务所来得便宜,会计师事务所将可能会失去这笔生意。

(4) 供应商的议价力

供应商是一种重要的竞争力量,因为他们能决定零部件或原材料的价格或质量。当少数的供应商控制很大的市场占有率时,购买者可能须接受较高的价格或较差的质量水准。有时供应商也可以把他原先供应的厂商买下来,而使自己成为一个新的竞争者。

(5) 购买者的议价力

购买者能迫使价格下降,要求较高的质量或较多的服务,并使竞争者相互对抗。势单力薄的购买者也许不得不接受供应商的涨价要求,但势强力大的购买者则有力量要求降价。购买者也可能把供应商兼并收购过来。

## 三、经济环境

经济环境是指所有可能影响营销工作的经济因素,主要包括消费者收入、商业循环、消费支出形态、产业结构、经济政策和经济发展水准等。

### 1. 消费者收入

消费者收入水准可以反映消费者的购买力(Buying Power),从而决定了市场容量和消费者的支出模式。消费者收入有三种形式:总收入(Gross Income)、可使用收入(Disposable

Income)和可任意支用收入(Discretion Income)。

(1) 总收入

总收入是指消费者(个人或家庭)在一段特定期间(一个月、半年或一年)的总收入，包括薪金、工资、政府补助、养老金、利息收入、股利收入和其他收入。消费者可运用他们的总收入来缴税、购买各种产品和服务、捐助公益团体或个人以及从事投资；如有剩余，则可储蓄起来，以备不时之需。

(2) 可使用收入

可使用收入是指个人或家庭在支付各项政府税捐以后所剩下的收入。这是个人或家庭用来支付租金和分期付款、购买各项生活必需品或奢侈品的钱。

(3) 可任意支配收入

个人或家庭在支付政府税捐和购买生活必需品之后所剩下的钱就是可任意支配收入。可使用收入和可任意支配收入的区分常因人而异，因为某一个人视为奢侈品的东西可能是另一个人的必需品。一般而言，可任意支配收入可用来购买度假、嗜好、娱乐、珠宝、名贵衣服、礼品、音响、家庭装饰等物品和服务。

2. 经济周期

经济周期的基本形态，如图 3-3 所示。经济周期是指经济活动水准从繁荣(Prosperity)到萧条(Recession)再到复苏(Recovery)的变动形态。

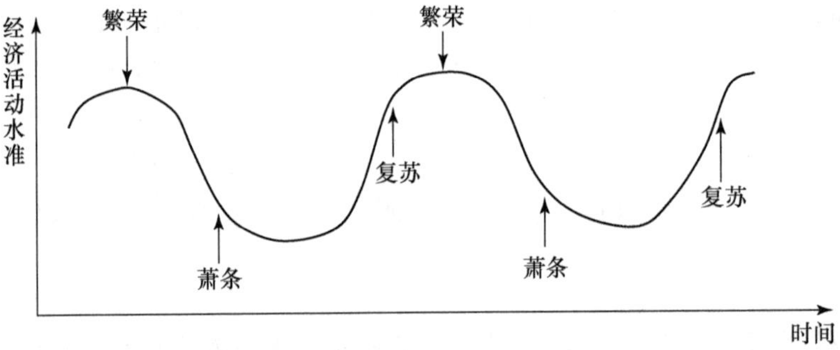


**图 3-3　经济周期**

(1) 繁荣

在繁荣期间，生产和就业水准都高，消费者对产品和服务有较多的需求，每一样产品和服务都要求“最好的”，并且愿意付钱去购买。因此，营销人员在繁荣期可推出新产品、增加市场推广活动和提高售价，用以增加利润。

在繁荣期最凸显的现象就是通货膨胀(Inflation)。除非所得增加的速度能赶上通货膨胀率，否则通货膨胀将导致购买力的下降。

(2) 萧条

在萧条期间，生产减少，失业增加，消费者的需求下降，工业品购买者也会降低他们的支出水准。消费者和工业品购买者都只购买基本的必需品，寻求最有价值的购买。

(3) 复苏

在复苏阶段，经济从萧条走向繁荣，生产水准提高，失业减少。消费者和工业品购买者虽已比较有钱，但花费仍然审慎。当经济愈来愈景气时，购买者才会开始较大方地花钱购物。

3. 消费支出形态

家庭的消费支出形态通常随着经济发展和所得增加而变动。根据恩格尔法则(Engel's laws),家庭收入提高之后,家庭所得中花在食物的比例会下降,花在居住的比例维持不变,花在其他产品及储蓄的比例会增加。

4. 产业结构

产业结构是指农业、工业和服务业在一国经济结构中所占的比重。产业结构的变化一方面为某些行业带来良好的市场机会,一方面也会给其他行业带来生存的威胁。通常在经济成长的过程中,服务业的重要性会与日俱增,服务业的比重会日益扩大,服务业从业者有较大的市场机会。

5. 经济政策

政府的经济政策究竟采取保护管制政策或自由开放政策,也是很重要的外在经济因素,营销人员应密切注意经济政策的变动趋向。例如,自 20 世纪 90 年代中期以来,中国的经济政策逐渐从保护管制转向自由开放,一方面对本国企业构成很大的竞争压力,一方面也为许多本地企业和跨国公司带来很大的市场机会。

6. 经济发展水准

一个国家的经济发展水准是潜在市场的一项重要的环境指标。国民生产总额 (GNP) 是常用来衡量一个国家经济发展水准的统计指标之一,它是指在某一段期间中所生产之所有产品与服务的市场价值。将 GNP 除以一个国家的总人口,即得人均国民生产总值,这个数字对营销人员更有意义。

世界银行(The World Bank)以人均国民生产总值衡量各国的经济发展水准,将世界各国分成 5 类:(1) 前工业国家(Pre-industrial Countries),人均国民生产总值 400 美元或以下;(2) 欠发达国家(Less-developed Countries),401～1635 美元;(3) 发展中国家(Developing Countries),1636～5500 美元;(4) 工业化国家(Industrialized Countries),5501～10000 美元;(5) 后工业国家(Postindustrial Countries),10001 美元或以上。从事国际营销的人员应密切注意各国的经济发展水平。

## 四、科技环境

科技的进步产生了许多新产品和新技术,创造了新的市场和机会。每一种新科技都是一种创造性的毁坏(Creative Destructions)。例如,汽车的发明导致火车的没落,电视机的发明造成电影的没落,晶体管的发明导致真空管的没落,影碟机(VCD、DVD 机等)的出现导致留声机的没落,U 盘和移动硬盘的出现导致软盘的衰落,移动电话的普及导致固定电话的衰落,即时通信工具(QQ、MSN 等)流行导致书信的衰微,等等。

1. 科技的快速进步

近百年来科技进步突飞猛进,今天许多平常的物品,都是近一百年内开发出来的。电灯、电视机、收音机、电灯、冰箱、清洁剂、洗碗机、空调设备、录音机、照相机、飞机、移动电话、计算机、互联网等，都是一百多年前所没有的。近些年来，各种信息科技、电讯技术、数字技术的发展更是一日千里。企业如果赶不上科技的发展，将很快丧失其市场机会和市场竞争力。

除了科技的快速进步之外，许多科技产品（特别是信息通信产品）的快速普及，也对企业的营销活动带来相当大的冲击。移动电话、有线电视、家用电脑及互联网的用户数不断增加，家庭生活使用信息与通信产品者日益普遍，已对企业的营销工作产生了重大影响。尤其是近些年来，互联网（Internet）的发展相当快速，中国互联网络信息中心（CNNIC）2012 年 1 月公布的第 29 次中国互联网调查表明，截至 2011 年 12 月底，中国网民数量突破 5 亿，达到 5.13亿。互联网普及率达到 38.3%。此外，我国家庭电脑上网宽带网民规模为 3.92 亿，占家庭电脑上网网民比例为 98.9%。从 2006 年互联网普及率升至 10.5%开始，网民规模迎来一轮快速增长，平均每年普及率提升约 6 个百分点。另外，调查表明：一方面，微博快速崛起，目前有将近半数网民在使用，比例达到 48.7%；另一方面，传统的交流沟通类应用和网络新闻使用率则出现大幅下滑。交流沟通方面，电子邮件使用率从 2010 年的 54.6%降至 47.9%，论坛/BBS 则由 32.4%降至 28.2%，博客和个人空间从 64.4%降至 62.1%。信息获取方面，2011 年网络新闻用户规模增速仅为 3.9%，使用人数为 3.67 亿，使用率从上一年的 77.2%下降至 71.5%，近年来网络新闻使用率一直在下降，网民通过互联网获取新闻信息的渠道正在发生转移。调查还表明：截至 2011 年年底，即时通信用户规模达 4.15 亿，比 2010 年年底增长 6252 万人，年增长率 17.7%。即时通信使用率继续提升，增长至 80.9%。即时通信使用率以及用户数的上涨主要是由于手机即时通信的发展。手机即时通信是移动互联网应用中使用率最高的服务，高达 83.1%，用户量年增长率达 44.2%。

2. 研究开发的经费和人力

研究开发是科技进步的动力，政府、学术研究机构和民间企业投入于研究开发的经费和人力愈多，科技愈进步，新产品的构想愈多，从产生新构想到开发出新产品所需的时间会愈短，从新产品开发成功到大量商业化之间的时间差距也会日益缩减。因此，营销商必须留意政府、学术研究机构和民间企业在科技研究发展上所做的投入。

3. 对科技的管制

科技愈进步，产品愈来愈复杂，如使用不当，对社会大众的危害将愈大。因此，为确保社会大众的安全，政府对新产品的生产和销售必须进行适当的管制。例如，美国联邦食品药物管理局对新药物的检验有复杂的规定，消费者产品安全委员会也制定了消费品安全标准。在中国，各级卫生部门对有害人体的化妆品的禁卖规定，对食品与食品添加剂也有详细的规范。营销人员在发展新的科技产品时，应密切注意政府的有关规定。

4. 科技对营销组合的影响

科技环境的变化对产品、价格、分销、营销传播等各项营销组合决策都有很大的影响。

(1) 科技与产品决策

科技对产品的影响最为明显。科技的影响可从两方面来说：①它改变了厂商设计和制造产品的方法；②它改变了产品本身。许多厂商都使用电脑来设计它们的产品，同时自动化的系统也已大幅改变了制造方法。科技已创造了许多崭新的产品，如平板彩电（液晶电视与等离子电视）、移动电话、数码摄像机、MP3、MP4 和个人电脑，并创造了快速的市场成长。

科技也促成了产品的不断改进,这些改进的产品使购买者对现有产品的需求逐渐减少。例如,高性能塑胶可卖给汽车制造厂商作为钢的替代品,同样的,超导体材料将逐渐开始与用来制造电脑、医疗扫描器、雷达系统和其他高科技产品的材料相竞争;在消费品方面,网络游戏和数码游戏是传统玩具的一种替代品。

(2) 科技和价格决策

科技也改变了定价。营销管理人员已使用电脑来从事定价工作。中间商(如零售商)也使用新的科技来管理定价工作,使定价工作更有效率,并可减少人员的错误。

(3) 科技和分销决策

科技的进步使分销工作更为顺畅,有时更可创造出全新的分销渠道。例如,地铁公司和百货商店已开始使用自动柜员机来发售车票和礼品券。同时,互联网上的数据资料库,已成为信息时代的新分销渠道。

(4) 科技和促销决策

笔记本电脑的出现大大地改变了药品、保险和食品的人员推销工作。销售员去拜访客户时,如果未随身携带重要信息,不必等回到办公室后再打电话告诉客户,他们可以利用他们随身携带的笔记本电脑,就在顾客的办公室直接查询价格和订货情形,如某项物品已无存货,电脑可自动找出替代品,这样可大幅节省买卖双方的时间。

科技的进步也使广告受益。收音机和电视机提供人们娱乐的新途径,也提供了新的广告媒体。互联网科技等创造了新的广告媒体(如 Banner、Flash 等)。营销人员也可使用科技来设计营销传播活动,使营销传播能集中针对特定的顾客。

## 五、政治法律环境

政治法律环境包括法律、政府机关、社会团体和国际协议。这些外在的政治力量对营销决策有很大的影响力。

1. 法律

为了保护社会大众的利益、维护公平竞争,政府会制定一些规范企业营销活动的法律,这些法律对企业的营销决策有重大的影响。影响营销的法律主要包括促进竞争的法律(Procompetitive Laws)和消费者保护的法律(Consumer Protection Laws)两部分。促进竞争的法律是指为了反垄断、防止差别定价和维护公平竞争而制定的法律,如美国的谢尔曼反托拉斯法案、克莱顿法案、联邦交易委员会(FTC)法案、罗宾逊—帕特曼法案,中国的《反不正当竞争法》等都属促进公平竞争的法律。保护消费者的法律是指为了保护消费者的权益而制定的法律,如美国的公平包装和标签法案、消费品安全法案、消费品定价法案等都属保护消费者的法律(如表 3-2 所示)。营销人员必须认识并遵守这些法律的规定。

2. 政府机构

除了制定相关法律之外,政府也会设立一些管制性的机构来负责管制和规范企业的营销行动。例如,美国联邦政府设有联邦交易委员会(FTC)、食品与药物管理局(FDA)、环境保护署(EPA)等与营销有密切关系的管制性机构;在中国,政府设有环保局、质量技术监督局、消费者保护委员会等与营销有密切关系的管制性机构。营销人员应密切注意这些政府机构的管制政策和措施。

3. 社会团体

在民主和文明的社会中，社会团体对立法者和政府机构往往有很大的影响力。因此，社会团体可以通过对立法者和政府机构的游说而间接影响企业的营销决策。此外，社会团体也可以直接诉诸消费大众的理智和情感而影响企业的营销决策。社会团体主要包括游说者(Lobbyists)和消费者协会。

在西方，游说者主要是向立法者和政府官员进行游说工作，他们通常代表大的公司、大的同业组织或公共利益团体向立法者和政府官员陈述立场，要求后者支持他们的立场。例如，美国医学协会(American Medical Association)就常向国会议员和政府官员进行游说。

随着消费者的自我保护意识的增长，各类消费者协会对企业的营销活动也有相当大的影响力。例如，美国消费者运动之父奈德(RalphNader)所发起成立的一些消费者组织(如公共安全研究会、汽车安全中心、公民电视系统公司等)都曾在美国市场发展过程中发挥过极大的影响力。

4. 国际协议

国家间的贸易与商业协议，对国际营销有重大影响，国际营销人员应密切注意有关的国际协议。最明显的是自由贸易协议(如美国、加拿大和墨西哥签订的北美自由贸易协定，1994 年元月生效)，签约国间经由关税和税捐的减免来消除贸易障碍。

**表 3-2　影响营销的重要联邦法案(美国)**

| 日期 | 法律 | 内容描述 |
|---|---|---|
| A：维持竞争环境的法律 | | |
| 1890 | 谢尔曼反托拉斯法案 | 禁止对贸易和竞争的不合理限制；确定把竞争性的营销体制作为国家的政策目标 |
| 1914 | 克莱顿法案 | 通过对以下活动的限制来强化 Sherman 法案：价格歧视，排他性交易，约束合同和旨在大量减少竞争和创造垄断的董事会之间的勾结 |
| 1914 | 联邦贸易委员会法案(FTC) | 禁止不公平竞争的方法；建立联邦贸易委员会——一个旨在调查商业活动和实施联邦贸易委员会法案的行政机构 |
| 1938 | Wheeler—Lee 法案 | 禁止不公平和欺诈性行为和做法，即使它们没有损害竞争；将食品与药品的广告置于 FTC 的管辖之下 |
| 1950 | Celler—Kefauver 反合并法案 | 禁止那些将会减少竞争的股票购买和公司购并行为 |

续表

| 日期 | 法律 | 内容描述 |
|---|---|---|
| 1975 | 消费品定价(Consumer Goods Pricing)法案 | 禁止生产商和经销商在州际贸易中订出价格维持协定 |
| 1980 | 联邦贸易委员会法案修正法案(FTC Improvement Act) | 允许参、众两院联合对《FTC贸易管制条例》行使否决权。限制了FTC关于"不公平"事项的管辖权 |
| B:管制竞争的法律 | | |
| 1936 | 罗宾逊—帕特曼法案 | 修正Clayton法案,禁止在各种情况下的价格歧视 |
| 1937 | Miller—Tydings再售价格维持法案 | 修正了Sherman法案,使洲际公平交易(固定价格)协议不受反托拉斯之诉。 |
| 1993 | 北美自由贸易协议(NAFA) | 加拿大、墨西哥和美国之间的国际贸易协定,旨在通过在三国之间取消关税和其他贸易障碍而促进贸易 |
| C:保护消费者的法律 | | |
| 1906 | 联邦食品和药品法案 | 关于肉食包装企业检验条例的实施和联邦政府对所有洲际贸易中的食品销售公司的检验方面的法规 |
| 1939 | 羊毛产品标签法案 | 要求对产品中的羊毛的类型和百分比进行鉴定 |
| 1951 | 皮货产品标签法案 | 要求对出产皮货产品的动物进行鉴定 |
| 1953 | 易燃织品法案 | 禁止易燃织品在洲际之间的销售 |
| 1958 | 全国交通和安全法案 | 关于制定汽车和轮胎强制性安全标准的规定 |

## 六、社会文化环境

社会文化环境是指人们的价值观(Values)、休闲时间和对自然界和企业组织的态度等,这些社会文化力量会影响人们的生活和行为方式,进而影响人们的购买动机和行为。

1. 价值观

人们常有许多的信念和价值。价值观有核心价值观(Core Values)和次级价值观(Secondary Values)。前者是代代相传,根深蒂固,很难改变的信念和价值;后者则是比较容易改变的信念和价值。例如,相信人要结婚是一种核心信念;相信人应早婚则是一种次级信念。营销人员或许有能力去影响人们的次级信念,但却没办法去改变人们的核心价值。计划生育管理人员(包括营销人员)要说服人们晚一点结婚比说服他们根本不应结婚要容易得多。在华人社会中,"养儿防老"、"不孝有三、无后为大"、重男轻女等,都是根深蒂固的文化价值。这些核心价值观虽然也逐渐在改变中,但改变的过程非常缓慢,往往不是营销人员可以加以改变的。

人们的价值观虽不容易在短期间内改变，但如一旦改变，对消费者的购买动机和行为的影响非常重大。例如，中国的消费者自20世纪90年代中期以来，健康意识不断提高，使健康食品、健康饮料、健康俱乐部的市场不断扩大，许多厂商纷纷推出“健康产品”，以健康作为诉求，争取市场。又如美国肯塔基炸鸡原以炸鸡称雄于美国快餐业，但由于美国消费者对健康的关切，在1991年将其名称改为KFC，自1993年起也卖烤鸡。

2. 时间

人们的休闲时间和自由时间的长短，对营销活动也有相当的影响。自由时间是指扣除生活必需（如吃饭、睡觉等）和工作时间以后可以自由运用的时间，休闲时间则指人们可用于从事休闲活动的时间。休闲时间和自由时间的长短会影响到人们对产品和服务的需求。一般言之，休闲时间和自由时间愈长，人们对旅游、体育、娱乐、艺术、文娱等产品和服务的需求会愈大，当然也会使提供这些产品和服务的厂商获得较大的市场机会。

随着生产效率的提高和人们对家居与休闲生活的重视，工作时间已愈来愈短，如中国企事业单位的职员每月平均工时已从每周48小时下降到40小时。工作时间缩短，休闲时间和自由时间有愈来愈长的趋势，值得营销人员密切注意。20世纪90年代中后期实施的“10・1”、春节7天长假制度以及“5・1”、清明、中秋“小长假”制度大大提升了中国人的休假享受，为旅游业的发展提供了新的机会。

3. 对自然界的态度

人们对自然界的态度或观念是有不同的。有的人认为人定胜天，人有力量可以主宰大自然；有的人认为人和大自然相比较是非常渺小的，不可违抗大自然。过去受到科技进步的影响，人们普遍认为人可以胜天，而地球的资源是无穷的。但近些年来，愈来愈多的人已认识到大自然是非常脆弱的，地球资源是有限的，而且地球很容易受到人类活动的破坏和摧残，因此，人类必须和大自然和谐共处，必须珍惜地球、爱护地球。

人们对自然界态度的改变也已逐渐反映在消费动机和行为之上。愈来愈多的消费者成为认同绿色消费（Green Consumption）、低碳社会和偏爱绿色产品（Green Product）的绿色消费者（Green Consumers），也有愈来愈多的营销商开发出各种各样的绿色产品，如不含汞的绿色电池、不含磷酸盐的清洁剂、以纸袋取代塑胶袋等，以保护自然生态为诉求来争取市场。

4. 对企业组织的态度

人们对企业组织的态度有两种彼此对立的观点，即利润伦理和社会伦理。利润伦理的观点认为企业的基本使命在于有效地结合各种生产要素，扩大生产力，创造利润，人们只要求企业尽可能去创造最大的利润，而不必刻意去尽什么社会责任。社会伦理的观点则正好相反，它认为企业有义务，也有能力去履行更多的社会责任。

近几年来，人们对企业组织的态度已逐渐从利润伦理走向社会伦理。人们除了要求企业要创造合理的利润之外，也要求企业要履行社会责任，成为好的“企业公民”（Corporate Citizens）。营销商应认清这种变动的趋势，要设法通过各种营销组合决策为企业塑造好的企业公民的形象。

## 本章复习思考题

1. 简述宏观营销环境的概念。
2. 宏观营销环境的组成内容有哪些?
3. 针对特定的企业,分析其面临的营销环境是怎样的?

# 第四章　营销信息系统与营销研究

**本章学习要点**

1. 掌握营销信息系统的概念；
2. 掌握营销信息系统的构成；
3. 掌握营销研究的概念；
4. 掌握营销研究的流程。

为制定、执行和评估各项营销决策，营销人员需要设法及时取得足够的营销信息。取得信息的途径很多，在过去市场范围小、市场状况简单的年代，营销人员可根据本身的直觉、主观判断和过去的经验来取得所需的营销信息。但在营销活动日趋繁杂、竞争日益激烈、市场不断扩大的年代，营销人员必须借助于科学的、系统的途径，才能获得所需的营销信息。本章将介绍两种重要的科学途径——营销信息系统与营销研究(Marketing Research)。

## 4.1　营销信息系统

### 一、营销信息系统的角色

营销信息系统是指"收集、分类、分析、评估和分发决策所需要的、及时的和正确的信息给营销决策者的人员、设备和程序"。[①] 这个定义指出营销信息系统的目的在于满足营销经理的信息需要，也指出营销信息系统的资料整合功能，它不是要提供给经理一堆杂乱无章的资料，而是要把各种相关的资料结合起来，提供给经理整合的信息或报告。

营销信息系统应配合营销决策系统，针对营销经理的需要而设计。如图 4-1 所示，营销信息系统是一种信息提供者的角色，营销主管人员向信息系统提出要求，营销信息系统向经

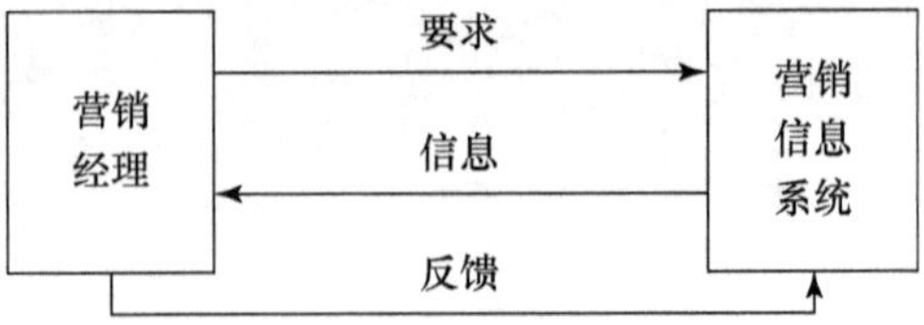


**图 4-1　营销信息系统的角色**

① Kotler & Keller: Marketing Management 14th edition. Prentice Hall, 2012.

理人员提供信息;同时,营销信息系统提供的信息是否适时、是否相关、或是否过多或过少?营销经理须随时回馈给营销信息系统,以供营销信息系统及时做必要的调整。

营销信息系统的设计应针对营销经理的需要,以协助营销决策为目的,因此在设计营销信息系统之前,应先了解营销经理的需要。营销经理的信息需要通常取决于他所面临的营销问题以及他所用以解决问题的决策结构这两个因素。一般而言,营销信息系统提供给营销经理的信息可分为 3 类。

(1) 重复性的信息,即定期提供的信息。例如各地区的市场占有率、顾客对公司广告的知晓程度、主要竞争者的价格、顾客对公司产品的满意度、顾客的购买意图等都是经理每周、每月、每季或每年定期要收集的信息。这些信息对认明问题和机会特别有用,也可用来了解营销决策的效果,如定期的市场占有率报告可用来分析价格变动的影响。

重复性的信息可从内部来源取得,如会计记录和销售访问报告等;也可从外部信息源获得,如消费者调查、消费者固定样本和商店稽查等。

(2) 监听的信息(Monitoring Information),即定期扫描某些信息源而得到的信息。它主要来自外部信息源,如政府报告、专利、期刊文章、竞争者的年报、竞争者的公共活动等都是常被监听的信息源。监听的信息对提醒厂商注意潜在的问题(如新竞争者或现有竞争者的新营销活动)特别有用,它也可帮助确认机会(如新的产品用途、新的市场和改进的产品特色)。

(3) 要求的信息(Requested Information),即应营销经理的特定要求而提供的信息。如无经理提出要求的信息,将不会提供,也可能不会存在于系统中。例如,营销经理可能要求提供目前尚未进入的某一市场的大小,并估计在该市场中竞争者的强度和顾客对现有品牌的满意度。

营销信息系统的设计应处处顾及营销经理的信息需要。一个信息系统的功效,一方面要看其资料搜集、储存、分析及展示能力,另一方面要看系统本身与企业经理及环境之间的双向沟通能力。信息系统的建立和运用,各种信息处理的机器设备(如计算机、微缩胶卷、复印机、录音机、摄像机、传真机等)及其使用技术都是重要的先决条件,缺少这些现代化的资料硬件处理设备和技术,将使信息系统的管理功能大为削减。

## 二、营销信息系统的内容

一个完善的营销信息系统,如图 4-2 所示,包括 4 个子系统,即内部记录系统(Internal Records System)、营销情报系统(Marketing Intelligence System)、营销研究系统(Marketing Research System)和营销决策支持系统(Marketing Decision Support System,简称 MDSS)。

### 1. 内部记录系统

内部记录系统是营销主管使用的最基本的信息系统。此系统提供订货、销货、价格、存货水准、应收项目与应付项目等报告,通过这些信息的分析,营销管理人员可以发现重要的机会与问题。

设计内部记录系统时要注意不要提供太多的信息,以免营销主管花太多时间去读这些信息或整个忘记这些信息;也要注意不要提供太新的信息,以免营销主管会对销量的小幅减少做过度的反应。一个良好的内部记录系统并不是要随时提供给营销主管大量而琐碎的信息,而是要能适时提供有意义的信息。

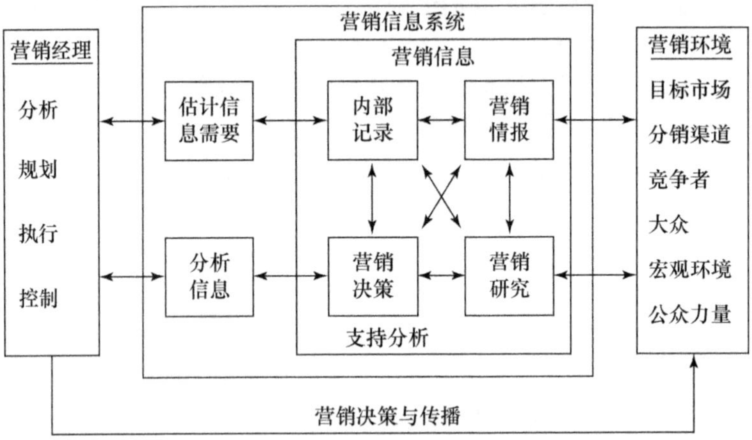


**图 4-2　营销信息系统**

2. 营销情报系统

营销情报系统的任务是收集营销环境中各项相关发展的日常信息。营销情报系统与内部记录系统的区别主要在于后者提供事件发生后的结果资料（Results Data），而前者则供应正在发生中的资料（Happenings Data）。

大部分有关营销环境的信息都可以公开而合法的方式取得。例如，派人经常到各商店巡视，据以判断竞争者的货品是否畅销；访问消费者和中间商也可以获得许多有用的信息；公司的销售代表更是公司在市场中的耳目，公司应多加激励，赋予收集信息的任务，常可搜集到重要的市场动态信息。

此外，也可从外界商业调查机构购买所需信息。例如，在美国可购买尼尔森公司及信息资源公司（Information Resources）定期出版的销售资料。

3. 营销研究系统

除内部记录系统及营销侦察系统所提供的信息之外，营销人员还需要对特定问题及机会加以研究，他们或许需要做市场调查、产品偏好测验、各地区销售预测、或广告效果研究，这些研究工作通常需要营销研究的专门人才才能胜任。

4. 营销决策支持系统

营销决策支持系统包含许多分析营销资料与问题的数量工具和软件程序，其内容包括统计库（Statistical Bank）和模式库（Model Bank）。

统计库中有许多统计方法，用以从资料中获取有意义的信息，这些方法包括各种多变量统计技术。模式库中有许多可帮助营销人员制定更佳营销决策的模式，如产品设计模式、定价模式、地点选择模式、媒体组合模式、广告预算模式等。

# 4.2 营销研究

## 一、营销研究的角色

营销研究(Marketing Research)的目的在于适时提供给营销决策者所需的信息,协助决策者制定合适的营销决策。如图 4-3 所示,营销研究在营销决策中扮演信息提供者的角色,其功能在于提供给营销决策人员(信息使用者)制定营销决策所需的信息。

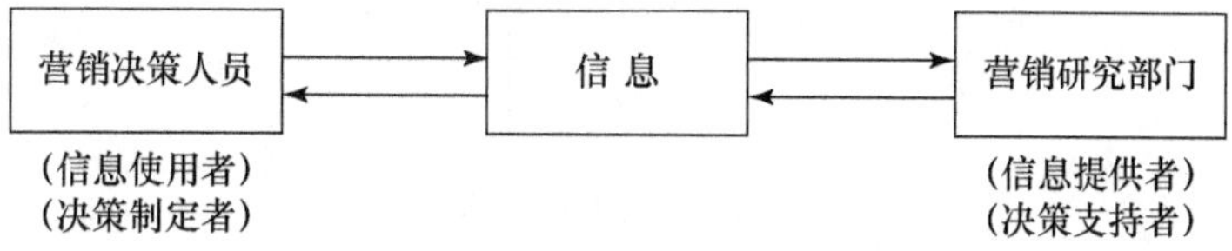


图 4-3 营销研究的角色

从决策的角度来看,营销研究所扮演的是一个决策支持者的角色,而营销决策人员则扮演决策制定者的角色。营销决策人员提出营销决策问题并送交营销研究部门进行研究,营销研究部门则经由研究过程提供信息给营销决策人员作决策参考。决策人员与研究部门二者的角色关系如图 4-4 所示。

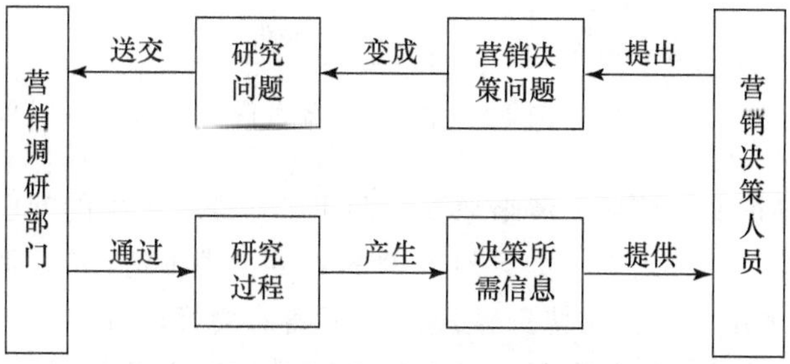


图 4-4 营销决策与营销研究的角色关系

营销研究固然是营销决策人员的一个重要信息来源,但并不是唯一的信息来源。营销经理还可凭借直觉、权威人士、过去经验获得大量的信息。不过,由于营销研究是利用有系统的、科学的设计来搜集营销信息,所获得的信息可能是比较可以信赖的信息。

## 二、营销研究的过程

营销研究的过程,如图 4-5 所示,大致包括以下 8 个步骤:(1) 界定研究的问题;(2) 确定研究类型;(3) 选择资料来源;(4) 确定资料收集方法;(5) 设计抽样程序;(6) 收集资料;(7) 分析资料;(8) 提出研究报告。

### 1. 界定研究的问题

营销研究的第一个步骤是要清楚地界定研究的问题,确定研究的目的。有人曾经说过,一个明确界定的问题是解决了一半的问题。明确界定的问题能够帮助研究人员为最终获得

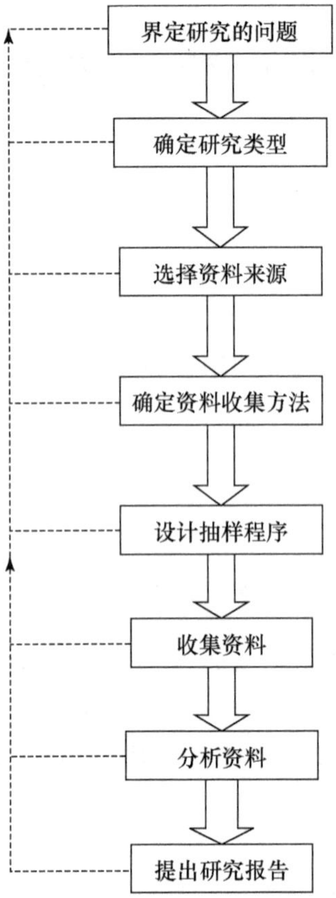


**图 4-5　营销研究的过程**

问题的解决方案搜寻正确的信息。清晰地界定调研工作需要解决的问题能够加快研究过程的步伐和提高研究结果的准确率。如果对问题的界定含糊不清，或对研究的目的做了错误的界定，则研究获得的结果将无法协助经理制定正确的决策，因此在开始进行研究之初，应先确定研究的问题和目的。问题和目的的界定并不是研究人员单方面的责任，营销经理应积极参与，和研究人员共同确定研究的问题，界定研究的目的。

在界定研究问题和目的时，常先进行环境分析，一方面收集和分析组织内部的记录以及各种有关的次级资料(Secondary Data)，另一方面访问组织内外对有关问题有丰富知识和经验的人士。环境分析通常可提供足够的信息，协助研究人员和营销主管共同界定研究的问题和目的。

2. 确定研究类型

营销研究的第二个步骤是依据研究的目的来确定研究的类型。根据研究的基本目的，一般可将研究分为两大类型，即探讨性研究(Exploratory Research)和结论性研究（Conclusive Research)。探讨性研究是指企业对需要研究的问题还不清楚，无法确定应研究哪些内容，因此需要搜集一些资料并进行分析，目的在于提出初步的见解，并提供进一步研究的空间。探讨性研究所要回答的问题主要是“是什么”。结论性研究又可分为叙述性研究(Descriptive Research)和因果性研究(Causal Research)两类，主要目的在于帮助决策者选择合适的行动方案。其中,叙述性研究是指通过研究如实地记录并描述诸如某种产品的市场潜量、顾客态度和偏好等方面的资料,它所要回答的问题主要是“何时”或“如何”等。因果性研究是为了测试假设的因果关系的正确性以及分析某一个因素对另一个因素的影响程度的方法,也就是要弄清楚问题的原因与结果之间的有关变数关系。它所要回答的问题主要是“为什么”。一般先进行探讨性研究,然后再进行结论性研究。

3. 选择资料来源

研究人员根据研究的目的,将所需的各种资料一一加以列举,然后根据资料清单决定资料来源。资料通常可分为初级资料(也称第一手资料)与次级资料(也称第二手资料)两类,前者为原始资料,即为特定研究目的直接收集的资料,后者为企业组织内外的现有资料。如有合适可用的次级资料,应优先利用,尤其要优先使用内部拥有的次级资料。

传统的次级资料的收集通常是很费力费时的工作。但是,在当今信息技术迅猛发展的时代,计算机化的在线数据库(Online Database)减少了收集第二手资料的繁重工作。在线数据库是任何人都可以通过适当的计算机设备进入的公共信息集合。由于具备1万个以上的在线数据库,几乎任何调查者感兴趣的问题都会被包含在某个数据库中。查询数据库收集资料是要收取一定的费用的,从非商业性的只收很少一点象征性费用到完全商业化的收费很高的数据库都存在。

4. 确定资料收集方法

营销研究的第四个步骤是选择收集初级资料的方法和设计收集资料的工具。

(1) 主要资料收集方法

收集初级资料的方法主要有访问法(Interview)、观察法(Observation)及实验法(Experiment)。

① 访问法

访问法是利用人员访问、电话访问及邮寄问卷等方式进行调查,它是收集受访者的社会经济背景、态度、意见、动机及行为的有效方法。每种访问方式优劣互见,各有其适用情形,也各有其缺点,在选择时应就成本、时间、访问对象、调查时可能发生的偏误、问题的性质等因素加以比较。

② 观察法

观察法是通过观察特定活动的进行收集信息。观察法受观察人员的影响较小,对被观察者的外在行为的观察结果比较客观,是其优点;但无法观察被观察者的内在动机或企图,且成本可能较高,在时间及地点方面所受的限制也较大,是其缺点。

③ 实验法

访问法和观察法因未控制受访者或被观察者的行为及环境因素,因此无法证实各变数间的因果关系。实验法则对行为及环境加以控制,以便能了解各变数间的因果关系。

(2) 设计收集资料的工具

一旦决定了收集资料的方法之后,接着便应设计收集资料所需的各种工具。如决定利用访问法来收集初级资料,应设计问卷(Questionnaire);如利用观察法,应设计记录观察结果的登记表或记录表;如决定采用实验法,应设计进行实验时所需的各种道具。研究人员在设计收集资料所需的工具时,必须考虑到受访者或参加实验者的知识程度、语言等因素。

5. 设计抽样程序

营销研究的第五个步骤是设计抽样程序。研究人员应根据研究目的确定研究的母体(Population)，确定抽样架构（Sampling Frame)，然后决定样本(Sample)的性质、大小及抽样方法。如采用访问法，应决定要访问多少人、如何分配；如采用观察法，应决定观察的次数、时间及地点；如采用实验法，应决定实验的地点、时间长短以及实验单位的种类及数目。

样本愈大，研究的结果愈可靠，样本过小，将影响结果的可靠程度，但样本过大也是一种浪费，故样本的大小应以适中为宜。决定样本大小应考虑以下 4 个因素：

① 可动用的研究经费；

② 能被接受或被允许的统计误差；

③ 决策者愿意去冒的风险；

④ 研究问题的基本性质。

6. 收集资料

营销研究的第六个步骤是根据抽样设计进行抽样工作，并利用选定的资料收集方法实地去收集各种初级资料。在实地收集资料时，对访问员、观察员或实验员的选择、训练及监督应特别重视，如果这些资料收集人员未能按照研究计划去实地收集资料，可能使整个研究工作失去价值。不管研究计划如何周详细密，在实地收集资料时往往会发生一些预料不到的问题，因此在实地收集资料期间，必须经常查核、监督和训练资料收集人员，和他们保持密切的联系。

7. 分析资料

第七个步骤是分析资料。资料分析工作包括整理初级资料、证实样本的有效性、编表和统计分析等步骤。

(1) 整理初级资料

查看初级资料，去除不合逻辑、可疑以及显然不正确的部分，然后加以编辑，以供列表之用。

(2) 证实样本的有效性

营销经理可能怀疑样本的代表性，研究人员如能证实样本的有效性或可靠性，就能增加营销经理对研究结果的信心。

证实样本有效性的方法有好几种。如利用随机抽样(Random Sampling)，可估计样本本身的统计误差。如系采用配额抽样(Quota Sampling)方法，应先决定样本是不是够大，然后和其他来源相对照，以查看样本的代表性。查核消费者样本时，最常用的方法是将样本和普查的资料相比较，看看二者之间在性别、年龄、经济、阶层等重要特征的分布情形上是否有显著的差异；如为工业品研究，可比较样本和普查结果在厂商的规模、类型、地点分布等方面的情形；如以中间商为样本，则可比较样本和普查资料中有关商店大小、经销商品、商店类型的分布情形。如果比较的结果发现样本和普查结果在重要变数或特征上并无显著的差异，则可推论样本其有代表性。

(3) 编表

将收集的资料以最易懂、最有用的方式表列出来。

(4) 分析和解释

利用统计方法分析资料，并解释结果。

8. 提出研究报告

最后应报告研究结果，提出有关解决营销问题的建议或结论。报告的写作应针对受众的需要与方便。

研究报告可分为两种：一为技术性报告(Technical Report)，强调使用的研究方法和基本的假定，并详细陈述研究的发现；二为管理性报告(Management Report)，尽量减少技术的细节，力求简明扼要。管理性报告主要是向高层经理报告之用，应以生动的语言说明研究的重点及结论；技术性报告主要是向营销研究部门或参谋人员报告之用，内容较丰富，除了说明研究发现及结论外，还需详细说明研究方法，提供参考性文件资料。

从图 4-5 看来，营销研究好像是后一个步骤紧接着前一个步骤逐步来进行，事实上并非如此。图 4-5 应该有许多的回馈线。例如，在界定研究问题后进入第二个步骤确定研究设计类型时，研究人员可能发现研究问题尚界定得不够清楚，因此有必要再回到第一个步骤把问题界定得更清楚一点，又如原先第四个步骤所设计的抽样方法或样本大小，后来在第五个步骤实地收集资料时可能发现成本过高或无法执行，此时也必须再回到第四个步骤去重行考虑和修改抽样设计。

## 本章复习思考题

1. 简述营销信息系统的概念。
2. 营销信息系统的组成有哪些？
3. 简述营销研究的概念。
4. 营销研究的步骤有哪些？

# 第五章　消费品市场

本章学习要点

1. 掌握消费品市场的概念；
2. 掌握消费者购买决策的类型和过程；
3. 掌握影响消费者购买决策的因素；
4. 掌握生活形态的概念。

消费品市场是由个人或家庭购买者组成的消费群体，其购买的目的用于最终的个人或家庭消费，也称最终市场。早期的营销人员从日常的实践经验中即可大致了解这种市场的购买行为。但随着公司与市场的规模日益扩大，营销决策人员常无法直接与顾客接触，无法靠平常的接触去了解消费者的行为，因此要求助于消费者研究，并投下巨资来研究消费者，希望了解：谁会来购买？如何购买？购买多少数量？何时购买？到哪里去购买？为什么要购买？其中最核心的问题是：消费者对营销商推出的不同营销活动与决策作何反应？如果营销商能比较准确地掌握消费者的行为反应，包括对不同的产品特性、价格、渠道、营销传播等的反应，这家营销商将站在有利的竞争地位。

## 5.1　消费者的购买决策

了解消费者的购买角色和购买决策过程将有助于营销人员制定合适的营销策略，获得市场上的胜利。

### 一、购买角色

消费者在购买决策中可能扮演下列 6 种角色。

(1) 发起者：率先建议要购买特定产品或服务的人。

(2) 影响者：其看法或忠告会影响决策的人。

(3) 决定者：决定是否购买、购买什么、如何购买或何处购买等部分或全部购买决策的人。

(4) 购买者：实际去购买的人。

(5) 使用者：消费或使用该产品或服务的人。

(6) 评价者：对产品或服务消费效益作出最终评价的人。

对某些消费品的购买，可能一个人扮演所有的6种角色。例如，有位吸烟多年的消费者想起要买一包香烟(发起者)，自己影响自己(影响者)，自己决定要到便利商店去购买一包“阿诗玛”牌香烟(决定者)，自己走到便利商店去购买(购买者)，自己抽完那包香烟(使用者)，抽完烟后对这个品牌的感觉如何由他自己评价(评价者)。在某些情况下，可能由不同的人扮演不同的角色，甚至由若干人共同扮演某种角色。例如，有一家庭想购买汽车，发起者可能是丈夫，影响者可能是妻子、夫妻两人的同事和亲友，决定者可能是丈夫(决定品牌)和妻子(决定外观)，使用者可能是丈夫居多，评价者也可能是丈夫。

企业需要辨认这些购买角色，因为角色的辨认对于产品的设计、广告媒体和信息的决定、渠道的选择以及营销预算的分配，都有其含义。以张三想购车为例，如果张三是发起购买汽车和决定汽车品牌的人，汽车公司就应直接针对张三做广告及(或)派销售代表拜访张三；如果张太太是决定汽车颜色和外观的人，汽车公司也须依据张太太的喜爱来设计车子的外观，并在张太太可能接触的媒体上做广告。认明主要的参与者及其在购买决策中所扮演的角色，将有助于营销人员适当地制订营销计划。

## 二、购买决策过程

### 1. 消费者的投入程度

消费者的购买决策过程可能相当复杂而费时，也可能非常简单而快速，这主要取决于消费者对产品的投入程度。投入是指某一消费决策对消费者个人的重要程度或相关程度，也可以是消费决策时的消费者身心涉入程度。投入程度愈大，消费者做正确抉择的重要性就愈高。有项研究指出：当产品对个人具有私人或象征意义时、当产品与中心价值观相关联时、当产品的购买或使用涉及风险时以及当产品有高的享乐价值时，投入程度是最高的。消费决策的高度投入与低度投入的区别见表5-1。

**表5-1 消费者购买决策的高度投入与低度投入的区别**

| 购买决策的高度投入 | 购买决策的低度投入 |
|---|---|
| 1. 消费者是信息处理者 | 1. 消费者随机地得到信息 |
| 2. 消费者是信息寻找者 | 2. 消费者是信息收集者 |
| 3. 消费者是主动的广告听众，因此广告对消费者的效果是微弱的 | 3. 消费者是被动的广告听众，因此广告对消费者的效果是强烈的 |
| 4. 消费者在购买之前评价品牌 | 4. 消费者首先购买，如果他们评价品牌也是在购买之后 |
| 5. 消费者努力使期望满意度极大化，消费者通过比较品牌以发现谁能提供与需求相关的最大利益，并且根据多属性比较来购买。 | 5. 消费者寻求可接受的满意水平。因此，消费者购买最不可能给其带来问题的品牌并且几乎 |
| 6. 个性和生活方式特征十分重要，因为产品与消费者的身份及信仰密切相关 | 6. 个性和生活方式特征并不重要，因为产品与消费者的身份和信仰的关系并不紧密 |
| 7. 参考群体影响消费者行为，因为产品对群体的标准和价值很重要 | 7. 参考群体对产品选择不施加影响，因为产品与群体的标准和价值似乎并无关系 |

依据消费者的投入程度，可将购买行为分成3种类型，见表5-2所示。

表 5-2　消费者购买行为类型

| | 例行的问题解决 | 有限的问题解决 | 广泛的问题解决 |
|---|---|---|---|
| 参与 | 低 | 低到中等 | 高 |
| 时间 | 短 | 短到中等 | 长 |
| 成本 | 低 | 低到中等 | 高 |
| 信息搜寻 | 仅限内部 | 内部为主 | 内部和外部 |
| 可供选择数 | 一个 | 几个 | 很多 |

(1) 例行的问题解决(Routine Problem Solving,RPS)：投入程度最低,如消费者购买他们常用的牙膏品牌。消费者不会考虑其他的方案,他们只是依习惯自动购买。

(2) 有限的问题解决 (Limited Problem Solving,LPS)：如果常买的品牌缺货,消费者只从货架上陈列的品牌中做选择。消费者对产品的投入程度低,没有很偏好的品牌,只利用少数的属性做判断,从少数的品牌中做选择时,即属此种购买行为。

(3) 广泛的问题解决(Extensive Problem Solving,EPS)：只有很少数的购买决策(如购买新汽车)会有此种购买行为,投入程度高,并对一些方案做复杂的评估。

有限的问题解决和广泛的问题解决在各阶段购买决策过程的比较如表 5-3 所示。

表 5-3　有限的和广泛的问题解决比较

| 购买决策阶段 | 广泛的问题解决 | 有限的问题解决 |
|---|---|---|
| 需要确认 | 高投入和知觉风险 | 低投入和知觉风险 |
| 信息搜寻 | 1. 强烈的搜寻动机<br>2. 使用多种来源,包括媒体、朋友和销售点沟通<br>3. 积极严谨地处理信息 | 1. 低的搜寻动机<br>2. 广告的接触是消极的,信息处理也不深入<br>3. 可能做销售点的比较 |
| 方案评估 | 1. 严谨的评估过程<br>2. 使用多种评估准则,有些准则较为重要<br>3. 各方案被认为有显著的不同<br>4. 补偿策略,在特定属性上的确定可由其他属性来抵偿<br>5. 坚持利益、态度和意图 | 1. 不严谨的评估过程<br>2. 使用有限的评估准则,集中在最主要的准则<br>3. 各方案被认为大致相似<br>4. 非补偿策略,在重要属性上还不到标准的方案即予以剔除<br>5. 不坚持利益、态度和意图<br>6. 购买和试用可以是评估的主要方法 |
| 购买 | 1. 必须坚持到许多零售据点去选购<br>2. 零售据点的选择可能需要决策过程<br>3. 通常需要在销售点谈判和沟通 | 1. 不想做广泛的选购<br>2. 通常偏爱自我服务<br>3. 通常会由陈列和销售点诱因来促进选择 |
| 购买过程 | 1. 疑虑会引发售后再保证的需要<br>2. 满意是重要的,而忠诚是结果<br>3. 如有不满意之处,会去寻求补偿 | 1. 由于惰性,而非忠诚,会使满意促成再购买<br>2. 不满意的后果是品牌转换 |

2. 决定消费者投入程度的因素

消费者在购买中的投入水平取决于5个因素，即经验、兴趣、预期风险、情景、展露度。

(1) 经验

一般来说，消费者对某一商品或劳务具有若干次消费经验时，投入程度较低。在反复使用过该商品之后，一旦产生对该产品的需求，消费者会迅速做出决策。因为，消费者对该产品比较熟悉，并且知道它能否满足他们的需求，他们对该项产品购买的投入程度较低。例如，经常出差的人对旅途上的消费方式和随身携带的物品会了如指掌。

(2) 兴趣

投入程度与消费者的兴趣直接相关，如消费者对汽车、音乐、电脑和其他电子产品感兴趣，那么平时他就会耗费较多的精力和时间注意和收集这方面的资料与信息，并且会时常关注所感兴趣产品的市场行情以及各方面的消费反应。当然，对产品和服务的消费兴趣会因人而异。尽管年轻的父母们可能对少年宫不感兴趣，但望子成龙的心态及左右邻居的孩子在少年宫的良好学习业绩却使他们对少年宫的项目和价格非常感兴趣。

(3) 风险

随着消费者对某项产品购买的预期风险的增加，消费者投入程度也会相应地提高。消费者所关心的风险类型包括财务风险、社会风险和心理风险。第一，财务风险会带来财富的减少和购买力的下降。显然，高价位会带来高风险，消费者的投入程度会极大地提高。因此，价格与投入程度通常是直接相关的，即价格越高，投入程度越高。例如，购买商品房的消费者就会比买福利房的消费者花更多的时间和精力去寻找在环境、质量、价格、地理位置等方面合适的楼盘或小区。第二，当消费者所购买的产品会引起其他人对他们的看法时，就要承担社会风险。比如，出席亲朋好友聚会时的着装，进行重大商业项目洽谈时乘坐的小车。第三，如果消费者觉得做错了决策可能会导致一些焦虑，他们会承担心理风险。例如，对工薪阶层来说，是购买股票保险还是购买国库券保险呢？

(4) 情景

购买环境可能会暂时将一个低度投入决策变成一个高度投入决策。当消费者在特定的情景中预期到较大风险时，就会出现较高的投入程度。例如，一位平时着装随便的青年男士在去找工作或与自己心爱的姑娘约会时的服装的选购就会很慎重，这样，对这位男士而言，服装的购买行为就从一个低度投入的决策变成一个高度投入的决策。

(5) 展露度

当一件产品的社会可见度增加时，消费者在购买时的投入程度也就会提高。经常跟随消费者参加社交活动的商品(比如，服装、手机、手表、汽车、珠宝、领带、手包等)或能够被别人看到的商品(比如，家具、摆饰等)，这些商品往往展示在众目睽睽的大庭广众之下，容易受到别人的“评论”，是消费者的“面子”，这些商品对购买者来说是一种说明、一种象征、一种标志，因此，这些商品带有社会风险。

3. 消费者的购买决策过程

消费者的购买决策过程，如图5-1所示，包括需要确认、信息搜寻、方案评估、购买决策及购后行为等5个阶段。消费者在实际购买之前以及购买之后，可能会经历一段长的时间。营销人员应了解整个购买过程，而不只是购买决策。不过，消费者并不是在购买每一样产品或服务时都会经历这5个阶段。事实上，消费者在购买日常用品时很可能连续跳过好几个阶段。例如，许多学生在购买铅笔时是从确认需要直接跳到购买决策，而省略了信息搜寻与方案评估这两个阶段。

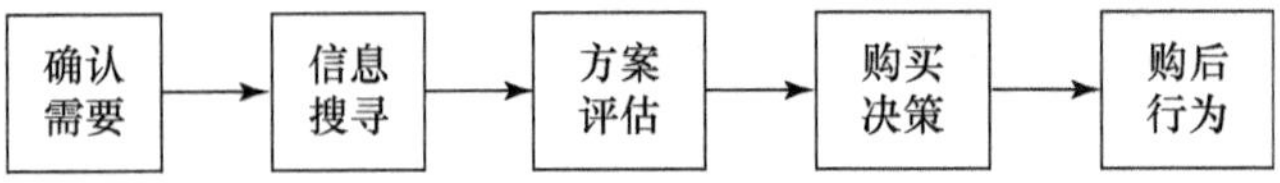


**图 5-1　购买决策过程**

（1）需要确认

购买过程开始于消费者对现况的不满足。他们看到某个问题或感受到自己的某种需要，感觉到自己期望达到的状况与现状不同的一种状态。需要可能来自内在的刺激，如饥饿、口渴等。当这些刺激达到某种强度时，就会变成驱动力(Driving Force)。因有过去的经验，人们懂得如何去应付这些驱动力，例如人们会根据经验去找一些事物来满足需要。

需要也可能来自外在的刺激。例如，张三看到邻居的新汽车或看到电视中的汽车广告时，也可能想买部汽车。这些都是他所看到的问题或感受到的需要。此时，营销人员应找出哪些情境会引发消费者看到问题或感受到需要，他们应找出：① 消费者会产生哪些需要或哪些问题？② 什么因素会促使消费者产生那些需要或问题？③ 如何让那些需要或问题引导消费者去购买某一产品？

（2）信息搜寻

受到刺激的消费者不一定会去搜寻更多的信息。如果消费者的驱动力够强，而且能满足他的产品就在眼前，消费者很可能会当场购买；如果不是的话，他可能会从事信息搜寻工作，或只是把这个需要留存在他的记忆中。因此，消费者在此阶段有 3 种不同的态度：积极搜寻信息、加强注意、或不搜寻。

加强注意是指提高对有关产品信息的注意力。例如，张三可能特别留意有关汽车的信息，如汽车广告及有关汽车的话题。张三也可能成为积极搜寻信息的消费者。例如，他可能会去阅读有关汽车方面的资料、打电话向朋友讨教、或利用其他的方法来搜集信息。

营销人员应注意：消费者的信息来源主要有哪些？这些来源对消费者购买决策的影响力有多大？消费者的信息来源有下列 4 类。

① 个人来源：家人、朋友、邻居、熟人。

② 商业来源：广告、销售员、经销商、包装、陈列。

③ 公共来源：大众传播媒介、消费者评价组织。

④ 经验来源：处理、检视、产品使用。

上述信息来源的影响力大小因产品类别及购买者的不同而不同。一般而言，消费者所得到的产品信息，大部分来自营销人员所掌握的商业来源。然而，个人来源却是最有效力的来源。每一类来源或多或少都有一些影响力。商业来源通常仅扮演告知的角色，个人来源则影响消费者是否接受产品或对产品的评估。例如，张三可由商业来源获知有关某品牌新汽车推出的信息，但会探询朋友或同事对该汽车的评价。

经过信息搜寻，消费者对产品的品牌及其特性可获得进一步的认识。在未搜寻信息时，张三可能只知道少数几家汽车品牌。实际上汽车品牌相当多，张三所知道的那几家品牌称为知晓集合（Awareness Set）。当他对知晓集合中的各汽车品牌的特性有较多的了解时，就会剔除若干品牌不予考虑，剩下的品牌称为选择集合(Choice Set)。张三最后的决策，就是由选择集合中加以抉择。

(3) 方案评估

消费者利用各类信息决定其选择集合之后，接下来的问题就是消费者如何评估各品牌以及如何做最后的决策。

消费者购买产品是为了满足其需要，张三之所以会购买某一品牌的汽车必然是因为该品牌的汽车能够提供给他某些利益，能使张三的需要获得满足。消费者常将产品视为一组属性的组合，举例如下。

① 电脑的属性：记内存容量、兼容性、价格、售后服务。

② 汽车的属性：引擎马力、外观、价格、操作难易、耗油程度、安全。

③ 照相机的属性：照片清晰程度、快门速度、规格大小、价格。

④ 旅馆的属性：清洁、气氛、价格、地点。

各产品属性被关注的程度因人而异。产品属性愈能满足消费者的需要，在消费者评估时，受消费者重视的程度也就愈大。

假定张三在从不同的信息来源收集到有关汽车的信息之后，经过筛选后剩下四个候选的汽车品牌，这四个品牌的汽车就是他的选择集合。假定张三在做选择时所考虑的汽车属性有四个，即耗油程度、外观、安全和价格。他对各品牌在这四个属性的评分，如表 5-4 所示。

评分标准从 0 到 10，0 代表最低评分，10 代表最高评分，评分愈高表示张三在该属性上的满意度愈高。

消费者对不同属性通常会给予不同的权重，也即不同的属性对消费者的重要性常不尽相同。例如，张三可能认为耗油程度和安全比外观和价格重要，他可能给耗油程度的重要性 40％的权重，给安全 30％的权重，给外观 20％和价格 10％的权重。将各品牌的评分乘以权重，即可得知在张三的心目中各品牌汽车的价值如下：

$$A = 0.4(6) + 0.3(6) + 0.2(5) + 0.1(8) = 6.0$$

$$B = 0.4(8) + 0.3(5) + 0.2(4) + 0.1(9) = 6.4$$

$$C = 0.4(5) + 0.3(7) + 0.2(8) + 0.1(6) = 6.3$$

$$D = 0.4(4) + 0.3(9) + 0.2(9) + 0.1(4) = 6.5$$

依上述各品牌的价值分数，张三最喜欢 D 品牌的汽车。

**表 5-4　张三对各汽车品牌的评分**

| 品牌 | 属性 | | | |
| --- | --- | --- | --- | --- |
| | 耗油程度 | 外观 | 安全 | 价格 |
| A | 6 | 6 | 5 | 8 |
| B | 8 | 5 | 4 | 9 |
| C | 5 | 7 | 8 | 6 |
| D | 4 | 9 | 9 | 4 |

(4) 购买决策

经过上述评估阶段，消费者会在选择集合内排定各品牌的优先顺序。一般来说，消费者会购买他最偏好的品牌，但仍有两个因素会影响他的决定，以致与原来的购买意图相左。图 5-2 说明此种情形。

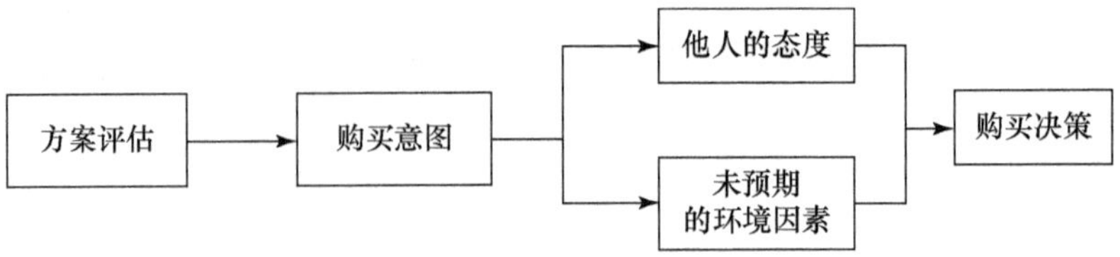


**图 5-2　方案评估与购买决策间的步骤**

第一个因素为他人的态度。例如，张三虽然比较喜欢买花冠汽车，但他的父母坚决要他买帕萨特汽车，因此丰田汽车中选的可能性降低。受他人态度影响的程度取决于：① 他人反应的程度；② 消费者愿意顺从他人的程度。他人越反对或自己越愿意顺从他人，则购买决策越有可能改变。

第二个因素为未预期的情境因素。消费者原先的购买意图是根据其预期的收入来源、预期的价格及预期可获自产品的利益而定。但是当消费者正要购买时却发生了突发的状况，很可能会影响其原先的购买意图。例如，张三的父母原来同意帮他支付部分购车费用，但却突然改变主意，决定不资助他买汽车的钱，使张三不得不延缓购车行动或退而求其次，改买较便宜的汽车。由上可知，消费者的偏好或购买的意图，并不能完全正确预测其实际的购买行为，它们仅能指出购买行为的方向。

(5) 购后行为

消费者也许会满意或不满意所买的产品。如果消费者购后满意，再购的可能性就会提高；如购后不满意，再购的可能性就下降。因此，营销人员应留意消费者的购后行为。

如何判定消费者购后是非常满意、满意、基本满意、不太满意或极不满意？这要看消费者认为产品实际提供的功效与他原先对产品的期望是否吻合而定。如果吻合，消费者就会感到满意；如果超过消费者的期望，他就会非常满意；如果不符合，他就会不满意；如果远低于消费者的期望，他就会非常不满意。

广告、销售人员及朋友的说辞，还有其他信息来源，都会使消费者对产品产生一种期望。如果广告或推销员夸大其词，使消费者的期望提高，最后将容易导致消费者的失望。如果产品的表现愈不符合原先的期望，消费者就会愈不满意。因此，营销人员应诚实叙述产品的利益或功能，避免夸大不实的说辞，以免使消费者最后感到失望。

不管消费者是否满意，他都会采取某些行动。满意的消费者可能会再度购买或惠顾，或为产品做义务宣传。从营销眼光来看，"顾客满意，就是最好的宣传"。不满意的消费者则可能更换品牌或商店，或做负面的宣传。不满意常常是来自认知失调(Cognitive Dissonance)——怀疑已做了正确的决策。他可能寻求肯定该产品价值的信息，借以降低认知失调的程度，减低不满意的感觉。例如，张三如果对其购买的汽车品牌不满意，他可能会收集对该汽车品牌有利的信息，使他对他的购车决定感觉好过些。

营销人员必须了解消费者处理不满意产品的方法。消费者可以采取行动或者不采取行动。若是采取行动，他可以公开或私下进行；公开进行的方法包括向公司投诉、打官司、或向政府或消费者协会提出抱怨；私下方式包括本人停止再购买、说服亲朋好友停止购买等。以上行动均将使厂商遭受损失。

营销人员可采取一些措施，帮助消费者肯定其购买决策。例如，汽车公司可寄一份感谢的信函给张三，恭贺他选购如此美好的汽车，刊登感觉满意的新汽车购买者的广告；恳请消费者提供改进的意见，并列出各地售后服务中心的地址；或印制使用手册等，以提高消费者的满意程度或减低消费者的不满意。

营销的成功首先要了解消费者的需要及其购买过程。营销人员应了解购买者如何经历需要确认、信息搜寻、方案评估、购买决策及购后行为等阶段，并了解购买过程中的参与者及他们对购买行为的影响力，便可据以拟订一套有效的营销策划方案，以争取市场上的胜利。

## 5.2 影响消费者行为的因素

消费者不是随意做出决策的。他们的购买决策深受文化、社会及个人心理等因素的影响，这些因素如表 5-5 所示，其中大部分都是营销商无法控制却又不可忽视的因素。本节将逐一探讨这 3 个因素对消费者行为的影响。

**表 5-5 影响消费者购买行为的主要因素**

| 文化 | 社会 | 个人 |
|---|---|---|
| 文化 | 家庭 | 学习 |
| 亚文化 | 职业 | 动机 |
| | 参考群体 | 知觉 |
| | 社会阶层 | 信念与态度 |
| | | 生活形态 |

### 一、文化因素

文化因素对消费者行为的影响最为根本、直接、广泛和深远。文化因素主要包括文化(Culture)和亚文化(Subculture)。

1. 文化

文化是决定一个人的欲望与行为的最基本因素，社会对其个别成员行为的影响主要是经由它的文化。人类的行为大部分来自学习，不像低等生物的行为主要受其本能所主宰。在现代社会中成长的小孩，经过家庭与其他机构的教育，通过社会化的过程，学习到基本的价值观、知觉、偏好与行为等，对于消费者的购买动机和行为有非常大的影响。

张三想要买一部汽车，因为他所生长的社会使他得以学习并熟知汽车的功用与价值，他知道汽车的功能和开车的方法，这个社会认为人们开车上班、购物和旅游是一件非常平常的事。

每一个社会都有它的文化，在不同的国家或文化中，文化对消费者购买行为的影响程度常有不同。国际营销人员尤应特别注意不同文化的差异，并做必要的调整，否则将会影响营销的效果。

2. 亚文化

每个文化都有较小的亚文化。亚文化的群体基于共同的生活经验和生活环境而享有共同的价值系统，它们提供给成员更具体的认同与社会化对象。亚文化的种类主要有以下3种。

(1) 宗教群体：例如佛教徒、道教徒、天主教徒、基督教徒等，他们各有不同的信仰、偏好及禁忌的次文化。

(2) 种族群体：例如中国社会的汉族、满族、回族、维吾尔族、藏族，或美国社会的西班牙裔、亚洲裔、非洲裔，他们各有不同的文化形态与态度。

(3) 地域：例如中国内地的东北、华北、华中、华南、西北等地区，均有不同生活形态的亚文化。

消费者对不同产品的兴趣会受到他们的宗教、种族及地理等背景的影响。他们对食物和衣着的偏好以及对品牌和商店的选择，多少均会受到上述亚文化背景的影响。张三的亚文化背景会影响他对购车及开车的看法，从而也会影响到他对汽车的兴趣及汽车品牌的选择。

### 二、社会因素

消费者行为亦受到社会因素的影响，它包括消费者的家庭、职业、参考群体(Reference Group)和社会阶层(Social Class)等。

1. 家庭

家庭是消费者个人所归属的最基本团体。一个人从小就从父母亲那里学习到有关宗教信仰、价值观、政治等信念，也从父母亲那儿学习到许多日常的消费行为。即使在长大离家之后，父母亲的教导仍然有明显的影响。

(1) 夫妻的购买角色

消费者在结婚生子组成自己的家庭之后，家庭对消费者行为的影响更为明显而直接。许多的购买决策都是整个家庭共同做的，丈夫、妻子、子女在家庭购买决策中都扮演某种购买角色，并有其程度不等的相对影响力。美国有一项研究发现：在决定"何时去购买一部汽车"时，有68%的主要受丈夫的影响，3%的主要受妻子的影响，29%的丈夫和妻子的影响力相当。

(2) 家庭生命周期

家庭生命周期(Family Recycle)是指一个人所经历的各个生命阶段，包括从小时候开始，历经结婚、生子、养儿到最后配偶死亡而导致家庭解体的过程。消费者行为深受家庭生命周期的影响，每一个生命周期阶段都有不同的购买或行为形态，营销人员通常可以生命周期阶段来确定其目标市场，并针对不同的生命周期阶段发展不同的营销策略。

传统的家庭生命周期阶段通常以年轻单身、已婚有小孩、已婚没有小孩来划分，例如，传统的家庭生命周期包括：①单身；②新婚夫妇；③满巢期Ⅰ(最小的孩子六岁以下)；④满巢期Ⅱ(最小的孩子六岁或以上)；⑤满巢期Ⅲ(较老的已婚夫妇、小孩仍住在一起)；⑥空巢期Ⅰ(小孩不住在一起、家长仍在工作)；⑦空巢期Ⅱ(家长已退休)；⑧鳏寡独居Ⅰ(仍在工作)；⑨鳏寡独居Ⅱ(已退休)等9个阶段。但最近因未婚同居者、单亲家庭、离婚者、晚婚者愈来愈多，营销人员也愈来愈注意这些非传统的家庭生命周期阶段。

2. 职业

消费者的消费行为也会受到其职业的影响。例如，蓝领工人、白领工人和高级经理购买的产品和品牌以及惠顾的商店类型常会有明显的差异，不同职业的人（如公务人员、军人、专业人员、教师、工人等）常有不同的购买行为。营销人员有时也可以职业类别来界定其目标市场，并针对不同职业的群体发展出不同的营销策略。

3. 参考群体

一个人的消费行为受到许多参考群体的影响。一个人的参考群体是指所有能直接（面对面）或间接影响那一个人的态度或行为的群体。直接影响的群体称为成员群体（Membership Group），包括家庭、朋友、邻居、同事等主要群体（Primary Groups）和宗教组织、专业组织和同业公会等次要群体（Secondary Groups）。这些群体为消费者个人所属，且个人与群体内的其他人能彼此互动。但他们也会受到非其所属群体的影响。

崇拜群体（Aspirational Group）是另一种参考群体，它是指虽非消费者个人所属的会员群体，但希望能成为其中一份子的群体。例如，玩足球的青少年会梦想有朝一日能加入职业足球队，也许他们并没有面对面和职业足球队员接触过，但早已和职业足球队认同了。

参考群体用来影响消费者行为的方法不一而足，包括有：报道（Reporting）；推荐（Recommendations）；邀请（Invitations）；要求（Requests）；提示（Prompts）；命令（Commands）；承诺（Promises）；强制（Coercion）；批评（Criticism）；称赞（Compliments）；取笑（Teasing）。

参考群体影响力的大小要视产品及品牌而定，有些产品和品牌深受参考群体的影响，有的产品和品牌则很少受到参考群体的影响。例如，有项研究发现消费者在购买汽车和彩色电视机时，产品和品牌选择均强烈受到参考群体的影响；在购买家具和服饰时，只有品牌选择强烈受到参考群体的影响；在购买啤酒和香烟时，只有产品选择强烈受到参考群体的影响。对那些深受参考群体影响的产品和品牌，营销人员必须设法去接触相关参考群体的“意见领袖（Opinion Leaders）”，设法把相关的信息传递给他们。

4. 社会阶层

消费者的购买行为亦与其社会阶层背景有关联。社会阶层是指在具有阶层分化的社会中所分成的数个较具同质性和持久性的群体，同一阶层的成员有相似的价值观、兴趣和行为。例如，美国社会学家曾把美国社会分成上上（Upper Uppers）、上下（Lower Uppers）、中上（Upper Middles）、中产（Middle Class）、劳动（Working Class）、下上（Upper Lowers）以及下下（Lower Lowers）等 7 个阶层。

社会阶层并不是由单一因素（如收入）来决定，而是需要由职业、收入、教育、财产和其他变数共同来衡量。在有些社会形态中，社会阶层是非常僵硬的，人们不容易从一个社会阶层移动至另一个阶层；但在许多社会形态中，社会阶层的移动是比较容易的，人们在其一生中可能从一个社会阶层向上或向下移动至另一个阶层。

属于同一社会阶层的消费者往往会有相同的购买行为，呈现独特的产品和品牌偏爱；而分属不同社会阶层的消费者则往往会有不同的购买行为。如果张三是属于较高的社会阶层，他通常会买一部较高级、较昂贵的汽车；如果他是来自较低的社会阶层，他通常会买一部较便宜的汽车。

## 三、个人因素

消费者的购买决策亦受到若干个人因素的影响。这些个人因素包括学习（Learning）、动机（Motivation）、知觉、信念（Belief）、态度（Attitude）、生活形态（Lifestyle）等。

1. 学习

人们从行动中学习，学习是指个人由于经验而改变其行为，大多数的人类行为是学习来的。学习理论家认为学习是经由驱动力（Drives）、刺激（Stimulus）、暗示（Cues）、反应（Responses）和强化（Reinforcement）之相互作用而产生。例如，张三有强烈的驱动力（所谓"驱动力"，是指促使一个人采取行动之强大内在刺激）。当此驱动力导致张三去追求某一可减弱驱力的"刺激物"（Stimulus Object，在此指汽车）时，它就成为一种动机。然而，张三对购买汽车这个想法的反应，也受其周围暗示的影响；"暗示"是较微弱的刺激，它决定消费者何时、何地及如何反应。看到汽车的电视广告和展示场中的汽车、听到汽车大减价的消息以及朋友的鼓励，都是影响张三对购买汽车这个动机如何反应的暗示。假如张三买了丰田汽车，而且事后证明是值得的，则他对丰田汽车的反应就获得了强化，以后再买丰田汽车或建议亲友买丰田汽车的可能性就愈大。

2. 动机

一个人在任何时刻都有许多的需要，其中某些需要是生理的需要，这些是由于饥饿、口渴及不舒服所引起的生理紧张状态；另外一些是心理的需要，这些是由于需要被肯定、受尊敬或归属感等所引起的心理紧张状态。当上述的需要达到某一足够的强度后，即可变成一种动机（Motive）或驱动力。动机是一种被刺激的需要，它足以促使一个人采取行动以满足其需要。需要满足之后，人的紧张状态即可解除。消费者的购买行为常受其动机所左右，张三为什么想买一部汽车？他想追求的是什么？他想满足何种需要？这些都是营销人员要设法去了解的。

了解动机的方法之一是将人类的需要加以分类。心理学家马斯洛将需要分为 5 类。他的需要层次理论将人类需要依等级排列：最基本的是生理需要，然后是安全、爱和归属、受尊敬及最上层的自我实现需要（如表 5-6 所示）。每类代表一组特殊需要，最基本的需要是较高层次需要的基础。营销人员可以利用这种不同层次需要的概念来决定如何对消费者进行营销。

3. 知觉

人们受动机激发之后即将准备行动，但是被激发的人将如何行动，须根据其对情境的知觉如何而定。处于相同动机及情境的两个人，可能因为对情境的知觉不同而产生不同的行为。张三对某位滔滔不绝的汽车推销员，可能认为太虚了或不诚恳，但是他的朋友李四可能认为这位推销员是位有知识、有热忱且乐意帮助顾客的人。

人们对于相同的刺激物可能会有不同的知觉，主要是因为下列 3 种知觉的过程所造成的：选择性注意（Selective Attention），选择性曲解（Selective Distortion）及选择性记忆（Selective Retention）。

（1）选择性注意

每个人每天都暴露在数量庞大的刺激下，一个人要完全注意到所有的这些刺激是不可能的，而大部分的刺激皆会被过滤掉。有关的研究发现：人们倾向关注与当前需要有关的刺激（张三有意购买汽车，他会多去注意有关汽车的广告）；人们倾向关注他们所期望的刺激（张三在报章杂志上可能注意到汽车的广告，而非其他产品的广告）；人们倾向关注某些大幅偏离正常状况的刺激(张三有可能注意到免费维修三年的汽车广告,而不是只免费维修一年的汽车广告)。

选择性注意让营销人员了解到必须特别用心才能吸引消费者的注意,因为他们所传递的信息会被大多数无意购买产品的人所忽略,甚至有意购买产品的人也会遗漏该信息,除非它在众多刺激中显得特别突出。那些篇幅较大的广告,或在黑白广告中的彩色广告,或较为新奇并有强烈对比效果的广告,才可能引起注意。

**表 5-6 马斯洛的需要层次**

| 需求层次 | 需求类别 | 需求的主要内容 |
|---|---|---|
| 5 | 自我实现的需要 | 对取得未来最高成就的需求(能力的需求,成功的需求等) |
| 4 | 受到尊敬的需要 | 对获取尊敬的需求(荣誉的需求,支配力及地位的需求,受到承认的需求) |
| 3 | 爱和归属的需要 | 希望得到朋友、恋人、配偶、孩子等爱的需求,在自己所属群体内占有一定地位的需求等 |
| 2 | 安全的需要 | 对安全、安定的需求(避免事故、战乱、疾病、经济拮据、痛苦、受胁迫等的需求) |
| 1 | 生理的需要 | 对日常衣食住的需求(吃、喝、穿、休息、睡觉等的需求) |

(2) 选择性曲解

即使刺激已被消费者注意到,并不一定能如预期地达到刺激所要传达的含义。每个人都想将自己现有的心境与外来的信息相调和,选择性曲解是指人们有将信息扭曲成与自己想法相同的倾向。人们习惯于以先入为主的观念来解释外来的刺激,而非改变他们已有的根深蒂固的观念。例如,张三对丰田汽车有较强的偏好,当他听到有关丰田汽车的缺点时,他可能会扭曲他所听到的缺点,而仍认定丰田是较好的汽车。

(3) 选择性记忆

人们会忘掉许多学习过的事物,而仅记住与他们的态度与信念的信息相吻合,这就是选择性记忆。例如,张三可能会记住丰田汽车的优点,而忘掉其他汽车品牌的优点。

上述 3 种知觉的因素——选择性注意、选择性曲解及选择性记忆,是指营销人员必须特别用心才能使其信息被人接受。此就说明了营销人员为何要利用戏剧性、艺术性手法和重复出现方式来将信息传送给目标市场。

4. 信念与态度

经过行动与学习过程之后,消费者会形成某些信念及态度,这些信念与态度将影响他们的购买行为。信念是指一个人对某些事物所持有的一种描述性想法。态度是说明一个人对某一事物或观念所持有的较一贯的概括性评价、情感和倾向。

营销人员应了解消费者对其产品与服务的信念是怎样的,如果发现消费者有错误的信念,应设法改正他们的信念。同时营销人员也要了解人们的态度是难以去改变的,因此,除了应设法了解消费者对其产品的态度之外,也应尽可能使其产品能符合消费者既有的态度,而不是要改变消费者的态度。

5. 生活形态

生活形态是人们所遵循的一种生活方式,包括使用时间和花费金钱的方式。一个人的生活形态通常通过他的活动(Activity)、兴趣(Interest)和意见(Opinion)(通称为 AIO)来表达。表 5-7 是 AIO 的主要构成和受测者的人口统计资料。

人们虽然来自相同的亚文化、社会阶层或是职业群体，但是也可能有不同的生活形态。例如，张三可以选择努力工作追求成就的生活形态，也可以选择游山玩水悠闲自在的生活形态；假如他选择了悠闲自在的生活形态，他可能会腾出许多时间去观赏电影、逛街或到各地旅游观光。营销人员应设法了解消费者的生活形态，并使其商店或品牌形象能够与消费者的生活形态相吻合。

**表 5-7 AIO 的主要因素**

| 活动 | 兴趣 | 意见 | 人口因数 |
|---|---|---|---|
| 工作 | 家庭 | 自己 | 年龄 |
| 嗜好 | 家事 | 社会问题 | 教育 |
| 社会事件 | 职务 | 政治 | 所得 |
| 度假 | 社会 | 商业 | 职业 |
| 俱乐部成员 流行 | 教育 | 居住环境 | |
| 娱乐 | 休闲 | 经济 | 家庭人口 |
| 社区 | 食物 | 产品 | 地理区域 |
| 逛街购物 | 媒体 | 未来 | 城市大小 |
| 运动 | 成就 | 文化 | 生命周期阶段 |

## 本章复习思考题

1. 简述消费品市场的含义。
2. 消费者决策的过程和类型是怎样的?
3. 影响消费者购买决策的因素有哪些?

# 第六章　工业品市场

本章学习要点

1. 掌握工业品市场的概念；
2. 掌握工业品市场的分类和特性；
3. 掌握影响工业品采购的类型和过程；
4. 掌握影响工业品采购的因素。

工业品市场是由工商企业、政府机构、个体经营者和其他各类非营利性组织等购买者组成的市场，它们经常购买大量的机器设备、原料、零组件、物料、办公设备、文书用品、商业咨询与其他服务。工业品购买者以实现业务绩效或赚取利润为目的，与消费者为了满足个人或家庭需要而购买消费品是不同的。由于购买的目的不同、购买的主体不同，工业品的购买行为与消费者个人或家庭的购买行为有很多相异之处。成功的工业品营销商必须深入了解工业品购买者的购买决策与影响工业品市场购买行为的主要因素。

## 6.1　工业品市场的类别与特性

### 一、工业品采购者的分类

工业品采购者可分为 5 大类：工业用户；中间商；政府机构；非营利性组织；个体经营者。

1. 工业用户

工业用户是指购入产品与服务来生产制造其他产品与服务以供销售、租赁或供应他人的厂商。这是最大的工业品购买者，包括制造、建筑、运输、通讯、银行、金融、保险、农、林、渔、矿、电力等行业的业者。工业用户可分为 3 大类。

(1) 原设备制造厂(Original Equipment Manufacturer，OEM)

这一类厂商是将购入的工业品装配或整合在其所制造的产品内，再将他们的产品卖到消费品市场或工业品市场。例如，汽车制造厂是汽车零件供应商的原设备制造厂；电视机制造厂是显像管制造厂的原设备制造厂。

(2) 产品最后使用者

这一类厂商购买工业品是用来执行业务或生产作业，并不是将购入之工业品整合或装配在自己的产品内。例如，汽车制造厂是工具和机器人制造厂的产品最后使用者。

(3) 产品中间使用者

这一类厂商购买原料、物料、零件等半成品作为生产的投入，目的在于再生产其他的产品。

2. 中间商

中间商是指那些将购入的产品再销售或租赁以获取利润的厂商，如经销商、批发商和零售商。他们创造时间、地点及所有权效用。中间商为其顾客扮演采购代理人的角色，购买各种产品来转售给顾客。

3. 政府机构

政府机关包括中央及地方各级政府机构，这些机构购买或租赁设备以履行政府的主要功能。

4. 非营利性组织

除了营利性企业和政府机构之外，工业品市场还包括医院、大学、宗教组织、政党、军队、社会团体等非营利性组织。

5. 个体经营者

工业品采购者除了组织之外，还有一部分个体经营者，比如个体农场、个人承包的鱼塘、个体开办的作坊、个体摆放的摊点等，他们自己个人采购的货物是为了出售或业务的运作或未来的产出而不是为了自己的消费，因此，他们的采购物也是工业品，他们也是工业品市场的组成部分。

个体经营者在整个工业品采购者中所占比重很少，组织类采购者占了绝大部分，因此，一般来讲，工业品营销中的采购者(也就是客户)大多是指组织类采购者。

## 二、工业品市场的特性

工业品市场与消费品市场有一些显著的不同点，分别说明如下。

1. 购买者较少

工业品市场的购买者人数通常比消费品市场少。例如，盐业公司所生产的盐，在工业品市场上主要是卖给以盐为生产原料和辅料的厂商(如食品工厂)，而在消费品市场上则是卖给所有的家庭或个人，消费品市场上的购买者数目远比工业品市场多。在某些情况下，工业品制造厂可能只有一位购买者。

2. 购买量较大

工业品市场中即使有许多厂商，通常少数几家厂商的购买量就占了市场的一大部分。将原料或设备等工业品卖给这些厂商时，常会发现所面对的是规模很大的顾客。有时一位买主就能买下一个企业较长时期内的全部产量，有时，一张订单的金额就能达到数千万元甚至数亿元。

3. 供应商与顾客间的关系较密切

由于购买者较少，而购买量较大，使得供应商必须密切注意与其顾客之间的配合，甚至必须依照特定顾客的需要来提供产品与服务。因此，在工业品市场中供应商与顾客间的关系通常是较密切的。

4. 购买者的分布集中

工业品市场的购买者常集中于某些地区，这就好比消费者市场集中在人口众多的城市一样。例如，中国许多重要的制造业主要集中在北京、广州、上海、深圳、成都、西安等地区；美国有半数以上的制造厂商集中在纽约州、加州、宾州、伊利诺伊州、俄亥俄州、新泽西州和密歇根州等7个州。

5. 衍生的需求

工业品的需求是由消费品的需求衍生而来的。例如，工业用户购买皮革的目的是因消费者购买皮鞋、皮包及其他皮制品。如果消费品市场不景气，那么工业品市场也会随着不景气。

6. 无弹性的需求

许多工业品的总需求价格弹性(Price Elasticity)并不大，也就是价格的变动对其总需求量的影响不大。例如，皮包制造厂不曾因塑胶皮价格下跌而增加对塑胶皮的购买，除非：(1) 塑胶皮占皮包制造成本的很大部分；(2) 皮包打算大幅降价；(3) 皮包降价后皮包销售量将大量增加。皮包制造厂也不会因为塑胶皮价格上升而减少购买量，除非：(1) 可以改变生产方式，减少每个皮包使用塑胶皮的数量；(2) 发现更便宜的皮革代替品。至于占总成本甚小的工业品，更是缺乏弹性，例如皮包上的扣子，价格即使上涨，其需求量也不会有多大变化，不过生产者在选择供货商时仍然要考虑到价格的因素。

7. 需求的波动性较大

工业品的需求比消费品的需求更容易变动，新厂房及设备的需求尤其是如此。当消费者的需求增加时，对新厂房及设备的需求会增加得更快，此种现象即经济学家所称之加速原理(Acceleration Principle)。有时消费品需求上升10%，下一阶段工业品需求就会上升200%；消费品需求下跌10%，就可能导致工业品需求全面暴跌。

8. 专业购买

工业品的采购通常由具备专业知识的人员担任。工业品的采购作业越复杂，则参与采购决策的人愈多。在采购重要商品时，组成采购小组是常见的方式，它通常由专业人员及高层管理人员所组成。面对组织的营销人员为了要和这批具有专业知识的采购人员打交道，通常也必须具有良好的专业知识。

9. 直接采购

很多工业品的购买者是直接向生产者购买，而不是通过中间商购买。在购买比较昂贵、技术较复杂或需要较多售后服务的产品(例如飞机、核能电厂等)时尤其如此。

10. 互惠购买

工业品的购买者常常要求其供应商也向他们购买一些商品，而成为本身的客户，使双方具有互惠购买的关系。“你买我的产品，我就买你的产品”是较常见的现象。

11. 使用互联网采购

工业品采购商大多通过互联网寻找商品信息，比较不同制造商的产品状况，了解产品性能，咨询有关的问题，发表各种疑问和观点，并可以进行产品交易活动。工业品采购商通过应用互联网工具，不仅增加了商业活动的便利性，还大大缩短每次交易的时间并简化了交易的复杂性，为采购商节省了不少的成本支出。近年来，通过互联网的B2B交易额在迅速增长。

# 6.2 工业品购买角色与类型

## 一、工业品购买的角色

在工业品购买过程中，必须要有人去扮演下述6种角色。

(1) 使用者(Users)：指使用产品或服务的人。在很多的情况下，使用者往往是最初提议购买的人，也是协助制定产品规格的人。

(2) 影响者(Influencers)：指影响购买决策的人。他们通常协助制定产品规格，并且提供评估方案的信息。技术人员是特别重要的影响者。

(3) 决定者(Deciders)：指决定产品需求及/或供应商的人。

(4) 批准者(Approvers)：指批准决定者或购买者所建议之行动的人。

(5) 购买者(Buyers)：指拥有正式职权去选择供应商及安排采购条件的人。购买者可能会协助修订产品规格，但他们的主要角色仍在于选择供应商及进行谈判。在较复杂的采购中，购买者可能包括参与谈判的高层主管。

(6) 守门者(Gatekeepers)：指有权阻止卖方去接触或把信息传送给购买中心(Buying Center)成员的人(购买中心是指购买组织的决策单位)。例如，采购代理商、接待员及电话总机人员皆可能阻止推销人员去会见使用者或决定者。

## 二、工业品购买类型

工业品购买的情境可区分为3种购买类型，包括直接再购、修正再购及新购买。这3种购买类型的特征如表6-1所示。

**表6-1 三种购买类型的特征**

| 特征 | 直接再购 | 修正再购 | 新购买 |
|---|---|---|---|
| 所需时间 | 少 | 普通 | 多 |
| 购买中心的规模 | 少 | 中等 | 大 |
| 信息需要 | 最少 | 中等 | 最多 |
| 考虑的个案 | 无 | 很少 | 许多 |
| 新奇 | 无 | 普通 | 高 |
| 决策复杂性 | 低 | 中等 | 中—高 |
| 频率 | 经常 | 重复 | 不常 |

### 1. 直接再购

直接再购是指采购部门在例行基础上再次订购的一种购买情境(例如，购买公室用品等)。购买者从“批准的供应商名单”中作选择，并根据过去购买的满意程度给予各供应商不同的权数。入选的供应商(In-suppliers)努力维持产品与服务的品质，他们通常提议采用自动再订购系统(Automatic Reordering System)，以节省采购代理人的再订购时间。至于落选的供应商(Out-suppliers)则设法提供新的产品，或者探讨购买者不满意的原因，使购买者有重新考虑向他们购买的机会。落选的供应商会先试着取得一笔小订单，然后伺机扩大其占有率。

2. 修正再购

修正再购是指购买者欲修正产品的规格、价格、交货要求或其他交易条件的购买情境。修正再购常会增加买方与卖方的决策参与者。入选的供应商会感到紧张，因而会尽力保住此客户；落选的供应商则会视此为一个机会，因此会提供较佳的报价，希望能获得一些生意。

3. 新购买

新购买是指采购者首次购买产品或服务（如购买办公大楼、新武器系统等）的购买情境。新购买所涉及的成本及/或风险愈高，决策参与者的人数愈多，所搜寻的信息愈多，决策完成的时间也就愈长。这种新购买的情境是营销人员最大的机会，也是最大的挑战。营销人员设法尽可能多去接触那些能影响购买决策的人，并提供有用的信息与协助。由于新购买会涉及复杂的决策问题，因此许多公司会指派最好的采购人员组成“采购小组”来负责新购买的任务。

新购买会历经数个阶段，如从创新扩散的角度来看，新购买包括知晓（Awareness）、兴趣（Interest）、评估（Evaluation）、试用（Trial）及采用（Adoption）等阶段。沟通工具在每个阶段都有不同的重要性。在初期的知晓阶段，大众媒体是最重要的沟通工具；在兴趣阶段以销售人员的影响力最大；在评估阶段则以技术来源最重要。营销人员在新购买过程中的各个阶段需要采用不同的沟通工具。

## 6.3 工业品购买的决策过程

研究工业品营销的学者大都将工业品购买行为看做是一连串的决策制定过程，通过这个过程，工业品市场的购买者确定其对产品的需求，寻找可能的供应来源，评估并选定品牌与供应商，最后进行一般的采购业务。

罗宾森等人将工业品用户的购买过程分为：(1) 问题确认；(2) 一般需要描述；(3) 产品规格；(4) 供应商搜寻；(5) 报价征求；(6) 供应商选择；(7) 签订订购合约；(8) 绩效评估等8个步骤。如表6-2所示，所有的这8个步骤皆适用于新购买的情境，而其他两种购买情境则只适用其中的某些步骤。下面将介绍适用于新购买的8个步骤。

**表6-2 主要购买情境（购买类别）与主要购买步骤**

| | | 新购买 | 修正购买 | 直接购买 |
|---|---|---|---|---|
| 购买步骤 | 1. 问题认识 | 是 | 可能 | 否 |
| | 2. 一般需要描述 | 是 | 可能 | 否 |
| | 3. 产品规格 | 是 | 是 | 是 |
| | 4. 供应商搜寻 | 是 | 可能 | 否 |
| | 5. 报价征求 | 是 | 可能 | 否 |
| | 6. 供应商选择 | 是 | 可能 | 否 |
| | 7. 签订订购合约 | 是 | 可能 | 否 |
| | 8. 绩效评估 | 是 | 是 | 是 |

## 一、问题确认

采购过程始于公司内有人认识到某个问题可能需要取得某一产品或服务才能获得解决。问题的确认可由公司内部或外部刺激而发生。以内部刺激来说，最常引发问题确认的事件如下：

(1) 公司决定开发一种新产品，需要新设备与材料来生产该产品；

(2) 机器故障，需要更换或换装新零件；

(3) 已购材料不合用，公司决定另找供应商；

(4) 采购经理发现有获得较低价格或较佳品质的机会。

就外部刺激而言，采购者可能在展览会中获得新构想，或看到广告，或接到推销员来电话提供较佳的产品或较低的价格。营销人员可利用广告、拜访潜在客户等方式来引发问题认识。

## 二、一般需要描述

确认某种需要之后，采购者将进而决定所需产品的一般特性与数量。就标准产品而言，这项工作并不难。但就复杂的产品而言，采购者将与他人（如工程师、使用者等）共同来确定产品的一般特性，他们将设定可靠度、耐用性、价格及其他产品属性的重要性。营销人员可以在此阶段协助采购者，提供各种参考的标准。

## 三、产品规格

采购者接着要明确该项产品的技术规格，这项工作可委托产品价值分析（Product-Value Analysis，PVA）工程小组来负责。产品价值分析是一种降低成本的方法，其做法是通过产品属性的审慎研究来决定是否能重新设计、标准化或以较便宜的生产方法来制造。这个小组将检视这个产品中那些成本高的部件——通常 20%的零件占了 80%的成本；同时也要找出设计过度的（Over Designed）产品零件，以免零件的寿命超过产品本身的寿命。工程小组将决定最合适的产品特性。严谨的书面分析报告可使采购者拒绝不符合标准的产品。

供应商也可以使用产品价值分析作为定位的工具，以争取客户。凭借及早介入及影响采购者的产品规格，供应商可以有较好的机会被选为供应商。

## 四、供应商搜寻

在此步骤，购买者要试着去找寻最合适的供应商。采购者可以查找工商名录、利用互联网搜寻、打电话请其他公司推介、注意商业广告以及出席展览会。供应商的工作是要把自己列名在主要的名录中，开发有力的广告及促销方案，并在市场上建立良好的信誉。有些供应商因为缺少足够的生产能力，或是因为信誉差而被摒弃在外。对于初审合格的供应商，采购者可能会去考察他们的制造设施，会晤相关人员。最后，采购者会列出一份够资格的供应商名单。

## 五、报价征求

接着，购买者将邀请合格的供应商提出报价。有些供应商可能只寄来一份目录或派一位销售代表。当产品较复杂或较昂贵时，购买者将要求供应商提供详细的书面报价，由此可剔除一些供应商，并要求余下的供应商作正式的简报。

因此，营销人员在研究、撰写及陈述报价等方面都必须要有技巧。他们提出的报价单应该是营销性文件，而非仅是技术性的文件。另外，在口头简报时也应能让购买者信服。他们应着力展现公司的能力及资源，以便从竞争中脱颖而出。

### 六、供应商选择

在此步骤，采购中心将列出供应商的属性及各属性的相对重要性。采购中心将以这些属性来评比各入选的供应商，以便找出最具价值的供应商。

采购中心可能会在做最后选择之前与其所中意的供应商谈判，希望能够取得较便宜的价格和较佳的交易条件。营销人员会在许多方面遭到降低价格的要求，营销人员可强调购买者所得到的服务的价值，特别是那些优于竞争者所提供的服务。营销人员可以向采购者说明使用其产品的"生命周期成本"(Life-Cycle Cost)低于竞争者，即使价格较高也划算。

采购中心也必须决定要选用多少家供应商。许多采购者喜欢面对多家的供应商，以免过分依赖某一家供应商，而且也可以比较各供应商的价格与绩效。采购者通常会将大部分的订单交给一家供应商，而把剩下的订单交给其他的供应商。例如，某家公司向主要的供应商购买 60%的商品，而另外 30%与 10%则分别向另外两家供应商购买。主要供应商将会努力保护其主要的地位，而次要供应商则将设法扩大其供应占有率。同时，落选的供应商亦将设法以特低价格争得一席之地，然后再努力扩大其占有率。

### 七、签订订购合约

采购者现在要和选出的供应商洽谈最后的订单，他将列出技术性规格、所需数量、预期交货时间、退货政策、保证等条件。在维护、修理与营运项目中，购买者逐渐采用"一揽子合约"(Blanket Contracts)，而不是"周期性的采购订单"(Periodic Purchase Orders)。一揽子和约是和供应商建立一种长期的关系，供应商承诺在一段特定时间内按协议的价格和条件供应采购者所需数量的货物，这样可以避免按期重复签约的麻烦。在这种情况下，存货转由供应商持有，因此有零库存采购计划(Stockless Purchase Plan)之称。当需要存货时，采购者的电脑会自动送订单给供应商。

### 八、绩效评估

最后，采购者将考核特定供应商的绩效。一般可采用 3 种方法：采购者可要求使用者做评估；采购者可采用加权点数法，根据若干评估标准来评估供应商；采购者也可累计绩效不佳成本来调整采购成本(包括价格)。绩效评估的结果可能导致采购者继续、修正或中止与某位供应商的关系。供应商应注意采购者与使用者所使用的评估标准。

以上所述是新购买情境的购买步骤。在修正购买或直接购买的情境中，某些步骤可能加以合并或跳越。例如，在直接购买的情境中，采购者通常会有一家中意的供应商或一份按优先顺序排列的供应商名单。采购过程中的每一个步骤都会剔除一部分的供应商，使可供选择的供应商数目逐渐减少。

# 6.4 影响工业品购买行为的因素

工业品购买者在做购买决策时，常受到许多因素的影响。许多营销人员认为最重要的影响力是经济效益，他们认为工业品购买者偏好那些价格低、品质好或服务佳的供应商，所以营销人员应提供给工业品购买者足够的经济效益。

但事实上，工业品购买者在做购买决策时，除了考虑经济因素之外，往往也会考虑一些非经济的因素。例如，为了取得私下的回扣，或为了引起别人的重视，或为了避免风险，工业品购买者有时会做出不符合经济效益或感性色彩浓厚的采购决策。工业品采购人员同样有其人性的一些特点，他们也会凭某种感情和印象来做决策，在那些关系较亲密或较尊重自己的供应商处采购，而不考虑那些对询问价格不理不睬或怠于回答的供应商。因此，营销人员应注意组织购买情境中的人性因素与社会因素。

工业品采购人员对于经济因素和非经济因素都会有所反应。如果各供应商所提供的条件大致相同，采购人员就无法从理性的原则去做选择，不论他选择哪家供应商都能符合组织的目标，此时他自然就考虑人际关系了。相反地，当不同供应商的产品差异很大时，组织的采购人员就会更加注意经济因素。

一般而言，影响工业品购买决策的因素可分为四大类，包括环境因素、组织因素、人际因素和个人因素，如表 6-3 所示。

**表 6-3　影响工业品购买行为的主要因素**

| 环境因素 | 组织因素 | 人际因素 | 个人因素 |
|---|---|---|---|
| 经济环境 | 目标 | 地位 | 年龄 |
| 科技环境 | 政策 | 权威 | 所得 |
| 政治环境 | 作业程序 | 权力关系 | 教育水准 |
| 竞争环境 | 组织结构 | 群体关系 | 性格 |
| 文化环境 | | | |

## 一、环境因素

影响工业品购买行为的环境因素包括各种宏观营销环境。环境力量的变动常会带来新的购买机会和威胁。

工业品购买者深受目前与预期未来经济环境的影响，例如主要需求水准、预期的经济增长、资金成本等。当经济的不确定性提高时，常导致工业品购买者暂停进行厂房设备的新投资，并降低库存，营销人员在这种情况下很难刺激销售。对于稀有的原材料，工业用户通常会储存较多的存货以免缺货，甚至会与供应商签订长期契约以保障其供应来源。

工业品购买者也受科技环境、政治环境和竞争环境等环境因素的影响；文化和习俗对工业品购买者的决策也有很大的影响，在国际市场营销中尤其如此。营销人员应随时注意这些环境因素的变动对工业品购买者的影响，才能将问题或威胁转变为机会。

### 二、组织因素

每个购买组织或购买中心都有其目标、政策、操作程序和组织结构。这些组织因素对组织的购买决策常会有很大的影响力，营销人员应尽可能去了解这些组织因素，诸如：

(1) 购买中心的管理层级有多少？

(2) 有多少人参与购买决策？是哪些人？

(3) 购买中心成员间的互动程度如何？

(4) 购买中心的选择或评估标准是什么？

(5) 组织的购买政策为何？对购买者有哪些限制？

### 三、人际因素

人际因素是指购买中心成员间的关系。购买组织通常有许多位成员，他们的地位、权威和彼此间的权力关系与群体关系各有不同，彼此互相影响，营销人员应尽可能去了解组织购买过程中所发生的群体结构。职位高的成员，并不一定有较大的人际影响力。某些成员拥有较大影响力的原因可能是因为他们拥有奖赏权或惩罚权，或因为他们较讨人喜欢，或因为他们对购买决策有关的事项其有专业知识，或因为和公司的高层经理有裙带关系。

购买中心的人际因素往往很微妙，外人不容易去了解，但营销人员如能了解组织购买决策过程中所涉及的人际因素，将会很有意义。

### 四、个人因素

个人因素是指购买中心成员的个人特征，包括年龄、收入、教育水准、工作职位和人格等。每个参与组织购买决策的人在购买决策过程中，多少总难免会掺杂个人的动机、知觉与偏好，这些个人因素受年龄、收入、教育程度、职位、性格等个人特征的影响。不同的采购人员常有不同的采购形态，例如某些年纪轻、教育水准较高的采购者，通常在选择供应商之前会做较多深入的分析；有些采购人员喜欢让供应商互相杀价；有些采购人员则只要供应商品质下降或无法准时交货，就断然采取惩罚行动。营销人员如能了解这些个人因素的影响，根据不同购买人员的特征和偏好，采取不同的做法，自可在工业品市场中争取有利的竞争地位。

### 本章复习思考题

1. 简述工业品市场的含义。工业品市场的特性是怎样的？
2. 工业品采购决策的过程和类型是怎样的？
3. 影响工业品采购决策的因素有哪些？

# 第七章　目标市场与营销定位

**本章学习要点**

1. 掌握目标营销的发展阶段；
2. 掌握市场细分的概念和变量；
3. 掌握目标市场的概念、策略以及形成因素；
4. 掌握营销定位的概念、方法和策略。

福特汽车公司只开发一种汽车的车型，希望用这种单一车型来满足所有购车的人。相反，通用汽车公司的斯隆(Sloan)则开发出若干种车型，每一种车型都用来满足一个特定的顾客群体。斯隆的这种策略使得通用成为美国最大的汽车厂商。为了对顾客提供更有效的服务，提高在市场上的竞争力，营销人员应能有效细分市场(Segmenting)，选择合适的目标市场(Target Market)，并设计有竞争力的市场定位(Positioning)，这一过程称为营销管理的STP战略。在企业营销管理活动中，尤其是消费品的营销管理中，STP战略是至关重要的，它对后续的4P策略起着统领性和指导性的作用，4P策略执行着STP战略的意图。STP战略与4P策略之间高度有机的协调及匹配称为整合营销。

## 7.1　目标市场营销的演进与步骤

企业在从事营销活动时，不论营销的对象是消费品购买者市场还是工业品采购商，它应该清楚其营销活动不可能涵盖市场中的全部购买者。因为购买者为数太多，分布太散，购买偏好又各有不同，因此不同的营销商都只能在市场的某一或某些细分市场(Market Segments)中占据较佳的竞争地位，服务特定的顾客群体。换句话说，不论企业如何努力，它都不可能让所有的购买者满意，企业应选择能有效争取且具吸引力的一部分细分市场作为它的营销对象，这就是所谓的目标市场营销(Target Marketing)的理念。

### 一、目标市场营销的演进

营销商通常不是一开始就奉行目标市场营销的理念和做法。一般而言，营销商的经营理念和运作方法大致经历以下4个阶段。

(1) 大量营销(Mass Marketing)：销售者仅对一项产品做大量生产、大量分销及大量推广，以期一网打尽所有的购买者。例如，可口可乐公司一度只生产一种冷饮，营销于整个市场，希望能成为人人喜爱的饮料。采取大量营销的缘由在于厂商可以最低的成本及价格，创造最大的消费市场。

（2）产品多样化营销（Product-variety Marketing）：销售者生产两种或两种以上的产品，各种产品都有不同的特性、式样、品质和型号等。例如，可口可乐公司后来生产不同容量和容器的冷饮，但是这样的多样化并非是为了吸引不同的细分市场，而是为了提供给购买者多样化的选择。采取产品多样化营销的理由在于消费者有不同的嗜好，且嗜好随时在改变，消费者寻求多样和变化。

（3）目标市场营销：销售者找出若干不同的细分市场，从中选定一个或数个细分市场，针对各细分市场的不同需要，设计出不同的产品及营销组合，例如，可口可乐公司为加糖可乐的细分市场、减肥的市场、无咖啡因的市场和非可乐的市场设计出不同的冷饮。

（4）定制化营销阶段。定制化营销也称个人化营销或个性化营销，是指企业针对单独一个人或客户设计独特的营销组合。在人类进入信息时代以后，由于科学技术的发展，当今的营销人员已经能够精确地掌握单个顾客的需求状况、需求特性和以往的消费行为数据。例如，POS 系统的推广使用，使得顾客的数据库更齐全，通过对顾客数据库的分析，营销人员可以较为全面地掌握一个消费者的消费偏好和购买习性，因此，定制化营销亦称数据库营销（Database Marketing）。另外，现代的生产技术与运作方式也使制造商在某些行业或某些产品上能够生产出符合单个人需要的产品。

对大多数消费品来讲，定制化营销方式在现阶段尚处于萌芽和起步阶段，它的进一步发展尚需人类科学技术的水平提高相配合。而对大多数工业品和服务产品来讲，定制化的营销方式已有一段时期了，因此，目前来看，定制化营销更适合于工业品营销和服务营销。

在现代“产品丰裕”的社会中，竞争激烈，大量营销愈来愈困难，大部分的市场正遭受“反大量化”（De-Massification）的冲击。例如，中国的消费者自 20 世纪 90 年代以来已不再满足于只看几个无线电视频道，他们喜欢新闻频道、电影频道、文艺频道、少儿频道、体育频道、经济频道、教育频道、生活频道、购物频道、有线电视等可以自由选择的节目。

目前，在美国等国家，实行大量营销、产品差异营销、目标市场营销和定制化营销的企业都有，但是，越来越多的企业由实行大量营销、产品差异营销转为实行目标市场营销和定制化营销的方式。目标市场营销和定制化营销不只是帮助销售者掌握较好的营销机会，也能帮助销售者针对特定目标市场的需要，开发适当的产品、价格、渠道和推广策略，有效地打入目标市场。在目标市场营销策略下，企业不是用“散弹枪”的方式，而是用“机关枪”的方式，集中营销力量来争取和服务特定的顾客群体，而定制化营销更是针对单个顾客的需求确定营销方案。

## 二、目标市场营销的步骤

目标市场营销，如图 7-1 所示，有 3 个主要的步骤。

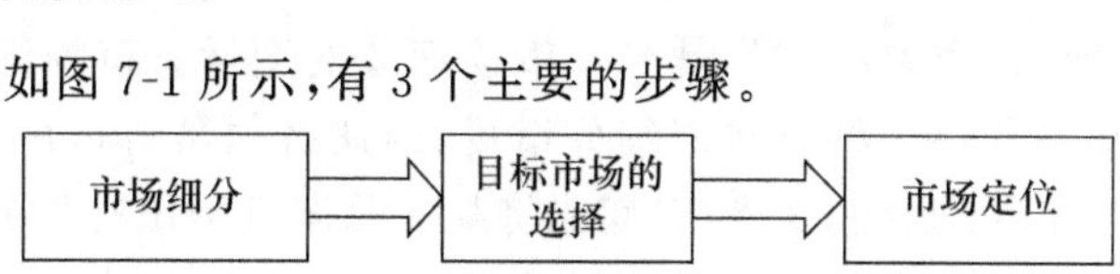


**图 7-1　目标市场营销的步骤**

(1) 市场细分(Market Segmentation)：目标市场营销的第一个步骤是将一个异质性的市场划分为若干个比较同质性的市场。

(2) 目标市场的选择(Market Targeting)：评估各细分市场的吸引力，并选定一个或数个细分市场作为营销的主要对象。

(3) 市场定位(Market Positioning)：为每一个目标市场选择竞争性的定位和拟定详细的营销组合策略。

## 7.2 市场细分

市场由购买者构成，而购买者在某些方面可能彼此各有不同。不同的购买者可能有不同的欲望、不同的资源、不同的地区、不同的购买态度或不同的购买行为。这许许多多的差异，都可以用来作为市场细分化的基础。

所谓市场细分就是根据消费者明显的不同特征把某一总体市场划分为若干个消费者群体，每个消费者群体便是一个细分市场，每个细分市场内的消费者对产品具有认知与评价相似、购买行为相仿和使用行为相近的特征。不同细分市场之间的消费者行为具有明显差异性。

市场细分策略具有客观的依据，因而是科学的。

首先，消费者的需求客观上存在差异性。由于人们所处的地理条件、社会环境不同，所接受的文化教育、思想熏陶不同，自身所特有的心理素质、价值观念不同，因而他们对商品和服务的品种、商量、价格、款式、规格、色彩，以致购买时间和购买地点的要求都会有所不同。

其次，消费者的需求客观上存在着相似性。由于在同一个地理条件和社会环境下，总有一些人接受相同的文化教育和思想熏陶，并具有类似的心理特征和价值观念，因此，市场上总有一些人对商品和服务的品种、数量、价格、款式，以致购买时间和购买地点表现出大致相同的偏好。

消费者的需求差异是绝对的，就跟世界上没有两片完全相同的叶子一样，世界上也没有两个完全相同的消费者。消费者需求的差异为市场细分提供了可能。然而，消费者需求差异不是市场细分的全部依据，因为在很多情况下企业不可能面对一个一个的消费者。消费者需求的相似性是相对的，即这种相似只能是大体的相似，但这种相对的相似使市场细分从可能变为现实。正是因为需求上的相似性，使得消费者在市场上聚合成一个个不同的群体。这样也使得市场细分不仅是一个总体市场分割的过程，而且更是一个同类需求的消费者集聚的过程。

### 一、消费品市场细分的变量

在进行市场细分时，最重要的工作是寻找市场细分的变量。市场细分的方式并没有一套最佳的模式，无法单独使用一种方法来细分市场，因此必须试着运用不同的变数，单独地或组合多个变数，作为市场细分的变量，以期能将某一总体市场做有效的细分。经常用来细分消费品市场的变数有地理、人口统计、心理和行为等 4 类变量如表 7-1 所示。

1. 地理变量

地理变量细分是根据市场的地理位置来细分市场，例如从事国际市场营销的企业可以将全球市场细分为北美市场、东北亚市场、东南亚市场、西欧市场、中南美市场、非洲市场等；以中国为主要市场的企业可将市场细分为华北部市场、西北部市场、西南部市场、华中部市场、华南部市场和华东部市场。

企业也常根据市场的人口密度或都市化程度将市场细分为都市、市郊和乡村。

2. 人口统计变量

人口统计变量细分是以各项人口统计变数为基础，将市场细分为若干部分。人口统计变数包括年龄、性别、家庭大小、家庭生命周期、收入、职业、教育、宗教、种族及国籍等变数。

人口统计变量是细分顾客群体最常用的基础。因为消费者的欲望、心理变数与行为变数常与人口统计变量高度相关，而且人口统计变量通常较其他变数更容易衡量。即使市场并非以人口统计变量来细分，最后也常要和人口特性相关联，这样才容易掌握目标市场的大小和设计有效的营销策略。以下将举例说明年龄、性别和收入这三个常用的人口统计变量在市场细分化的应用。

(1) 年龄

购买者对产品的需求和购买能力常因年龄而有所不同，因此年龄常常是一个重要的市场细分化变数。例如，年轻人是自行车的主要市场，自行车公司为争取年轻人的市场，在外形设计、产品命名上都有年轻化的趋势，外形讲求流线型设计、色彩鲜艳，命名如“追风”、“王牌”、“兜风”等主要是配合年轻人的需求。

(2) 性别

男女在购买动机和行为上常有很大的差异，因此性别也是很重要的细分变数。例如，服饰、化妆品、杂志等产品在市场细分时常要考虑到性别因素。在汽车市场和香烟市场上，男性常被视为主要的销售对象。

(3) 收入

对汽车、住宅、服饰、化妆品、旅游等产品和服务而言，收入一直是一个重要的市场细分化变量。以汽车而言，有针对高收入家庭设计的，也有针对一般中上收入家庭的，还有对中等左右收入家庭的。

3. 心理变量

心理变量是指社会阶层、生活形态及人格特征等变数。例如，以生活形态来说，根据新生代市场监测机构发布的 2000 年中国内地城市青少年生活方式，可以划分为如下类型：追求时尚型，现代科技型，学习为主型，娇生惯养型和性格孤僻型等 5 种类型，营销人员可以据此细分市场。

4. 行为变量

行为变量包括使用场合、使用率、追求的利益、品牌忠诚度、对产品的态度等。以下举例说明使用场合、利益、使用率这 3 个常用的行为变数在市场细分化上的应用。

(1) 使用场合

购买者在什么场合形成需要、购买或使用某一产品，可作为市场细分的变量。例如，对旅馆的需求，可划分为商务、度假或家庭旅行等 3 种使用场合，在不同的使用场合下，对旅馆的需求也会不一样。从事商务旅行的顾客，讲究交通方便，对价格不太敏感。但家庭旅行的顾客则希望住宿空间要大，服务要好，同时对价格也较敏感。旅馆经营者可针对不同的使用场合策划其营销方案，以吸引顾客。此外，糖果、鲜花、礼品之类的产品，常利用一些特殊的节日（如春节、中秋节、母亲节、父亲节、情人节等）推广其产品，刺激需求，也是用场合作为细分化基础的应用。

(2) 利益

虽然是同样的产品，但是不同的购买者对于该产品的期望利益并不一定相同，因此厂商可以这些不同的利益作为变量来细分市场。例如，同样是购买手表，有人因为价格低廉而购买手表（第一个细分市场），有人因为经久耐用及较佳的品质而购买（第二个细分市场），也有人是为了显示自己的身份而购买（第三个细分市场）。某些名表厂为争取第三个细分市场，推出了高价的手表，强调声誉与款式，如劳力士表、浪琴表等。美国天美时公司决定争取第一个和第二个细分市场，推出了天美时手表（Timex），并通过大宗商品的中间商来销售，天美时公司由于这一个市场细分策略而成为世界规模最大的表业公司之一。宝洁公司的Crest牙膏以提供"防止蛀牙"的利益为诉求，获得了相当大的成功，也是一个利益细分的成功实例。

**表 7-1　美国消费品市场的主要细分变量**

| | |
|---|---|
| **地理变量** | |
| 世界区或国家 | 北美、西欧、中东、太平洋边缘、中国、印度、加拿大、墨西哥 |
| 国内区域（美国） | 太平洋、山脉、西北中部、西南中部、东北中部、东南中部、南大西洋、中大西洋. 新英格兰 |
| 城市或都会区的大小 | 5,000人以下；5,000～20,000；20,000～50,000；50,000～100,000；100000～250000；250000～500000；500000～1000000；1,000,000～4,000,000；4,000,000人以上 |
| 人口密度 | 都市、市郊、乡村 |
| 气候 | 北部气候、南部气候 |
| **人口统计变量** | |
| 年龄 | 6岁以下；6～11；12～19；20～34；35～49；50～64；65岁以上 |
| 性别 | 男；女 |
| 家庭人数 | 1～2人；3～4人；5人以上 |
| 家庭生命周期 | 年轻、单身；年轻、已婚、无小孩；年轻、已婚、有小孩；年纪大、已婚、无小孩；年纪大、已婚、有小孩（年龄在18岁以下）；年纪大、单身；其他 |
| 收入 | \$50,000；\$50,000～\$100,000；\$100,000以上 |
| 职业 | 专门职业人员；经理人员、公务人员及老板；职员、销售人员；工艺人员；操作员；农民、已退休者、学生；家庭主妇；未就业者 |
| 教育 | 小学或小学以下；中学肄业；中学毕业；大学肄业；大学毕业 |
| 宗教 | 天主教、基督教、犹太教、回教、印度教、其他 |
| 种族 | 白人、黑人、亚洲人、西班牙人 |
| 国籍 | 北美洲人、南美洲人、英国人、法国人、德国人、意大利人、日本人 |

续表

| | |
|---|---|
| **心理变量** | |
| 社会阶层 | 下下、上下、工作阶层、中产阶层、上中、下上、上上 |
| 生活形态 | 成功者、努力向上者、辛苦奋斗者 |
| 性格 | 强制的、合群的、权威的、有野心的 |
| **行为变量** | |
| 使用场合 | 一般场合、特殊场合 |
| 利益 | 品质、利益、经济、便利、速度 |
| 使用者状况 | 未使用者、过去使用者、潜在使用者、第一次使用者、经常使用者 |
| 使用率 | 轻度使用者、中度使用者、高度使用者 |
| 忠诚度 | 无、中等、强烈、绝对 |
| 购买准备阶段 | 不知晓、知晓、有兴趣、有欲望、有意购买 |
| 对产品的态度 | 热衷、正面态度、冷淡、负面态度、有敌意 |

(3) 使用率

市场也可以根据产品的使用频率细分为轻度使用者、中度使用者和大量使用者。其中大量使用者的人数虽然不多,但是占全部消费量的百分比可能相当大。不同使用频率的消费者在人口统计变量、心理变量或媒体使用习惯上可能会有所不同;同时,由于使用频率不同,对产品的需求和价格敏感程度也有所不同。厂商可以使用率作为细分化的基础,依据消费者的差异设计不同的营销策略。例如,10～12 片包装卫生纸、家庭用大罐装可口可乐等都是以容量大、价格低的诉求来吸引大量使用者。

### 二、工业品市场细分的变量

工业品营销人员可依据地理位置、组织类型、客户规模和产品用途等来细分工业品市场。

1. 地理位置

工业品市场对产品的需求会依地理位置的不同而不同。例如,某些木材的生产者将其市场根据地区进行划分,因为其顾客的需要因地区而异。

2. 组织类型

工业品营销商也可以根据组织类型将其市场细分。不同的组织类型通常需要不同的产品特色、分销系统、价格结构和销售策略。厂商可采取集中策略,以一种营销组合集中针对某单一细分市场进行营销;或采取多市场细分策略,以不同的营销组合来争取若干顾客群体。一家地毯制造厂可能将潜在顾客细分成若干群体,如汽车制造厂、地毯承包商、公寓住宅区开发公司、地毯批发商和大型地毯零售商等。

3. 客户规模

组织的规模会影响它的采购程序和它想买的产品类型和数量,因此顾客规模是细分工业品市场的一个有效变量。针对特定规模的市场,营销人员可能有必要调整其营销组合。例如,对大量采购的客户有时可给予折扣;对较大的工业品购买者,营销人员通常也必须加强人员推销工作。由于较大和较小的购买者的需要往往有很大的不同,营销人员通常要采取不同的营销策略来争取不同规模的顾客群体。

4. 产品用途

某些产品，特别是像钢铁、石油、塑胶和木材等基本的原料，有多种用途。公司使用产品的方式会影响其采购产品的类别和数量，也会影响其采购方法。例如，计算机可用于工程项目、基本的科学研究和企业管理（如文字处理、簿记、电话服务等），由于组织对计算机硬件和软件的需要视产品用途而定，因此计算机制造商可根据产品的用途来细分计算机市场。

### 三、市场细分的条件

市场细分有多种不同的细分方法，但并非所有的细分都是有效的。为了使市场细分有其功效，市场细分必须具备以下的特性。

(1) 可衡量性（Measurability）

细分后的市场的大小、购买力和一般特征应能加以衡量。某些细分变数难以衡量。例如，在美国有 2,400 万左撇子，但极少产品是针对左撇子的市场，主要问题可能是这个细分市场难以认定和衡量，人口统计没有左撇子的资料，人口普查局和民间调查公司都没有调查左撇子的资料。

(2) 可接近性（Accessibility）

对划分后的细分市场，企业应能有效地接触和提供服务。假定某一香水公司发现该公司香水品牌的大量使用者为喜爱夜生活的单身男女，除非这个群体居住在某特定地区或经常在某些地方购买，并特别注意某些媒体，否则这家香水公司就很难接触到此细分市场。

(3) 足量性（Substantiality）

细分市场要足够大或有利可图。一个细分市场应该是一个最大可能的同质性群体，值得设计特定的营销方案去服务他们。例如，汽车制造厂不值得去为身高不及四英尺的人特别开发一种汽车。

(4) 可行动性（Actionability）

能够设计有效的方案去吸引和服务划分后的细分市场。例如，一家小航空公司虽然找出 7 个细分市场，但其员工人数太少，无法为每一细分市场开发出不同的营销方案。

## 7.3 目标市场的选择

营销商在市场细分之后，应评估各细分市场的潜力，再根据自身的条件和经营目标，选择所要服务的特定细分市场作为服务的对象。所谓目标市场，是指在实施市场细分之后，营销商选择的一个或若干个细分市场，并为其设计、实施、维持营销组合策略以满足这个或这些细分市场上消费者群体的需求，最终实现相互满意的交换。

一般而言，选择目标市场，应按以下要求进行。

(1) 对营销商所提供的产品或服务，应具有足够的潜在购买力。

(2) 目标市场的需求变化趋向应和企业的产品开发能力或方向相一致，以使企业能随市场需求或购买方向的变化而保持经营能力。

(3) 目标市场的竞争者的数量较少或是竞争激烈程度相对弱。即在有足够的选择空间的情况下，尽量选择那些竞争强度弱的细分市场作为目标市场。

(4) 要有可利用的分销渠道或可以独自建立新分销渠道的现实条件。这样，企业的产品或服务才能进入或以较合理的成本进入。

(5) 营销活动所需资源的取得相对比较容易，或是在行业的平均成本水平以下可以得到。否则，企业可能会由于无法消化高昂的营销成本而陷入经营困难的境地。

## 一、目标市场的策略

目标市场营销策略所考虑的是厂商要服务多少个细分市场的问题。如果市场偏好的形式呈现如图 7-2 中(c)之集群性的偏好，则厂商的目标市场策略有 3 种可能的选择，即无差异营销策略、差异营销策略和集中营销策略。

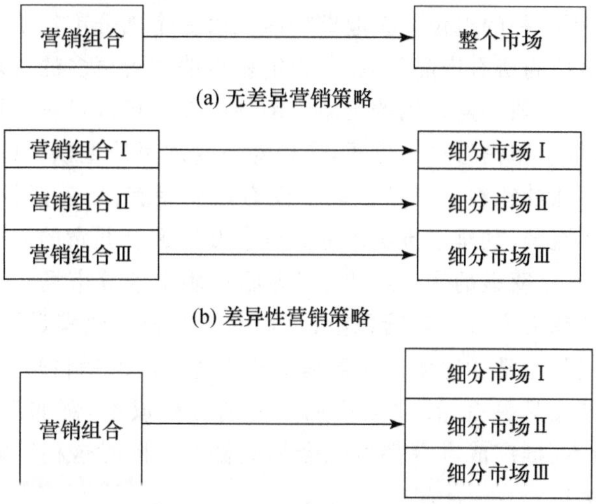


(a) 无差异营销策略

(b) 差异性营销策略

(c) 集中性营销策略

**图 7-2　三种不同的目标市场营销策略**

### 1. 无差异营销策略

企业可能采取无差异营销策略，忽视不同细分市场的差异性，而将整个市场视为一个同质性市场，提供单一的产品和服务。它强调的是购买者共同的需要，而非其差异性。企业只设计一种产品和一套营销组合方案，依靠大量的分销渠道与大量的广告，希望能吸引最大数量的购买者。无差异营销的一个例子是可口可乐公司，因其拥有国际性专利，在很长的时期内不仅生产一种口味一种瓶装的单一饮料，甚至连广告词也只有一种——“请喝可乐”，希望能适合所有人的需要。

采取无差异营销策略最主要的理由是在于成本的经济性。由于只有单一产品，因而能使生产成本、存货成本及运输成本等降至最低，无差异的广告方案也能降低广告成本，由于不需做市场细分化的营销研究和规划，所以营销研究及产品管理的成本也得以降低，以利用低价争取最广泛的消费者。

但是，由于不同购买者群体的需要往往有所不同，所以采取无差异营销策略其实只适合某一个最大的细分市场的需要而已。因此，如果同时有数家公司选择同样的策略，则结果将增强在此最大细分市场内的竞争程度，而较小的细分市场的需要则未能获得满足。美国的汽车工业曾经有一段时间都只生产大型轿车，造成大型轿车市场的激烈竞争，但却忽略了对小型轿车有强烈需求的另一个细分市场，而使日本的小型汽车有可乘之机。同时，这种策略缺乏弹性，难以适应市场的频繁变化。

通常，当在较大细分市场内的竞争日益激烈之后，许多公司将转而追求市场中其他较小的细分市场，不再继续采取无差异营销策略。

2. 差异性营销策略

差异性营销策略是指企业根据消费者需求的异质性，在两个或两个以上的细分市场内进行经营活动，而且分别为各个不同的细分市场开发不同的产品和设计不同的营销方案。例如，通用汽车公司(GM)曾提出"为每一个钱包、目的和性格，分别生产一种汽车"的口号。采取差异营销的厂商希望能通过不同的产品和不同的营销方案来实现更高的销售额，并在每一细分市场中占据更有利的地位。企业期望能在每一个细分市场上均占有举足轻重的地位，因而加强消费者对厂商所有产品的认同，也能获得购买者更多的重复购买。

差异性营销策略是目前普遍采用的策略。前述的美国可口可乐公司早就采用这一策略了。他们现在不仅继续生产销售可口可乐，还针对不喜欢可乐型饮料的消费者推出了芬达、雪碧、雪菲力等各种口味的饮料。产品包装不仅有玻璃瓶装，还有塑料瓶装以及罐装；不仅有小瓶装，而且还有大瓶装，甚至还推出水壶式的包装以迎合儿童的需要。

差异性营销策略具有明显的优点：(1) 因为面对多个细分市场，有多样的产品，适应能力和应变能力提高，这就大大减少经营风险；(2) 由于能较好地满足消费者不同的需求，这就有利于对市场的发掘，通常能比无差异营销策略创造更高的销售额。不过，这种策略由于目标市场多，经营的产品品种多，往往会增加企业的营销成本，例如产品修改成本、生产成本、存货成本、管理成本、推广成本等都可能会相应提高。同时这种策略还能引起企业经营注意力的分散，顾此失彼。

3. 集中性营销策略

当企业的资源有限时，可考虑采行第三种策略——集中性营销策略，也称密集性营销策略。企业与其在一个大的细分市场中追求较小的占有率，不如选定某一个或几个较小的细分市场作为目标市场，制订一套营销方案，集中力量争取在这个或这些小细分市场中追求较高的占有率。

集中性营销策略有许多优点：(1) 对少数几个甚至一个细分市场进行"精工细作"，对这些或这个细分市场的需要有较深入的认识，更能建立特殊的声誉，且由于生产、分销及推广的专业化，企业能享受许多经营上的规模经济性，只要目标市场选择适当，常能获得高度的投资报酬率；(2) 目标市场少，可以使企业的特点与市场的特征尽可能达到一致，从而有利于充分发挥厂商自身的特点；(3) 将资源集中于较少的市场范围，可以达到积聚力量，与竞争对手抗衡的目的。例如，德国的大众汽车公司集中于小型汽车市场的开拓和经营，美国惠普公司力攻高价的计算机市场。

但是，集中性营销策略所冒的风险也较高。企业所选定的目标市场可能一夜之间发生突然的变化，或是突然出现一家新的竞争对手，打进同一细分市场，企业将因缺少回旋余地而遭受严重损失。因为这些原因，许多企业宁愿采取差异性营销策略，在几个细分市场中作多样性的投资，以分散风险。

## 二、目标市场策略的考虑因素

前述3种目标市场的策略，各有其适用的状况。企业在选择其中任何一种作为其目标市场策略时，宜考虑本身的资源、产品的差异性、产品的生命周期阶段、市场的差异性和竞争者的营销策略等因素。

1. 本身的资源

当企业本身的资源有限时，采取集中营销策略较具意义。集中营销可集中有限的力量在单一目标市场上，以取得竞争优势。如果本身具有大规模的单一生产线，拥有广泛的分销渠道，产品标准化程度高、内在质量好、品牌商誉高，可以采用无差异营销策略。如果厂商的资源雄厚，则可根据资源情况采用差异性营销策略，同时针对两个或以上的目标市场进行集中营销。

2. 产品的特点

一些需求弹性比较小的初级产品，同质性比较大的加工产品，如农副产品、钢材、石油、可以采用无差异性市场策略。一些虽然事实上存在品质差异，但多数消费者并不了解或无必要加以区分的产品，如食糖、食盐、建筑用沙石等也可以采用无差异营销策略。一些需求弹性比较大，尤其是一些差异比较大的产品，异质性较大的产品，例如照相机和汽车等，较适合采用差异性营销或集中性营销策略。

3. 产品的市场生命周期阶段

当企业推出一种新产品时，由于产品在市场上是处于产品市场生命周期(Product Recycle)的投入期，面临的主要问题是开发初始的产品需求，而不是产品差异的选择性需求，只要推出一种式样即可；另一方面，企业也难以一下子推出多种产品品种，以及消费者初步接触此种产品，对其不甚了解，这部分消费需求还停留在较粗浅的层次，因此采取无差异营销策略或集中性营销策略是最适当的选择。但如果产品已属于市场生命周期中的成熟期时，产品已经定型，消费者也已经成熟，需求向深层次多样化发展，同时竞争也空前剧烈起来，则宜采用差异性营销策略或集中性营销策略(有关产品市场生命周期的概念，将在第九章加以介绍)。

4. 市场的差异性

如果大多数购买者的需求和嗜好比较接近，而且每个时期内购买商品的数量变化不大，对营销刺激的反应不明显，对营销努力也均有相同的反应，则应选择无差异营销策略。如果市场内各个消费群体差异比较大，则应该采取差异性或密集性营销策略。

## 三、竞争者的营销策略

一般而言，企业在市场竞争中可供采取的竞争策略大致有两种：针锋相对或避实就虚。若竞争对手采取差异性营销或集中性营销策略时，企业如果此时仍采取无差异的营销策略，则将在竞争中惨遭失败。反之，竞争对手若采取无差异营销策略，企业既可以采用无差异营销策略，与竞争者在相同的市场上抢地盘、争份额，决一雌雄，也可以采用差异性营销策略或集中性营销策略，向市场的深度进军，在更高的层次上满足消费者的需要。

# 7.4 营销定位

## 一、营销定位的概念

在战略性营销规划中，在目标市场确定之后，接下来的一项重要决策就是在目标市场上为企业的提供物设计规划市场定位策略。在消费品营销活动中，营销定位策略尤显重要和突出。在某种意义上讲，营销定位是消费品营销策略的神经中枢和灵魂。其目的是打动消费者的心，抓住消费者的心，启发消费者心智，唤起目标消费者强烈的购买欲望和激情，至少也要让消费者牢牢记住企业产品的诉求，以有效地与竞争对手的产品区别开来。

定位理论的创始人里斯和特劳特认为："定位要从一个产品开始。那产品也许是一种商品、一项服务、一个机构，甚至是一个人，也许就是你自己。但是，定位不是你对产品要做的事。换句话说，你要在预期客户头脑里给产品定位。所以说，把这个概念称作'产品定位'是不正确的，好像你在对产品本身做什么似的。"营销学学者科特勒认为："定位就是一种对公司的供应品和形象进行设计，从而使其能在目标顾客心目中占有一个独特位置的行动。"

一般认为，所谓的营销定位是指营销商为本企业以及产品在市场上树立一定的特色，在购买者心中打造一定的位置，塑造一种形象，并争取目标顾客认同的活动。它需要向目标市场说明，本企业将要为顾客提供什么样的独特利益，以使目标顾客理解和正确认识本公司有别于其竞争者的符号象征和概念象征。所以市场定位就是企业对其产品或服务进行策划和设计以使其在目标市场的顾客心目中占据一个与众不同的、独特的、有价值的位置。

在现实中，消费者对营销商提供物的心理感知和认知是多维度的，营销商在对提供物进行营销定位时就不能单一化，需要从多个角度设计定位的构成要素。这样一来，我们可以把营销定位看做是营销商为其提供物在目标市场的消费者心目中建造一种有价值的心理图像的行动。这种心理图像是由多个因素构成的，包括理性因素和感性因素两个方面。上海通用汽车公司对 2006 年上市的 LaCROSSE 君越汽车的定位设计是：在理性方面，动感洗练的创新设计，高效节能动力，豪华先进配备，全球领先科技平台；在感性方面，激情超越加上完美的驾乘体验。[①] 中国消费者对麦当劳的了解是：洋餐、快餐、针对时尚年轻人或儿童的、高质高价的、对抗肯德基快餐并与中式快餐相抗衡……显然，某一提供物在消费者心理的位置不是单一的维度，而是丰富多彩的多面体。某一产品市场定位选用何种及多少个理性因素和感性因素取决于营销管理人员对目标消费者需求的理解程度。一般来讲，依据产品的复杂程度或消费者的投入度选取 3～8 个因素是比较恰当的。在此基础上，营销商还要提炼出一种"价值主张"，这种价值主张是要向目标消费者说明：① 无法抗拒地购买本公司产品的理由，如"白天吃白片，不瞌睡，晚上吃黑片，睡得香"；② 或一句极为顺口的难以忘记的言语或声音，如商务通的"一个都不能少"；③ 或本产品与众不同的独特差异点，如哈尔滨啤酒的"中国最早的啤酒"。

在实际操作中，消费者能够清晰感受到的厂商的卖点，也应该是营销定位中的价值主张策略的体现。例如，在汽车市场，丰田 TerceI 和 Suburu 定位在经济，奔驰和凯迪拉克定位在豪华，保时捷和 BMW 定位在性能，沃尔沃定位在安全；在饮料市场，可口可乐定位在年

① http://auto.tom.com/2650/2677/2006223-89566.html

轻、欢畅，七喜定位为不含咖啡因的健康饮料。表 7-2 列出了宝洁公司不同品牌的洗衣粉的市场定位及其效果。

营销定位与产品差异化有密切关系。在消费品营销过程中，营销定位是通过为自己的产品创立鲜明的个性，从而在消费者心目中塑造出独特的市场形象来实现的。一项产品是多个因素的综合反映，包括性能、构造、成分、包装、形状、质量等，营销定位就是要强化或放大某个(某些)产品要素，从而形成与众不同的独特形象。因此，产品差异化是实现市场定位的手段。但是，产品差异化并不是市场定位的全部内容。营销定位不仅强调产品差异，而且要通过产品差异建立独特、有价值乃至艺术化的市场形象，赢得消费者的认同和喜爱，为消费者创造卓越的消费价值。

营销定位概念提出以后，受到营销实践家们的广泛重视。越来越多的企业应用营销定位参与市场竞争，扩大市场。因此，西方有的学者认为，企业的营销已进入营销定位的时代。总的来看，营销定位有利于建立企业及产品的市场特色，是参与现代市场竞争的有力武器，同时，营销定位决策是企业制定营销组合策略战术决策的前提和基础。一个清晰明确的营销定位战略能够确保营销计划的各要素的一致性和相互支持性。

成功的营销定位是企业取得良好市场业绩的关键，但是要取得成功的营销定位是很艰难的，需要营销策划人员具有非凡的创造力和高超的艺术性。一般来讲，下面 4 个因素是非常重要的。

(1) 清晰度

营销商的定位诉求一定要让消费者准确无误地认知，营销商给消费者提供的心理图像一定要让消费者尽量完整地感知，给消费者的价值主张一定要清楚明白。在现代紧张忙碌的社会中，复杂模糊的定位陈述让人难以记住。正因为如此，有学者提出定位要坚持“独特主张(USP)”或“第一”诉求等。

(2) 一致性

定位所阐述的诉求在一定的时间内要始终一致，这样消费者才有可能在当今信息爆炸的时代里记住些许厂商的讯息。否则，如果营销商的定位诉求朝令夕改，消费者就会对信息记得不牢，印象不深，结果可能是不知所云。

(3) 可信度

营销商对产品提出的各种诉求尤其是价值主张一定要让目标消费者深信不疑。当讲到企业与竞争对手的差异能够给消费者带来什么好处时一定要使消费者确信不疑，否则就会弄巧成拙，得不偿失。

(4) 吸引性

营销商告诉目标消费者的各种利益点尤其是卖点一定要能打动消费者的心，让消费者听了以后、看了以后对产品心驰神往、依依不舍，这种吸引性有时体现在营销商能够为目标消费者提供竞争对手无法提供的有价值的利益。

**表 7-2 宝洁公司洗衣粉的定位**

| 品牌 | 定位 | 市场份额 |
| --- | --- | --- |
| 汰渍(Tide) | 洗涤能力强，去圬彻底 | 31.1% |
| 奇尔(Cheer) | 强劲的洗涤能力和护色能力 | 8.2% |
| 波德(Bold) | 洗涤剂加织物柔软剂 | 2.9% |
| 格尼(Gain) | 阳光一样清新的除味配方 | 2.6% |

续表

| 品牌 | 定位 | 市场份额 |
|---|---|---|
| 时代(Era) | 污渍处理，能有效去除污渍 | 2.2% |
| 达诗(Dash) | 价值品牌 | 1.8% |
| 奥克多(Oxydol) | 含有漂白剂配方，能有效漂白 | 1.4% |
| 梭罗(Solo) | 洗涤剂与织物柔软剂的液体配方 | 1.2% |
| 卓夫特(Dreft) | 婴儿衣物的杰出洗涤剂，并能保护柔嫩肌肤 | 1.0% |
| 象牙雪(Ivory Snow) | 适合洗涤婴儿衣物和精细衣物，保护纤维和皮肤 | 0.7% |
| 碧浪(Ariel) | 洗涤能力强，以西班牙人为目标市场 | 0.1% |

## 二、营销定位的方法

在实施公司的营销定位或产品定位时，首先要分析竞争者在目标市场中的定位，了解各竞争者在知觉图(Perceptual Map)中的位置，然后再来决定本身的定位。例如，在轿车市场，假若目标市场的购买者主要注重轿车的两种属性——大小与造型。汽车公司针对这两种属性调查各竞争厂商的轿车在潜在顾客心目中的地位，如图 7-3 所示之产品知觉图。A 品牌被视为经济/新潮的轿车；B 为中间型的轿车；C 为经济/古典的轿车；D 为豪华/古典的轿车。图中圆圈的大小代表它们的销售额比例。

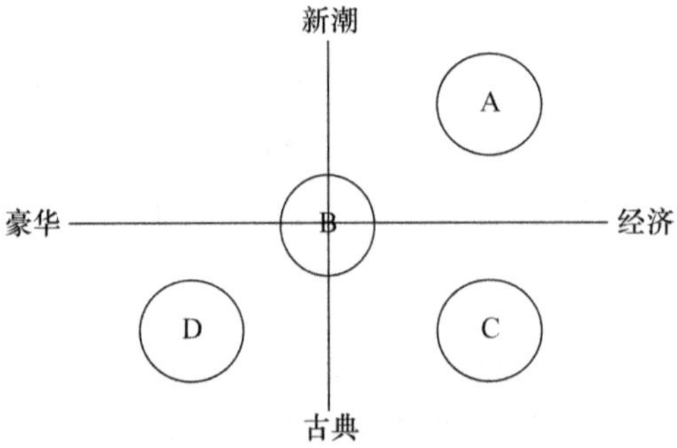


图 7-3　竞争品牌知觉图

了解竞争对手的位置后，公司接着要决定将本公司的品牌定位于何处？它主要有两种选择：一是定位在竞争者品牌附近，竭力争取市场占有率。假若：(1) 本公司可以制造出比竞争者更优异的轿车，(2) 目标市场足够容纳两个竞争者并存，(3) 资源和实力较竞争者丰富，(4) 所选的定位与公司长处能相互配合的话，便可做此选择。假若公司认为生产经济/新潮的轿车，与 A 品牌相竞争，可能有较多的潜在利润与较低的风险，则公司须针对 A 品牌轿车加以研究，设法从产品的特色、款式、品质与价格等方面选择有利的竞争性定位。

另一种选择是生产目前市面上没有的轿车，例如豪华/新潮的轿车（图 7-4 左上角象限），由于竞争者尚未提供此型号之轿车，公司若开发出此型号车，将能吸引有此需求的购买者。不过，在做此决定之前，公司必须先确定：(1) 生产此种豪华/新潮的轿车，在技术上可行；(2) 在预期的售价水平内，生产此种豪华/新潮的轿车在经济上可行；(3) 有足够多的消费者欲购买此型号轿车。假若具备上述条件，公司则可说已发现到市场尚未被满足的需要"空隙"，可考虑采取行动来填补此空隙。

营销商一经决定其产品定位后，接下来便要研究制定详细的营销组合策略。假若厂商决定采行高价位/高品质的定位，则产品的特色与品质就须胜人一筹，零售商的服务信誉要能赢得顾客的口碑，市场推广活动的格调要高，并要能吸引购买力强的顾客。

### 三、定位的策略

营销定位的理念应该与购买者的价值偏好相联系。帕克(Park)等学者认为这一理念可能是功能性的(Functional)、象征性的(Symbolic)或体验性的(Experiential)。功能性理念用来满足来自外部消费需求的、解决与消费相关问题的产品，如佳洁士牙膏的防蛀牙。象征性理念与购买者的内部需求相关，如对自强、角色定位、群体关系或自我评价的需求，例如，劳力士表就是一种高档品的象征性定位。体验性理念用来定位感觉愉快的、多种多样的以及/或刺激认知的产品。奔驰汽车就用了强调驾驶体验的体验性定位。

定位方法有很多种，营销人员应依据产品的特色与优点、组织拥有的资源、目标市场的反应和竞争者的定位等因素，选择一个有效的定位方法。包维(C. Bovee)等人归纳出以下 7 种定位方法：(1) 产品差异，(2) 产品利益，(3) 产品使用者，(4) 产品用途，(5) 对抗竞争者，(6) 对抗整个产品类别，(7)结合。

#### 1. 以产品差异定位

最有力的定位方法之一是根据自己产品拥有而竞争者产品没有的某些产品特色或特色的组合来定位。产品差异须是真正的差异，同时对顾客而言是有意义的。例如，大使馆套房旅馆将其旅馆定位为以一般旅馆单一房间的价格提供两个房间的套房，两个房间的套房就是使该旅馆不同于其竞争者的重要特色。哈尔滨啤酒以中国最早的啤酒为定位诉求。

#### 2. 以产品利益定位

这种方法是先找出对顾客有意义的一种产品属性或利益，然后以此属性或利益来定位。例如，Campbell Soup 公司将其 Home Cookin 罐装汤定位为可立即食用、无防腐剂，此定位迎合两种需要——便利和健康。白加黑感冒片定位为“白天吃白片，不瞌睡；晚上吃黑片，睡得香”，此定位满足了感冒病人的治疗与工作两不误的需要。

宝洁公司将其海飞丝洗发水定位为“治疗头皮屑的专家”(广告强调“使用海飞丝是您告别头皮屑的开始”)，也是以利益定位。较低的价格是定位中常用的一种利益。

#### 3. 以产品使用者定位

在广告中明白指出目标市场也可以是为某一产品定位的好办法。例如，克莱斯勒汽车公司在 1992 年推出的鹰眼汽车就以“不是为一般人设计的汽车”为其广告主题。因为广告强调鹰眼不是为一般人设计的，因此购买鹰眼的人会感到自己是与众不同的。百事可乐将其可乐定位为“新生代的选择”，也是以产品的使用者来定位。

#### 4. 以产品用途定位

产品的用途也可提供定位的机会。例如，Arm & Hammer 数十年来持续将其烘烤用苏打定位为冰箱除臭剂、牙膏替代品及其他多种用途，因而能长久保持其市场地位。

#### 5. 以对抗竞争者定位

有时候将自己和一知名的竞争者相比较，并说明自己比竞争者好，也是进入潜在顾客心目中的最有效方法。例如，中国家用电视机行业在 20 世纪 90 年代竞争最为激烈的时代，各主要电视机厂商的主要彩电产品的定位都相互对抗，如“纯平”对“超平”等。

6. 以对抗整个产品类别定位

营销人员有时会发现他们在和整个产品类别相竞争，特别是当他们的产品可用来帮助顾客解决某一问题，而对此问题顾客仍习惯用其他产品类别来解决。电子媒体用来对抗传统的印刷媒体便是一个实例。

7. 以结合定位

这种方法是将自己的产品和其他实体相结合，希望那个实体的某些正面形象会转移到产品身上。

## 四、重定位

定位一旦确定之后，并非一成不变。营销人员有时必须为产品、商店或组织本身进行重新定位(Repositioning)，以改变产品、商店或组织本身在顾客心目中的形象或地位。重新定位常常是扩大潜在市场的良好策略。例如，Kran 公司的 Cheez Whiz 牌干酪曾一度因销售量大幅减少而准备撤出市场，后来 Kran 的营销人员将其复位为一种快速、方便、微波炉可处理的干酪酱，结果又使 Cheez Whiz 的销售量大幅回升。

### 本章复习思考题

1. 简述目标市场的含义。目标市场营销的演进阶段是怎样的？
2. 简述市场细分的概念。市场细分的变量有哪些？
3. 简述目标市场的概念。目标市场策略有哪些？
4. 简述营销定位的概念。营销定位的方法是怎样的？营销定位的策略有哪些？

# 第八章　产品策略

**本章学习要点**

1. 掌握产品的概念和层次；
2. 掌握产品的分类、产品组合的分析方法、产品线分析方法；
3. 掌握品牌的概念和类型；
4. 掌握服务营销的概念和特性。

当你到麦当劳用餐时，你买的是什么？是汉堡包、薯条和可乐吗？如果你只是单纯的因为饥饿想要吃汉堡包、薯条和可乐的话，你何必花较多的价钱到麦当劳呢？很显然，麦当劳所销售的虽然也是汉堡、薯条和可乐，但是必然和一般餐饮店所出售的汉堡包、薯条和可乐有所不同。

你可能逛街逛累了，需要找一个清凉的地方歇脚用餐；你可能要赶一场电影，需要很快地取得食物填饱肚子；你也可能和朋友相约，需要找一个目标显眼的地方见面用餐；你也可能在假日要陪小孩吃饭，需要找一家老少皆宜，特别是小孩子喜欢的地方用餐。各种不同的理由都使你选择到麦当劳用餐。

因此，从麦当劳的角度来看，它所销售的便不仅仅是汉堡包、薯条和可乐等有形的实体产品，还包括一个干净舒适的用餐场所，一个能够快速供应食物和饮料的用餐场所，一个能够吸引全家人光临的用餐场所，甚至还包括一种生活习惯的营销。所以，产品(Product)是一个很复杂的观念，企业所卖的“产品”，绝不能单纯地从它所销售的实体产品着眼。实体产品只是一项媒介，帮助购买者满足需要，解决问题。成功的营销规划便是在创造适当的产品，有效地满足购买者的需要，解决购买者所遭遇的问题。

## 8.1　产品的意义

一本书、一部汽车、一瓶饮料、一趟“新马泰”的旅游等，都是单个的产品项目(Product Item)，或简称产品。产品可以定义如下：产品是提供给市场的任何可供欣赏、购买、使用或消费，以满足某种欲望或需要的东西。也可以这样定义：产品是一整套解决顾客存在问题的方案。

广义地说，产品不只是实体产品(如空调机、面包等)而已，还包括服务(如美术展览、金融服务、理发等）、人物（如政治人物、演艺人员等）、地点（如广州、东京等）、组织（如消费者团体、环保团体、大学、慈善基金会等）和思想（如男女平等、禁烟、禁毒等）。

### 一、产品的价值层级

在这样的定义下，产品就不只是外观上的形式而已，更重要的是，它强调产品对购买者的消费价值。在这样的了解下，我们应先理清下列 5 个产品的层次：核心产品（Core Product）、实体产品（Actual Product）、期望产品（Expected Product）、延伸产品（Augmented Product）和潜在产品（Potential Product），如图 8-1 所示。每个层次都在为消费价值的增值作出贡献，这 5 个层次构成了消费价值等级体。

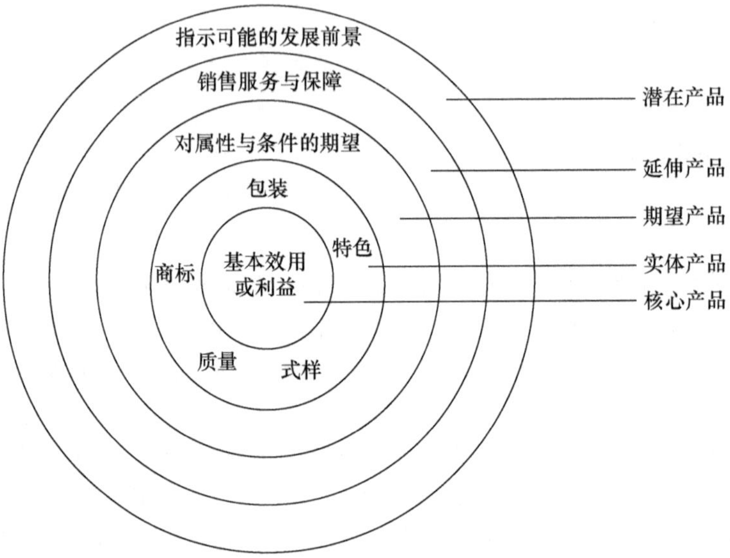


**图 8-1　产品的 5 个层次**

#### 1. 核心产品

核心产品是产品最基本的层次，核心产品是顾客购买时真正所需要的效用和利益。有些企业以很明确的广告口号标示出其核心产品：某减肥中心宣称“上帝创造女人，我们雕琢女人”；蜜斯佛陀公司（Max Factor）宣称“上帝给你第一张脸，蜜斯佛陀给你第二张脸”。其实，每一种产品都是在帮助顾客解决问题，妇女购买露华浓的唇膏，不只是在买嘴唇的颜色，正如露华浓公司的雷天森（Charles Revson）所说的：“在工厂，我们制造化妆品；在商店，我们销售希望。”美国哈佛大学的李维特（Theodore Levitt）教授曾指出：“采购代理商买的不是四分之一英寸的钻孔机，他们买的是四分之一英寸的洞。”营销人员的任务是要挖掘隐藏在产品背后的真正需要，企业卖给顾客的是产品带给他们的利益（Benefits），而不只是产品的功能或特色（Feature）。捷安特卖的是休闲和运动的器材、大孩子的玩具，而不只是自行车；“永久”牌、“飞鸽”牌卖的自行车则是运输的工具。由于对核心产品的界定不同，企业营销的策略（如广告、渠道设计等）也不相同。因此，捷安特自行车要成立专门店、组织自行车俱乐部并赞助自行车旅游活动；而“永久”牌、“飞鸽”牌自行车则无此做法。

2. 实体产品

产品设计人员必须把核心产品转变成一种有形的东西,以便卖给顾客,这个层次的产品称为实体产品,也称有形产品,是对某一需求的特定满足形式。产品的基本效用必须通过特定的形式才能实现,企业应努力寻求更加完善的外在形式以满足顾客的需要。自行车、香水、电脑、“百花奖”的候选人、音乐会等均属实际产品。实际产品可能会有 5 种特征:品质水准、功能特色、设计、品牌名称及包装。

3. 期望产品

期望产品是指购买者在购买该产品时期望得到的与产品密切相关的一整套属性和条件。旅馆的消费者在购买住宿的商品时除了想得到休息的场所之外,还期望得到清洁的床位、洗漱用品、干净消毒的浴巾、台灯、安静环境等条件。因为大多数旅馆均能满足旅客这些一般期望,所以旅客在选择档次相同的旅馆时,一般不是选择那家旅馆能提供期望产品,而是根据哪家旅馆就近和方便而定。

4. 延伸产品

产品开发必须依据核心产品和实体产品为顾客提供附加的服务和利益,或满足消费者想得到额外或意外收获的需求,就要开发出一种延伸产品。戴尔公司成功的很大原因在于它能很有技巧地从实体产品身上发展出延伸产品,当其他电脑公司忙于向潜在买主说明该公司产品之功能特色时,戴尔公司已注意到顾客要买的是解决问题的服务,而非电脑硬件。电脑客户需要电脑使用说明、软件程序、程序设计、快速服务以及使用保证等,因此戴尔营销的重点放在整体信息系统上,而非只是实际产品的电脑硬件。

企业的竞争环境越来越激烈,不同的竞争产品可能在核心产品或实际产品的层次上都有相似的地方。但是如果能够设计出更切合购买者需要的延伸产品,正如戴尔将营销重点放在整体信息系统而非有形的电脑硬件上一样,将有助于企业从激烈的竞争中脱颖而出。正如李维特教授所说的:“新的竞争并不是公司在它们的工厂生产出来的产品之间的竞争,而是公司在它们的工厂生产出来的产品上加入包装、服务、广告、顾客咨询、财务融资、运送安排、仓储和人们认为有价值之其他事物之间的竞争”。能够开发出合适的引申产品,将有助于取得市场上的竞争优势。

5. 潜在产品

潜在产品是指包括所有附加在内的现有产品可能发展成为未来最终产品的潜在状态的产品。潜在产品指出了现有产品的可能的演变趋势和前景。如彩色电视机可发展成为录放映机、电脑终端机等。

## 二、产品的美学价值

在消费品营销情形中,实体产品的美学含义对诱发消费者的购买欲望有着不容忽视的意义。消费者对欲购之物愉悦的感官体验能创造一种让消费者无法抵御的吸引力,正是营销商提供物的核心价值、美学价值和附加价值带给消费者拨人心弦、心驰神往的效果。一个强有力的、以美学为基础的实体产品,显而易见的是赢得并留住顾客的起点,而不会起反面的作用。誉满全球的美国企业家乔布斯推出的 iPhone 手机展示的是技术美学和器物美学的奇迹,最大特色还在于工业美学的成就。有评论指出:从未有哪一款手机能像苹果手机那样，从手感、质感和美感等诸多方面，企及电子器物美学的巅峰，征服了全世界的设计师和手机用户，也从未有这么多的电子企业，疯狂抄袭苹果的每一个细节，制造出大量外形酷肖的克隆物。

实体产品的营销美学体现在产品的尺寸、比列、对称和角形①等要素上。

## 8.2 产品的分类

在现代社会中，市场上销售的产品形形色色，由于产品的特性不同，购买者的期望不同，营销策略也所差异。本节将介绍两种主要的产品分类方式。

### 一、耐久物、非耐久物与服务

产品可依其耐久性(Durability)或有形性(Tangibility)而分为耐久物、非耐久物和服务等三类。

1. 耐久物

耐久物是有形的实体物品，它通常可以使用多次，也可以使用一段长时间，例如冰箱、衣服、飞机、建材等都属耐久物。耐久物通常需要较多的销售员推销、售后服务等，利润往往也较高。例如，汽车由于使用时间长，耐久程度高，顾客购买时对售后服务往往会有较多的要求，因此汽车经销商对于售后服务要多加注意。

2. 非耐久物

非耐久物也是有形的实体物品，它通常仅能使用一次或少数几次，例如汽油、啤酒、办公文具等。非耐久物因为消耗快，购买较频繁，因此较适合采用多设销售网点，较低利润空间和较低价格，大量频繁的广告宣传等营销策略来吸引客户试用和购买，以期能使消费者产生品牌偏好，使购买者出现重复性购买行为。

3. 服务

服务是可供出售的活动、利益或满足感，例如理发、保险、汽车修理等。服务是非实体产品，它不可分割、易变化且易消逝。因此，提供服务的组织需要做好服务的质量管理，并建立营销商的良好信誉。

### 二、消费品与工业品

如图 8-2 所示，产品也可根据购买者的购买目的而分为消费品(Consumer Goods)和工业品(Industrial Goods)。消费品是用来满足个人或家庭需要的产品或服务；工业品是组织或个体用来制造消费品、工业品或运营使用的商品或服务。

消费品与工业品的区分是根据购买产品的目的而定。如果张三购买一部汽车是为了本人上下班和家人假日旅游之用，则这部汽车属于消费品；如张三是为了运货或载客之用而购

① 角形是指包含了一定角度(三角形、长方形、棱形等)的物体，而圆形则没有尖锐的角。这两种类型都能产生一系列丰富的联想。

买，则这部汽车就属于工业品。

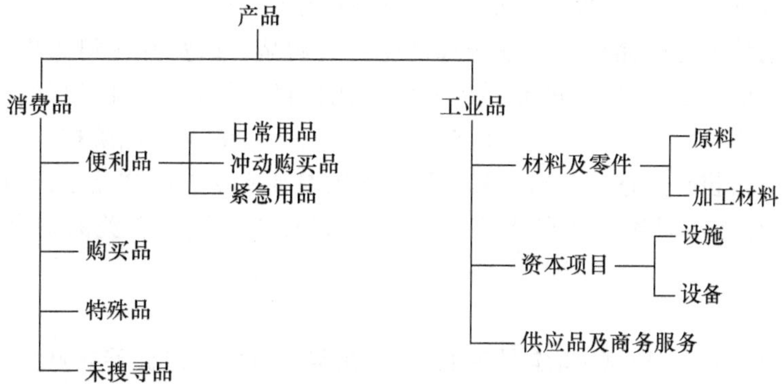


**图 8-2 产品的分类：根据购买目的划分**

1. 消费品的分类

消费者购买许许多多的产品，将这些产品根据消费者的购物习惯予以分类，是一种有用的分类方式，因为购物习惯在营销策略上有其意义。消费品可依消费者的购买习惯分成 4 类，即便利品 、选购品、特殊品和未搜寻品。

(1) 便利品

便利品是指那些消费者频繁购买、随时购买且不花太多精力去比较选购的消费品，例如香烟、肥皂、报纸、口香糖、卫生纸等。便利品还可细分为日常用品(Staples)、冲动购买品(Impulse Goods)和紧急用品(Emergency Goods)。

① 日常用品

日常用品是指消费者例行购买的便利品，如牙膏、洗衣粉、卫生纸、牛乳等。品牌(Brand)的忠诚度是帮助消费者迅速选购日常用品的因素，例如张三平常习惯购用“黑人”牙膏，买洗衣粉就买“白猫”洗衣粉，买卫生纸就买“维达”卫生纸，买牛奶就买“香满楼”牛奶。

② 冲动购买品

冲动购买品是指消费者事先未计划而临时想起购买的便利品。由于消费者未刻意去寻求这些冲动购买品，因此这类商品的销售地点要多且广，而且要摆在消费者容易见到的地方，并让消费者看到这类商品时能激起购买的欲望。例如，口香糖和棒棒糖通常放在商店付款柜台的旁边。

③ 紧急用品

紧急用品是指当消费者紧急需要时所购买的便利品，例如下大雨时购买的雨伞、发烧感冒时购买的药品。紧急用品的营销商也需要有较多的销售地点，以免消费者在想买时买不到。

(2) 选购品

选购品是消费者在选购时会在质量、价格与式样等方面经过一番比较以后才决定购买的产品，例如家具、服装、汽车、家用电器和人寿保险等。选购品可分为同质选购品(Homogeneous Shopping Goods)与异质选购品(Heterogeneous Shopping Goods)。

同质品是消费者觉得品质差异不大，但价格有差异，值得花点精力去选购的产品。假如各种品牌的洗衣机和烤面包机品质差不多时，消费者会先比较几种品牌的价格，然后购买价格最划算的品牌，因此营销商要有和消费者讨价还价的准备。

异质品是消费者觉得品质不同或未标准化的选购品。消费者在购买珠宝、住宅、服饰、家具或其他异质的产品时，产品的品质因素常远比价格来得重要。例如一位女性消费者想要购买一件外出服装时，款式时不时兴、合不合身与好不好看可能比价格上的一些差异来得重要。营销商在销售异质选购品时比较重要的策略是要有足够的产品搭配以满足不同消费者的偏好，同时也必须配备训练有素的销售人员，以提供给顾客有关的信息与满意的咨询服务。

(3) 特殊品

特殊品是具有特色及(或)特定品牌的产品，而某些消费者对此特殊产品有特殊偏好，愿意花费更多的时间和精力去购买这类产品。特定品牌及款式的装饰品、汽车、音响组合、摄影器材等均属特殊品。例如，对于那些只想要购买先锋牌音响的消费者而言，他们愿意多走一些路到先锋牌音响专门店购买，这时先锋牌音响就是特殊品。有些医生和律师有忠实的病人或客户，他们所提供的服务也是一种特殊品。消费者购买特殊品时不会货比三家，他们愿意花时间去寻找销售此种特殊品的商店，因此卖特殊品的商店不一定要设在交通便利之处，它通常只要让消费者知道店在何处就可以了。

(4) 未搜寻品

未搜寻品是消费者目前不知道，或者虽然知道但尚无兴趣购买的产品。例如，消防器材和电子字典等新产品在未做广告之前，消费者并不知道有这种产品，这就属未搜寻品。另外，消费者已经知道但尚未有兴趣去购买的产品也属未搜寻品，典型的例子像墓地和律师提供的签订遗嘱服务等。营销商对未搜寻品通常需要投入较大的营销力量，包括广告和人员推销，以激发消费者的购买意愿。有关便利品、选购品、特殊品和未搜寻品在消费者的购买习惯和价格、分销、营销传播等营销变量上的差异情形，如表 8-1 所示。

**表 8-1 消费品的营销策略**

| 营销变量 | 消费品的类型 | | | |
|---|---|---|---|---|
| | 便利品 | 选购品 | 特殊品 | 未搜寻品 |
| 消费者的购买习惯 | 经常购买，极少计划，极少费心比较选购，低投入 | 购买次数少，费心计划和选购，就各品牌的价格、质量、款式进行比较 | 强的品牌偏好和忠诚，特别的购买努力、极少做品牌比较，价格敏感性低 | 产品知晓和认识程度低，或即使知晓也没什么兴趣(或负面的兴趣) |
| 价格 | 低价 | 较高价格 | 高价 | 高低不一 |
| 分销 | 广泛的分销，便利的地点 | 选择性分销，零售店较少 | 独家分销，每个市场地区只有一家或少数零售店 | 方式不一 |
| 营销传播 | 由制造商进行大量广告和推广 | 由制造商和中间商进行广告和人员推销 | 由制造商和中间商针对慎重选择的市场进行推广 | 由制造商和中间商进行攻击性广告和人员推销 |
| 实例 | 牙膏、肥皂、洗衣粉 | 电视机、计算机、家具 | 奢侈品 | 寿衣 |

2. 工业品的分类

工业品市场每年都购买大量各式各样的产品和服务，有效地将工业品加以分类将有助于制定对工业品市场的营销策略。但工业品不宜按照消费品那样依照购物习惯予以分类，因为工业品市场购买产品的方式和消费品并不相同。工业品通常可依其进入生产过程的方式以及它们的相对成本来加以划分，如图 8-2 所示，工业品可分成材料及零件(Materials And Parts)、资本项目(Capital Items)、物料及商务服务(Supplies And Business Services)等3类。

(1) 材料及零件

材料及零件是指完全成为产品一部分的物品，它又分为原料(Raw Materials)和加工材料及零件(Manufactured Materials And Parts)两种。

① 原料

原料包括农产品(例如小麦、棉花、家畜、水果及蔬菜)和天然产品(例如鱼、原木、原油和铁矿)两种，它们的营销方式各有不同。农产品是由许多生产者所供应，交由中间商提供集散、分级、储藏、运送及销售等服务。农产品的生产量在短期内不可能会增加，由于它们易腐烂且具季节性，因此在营销操作上有其特殊之处；农产品的商品特性也使得它们较少利用广告及促销活动。

天然产品的供应量非常有限，它们通常体积大单价低，需要庞大的运输工具从生产者运送至使用者手中。天然产品的生产者较少，规模较大，他们通常把产品直接卖给工业品用户。由于使用者依赖这些原料，因此一般都签订长期合约。天然产品具有同质性，无须太多创造需求的活动，价格和送货的可靠性是影响供应者选择的主要因素。

② 加工材料及零件

加工材料及零件包括成分材料(Component Materials)(例如铁、纱、水泥、电线)和组合零件(Component Parts)(例如小马达、轮胎、铸件)。成分材料通常需要再进一步地制造，例如铁炼成钢、纱织成布。成分材料相当标准化，所以价格和供应商的可靠性是购买的最重要考虑因素。组合零件通常无需做进一步的改变，直接放入产品里面，例如真空吸尘器加上小马达、汽车装上轮胎。绝大多数的加工材料及零件是由生产者直接卖给工业客户，常在一年甚至更久以前即下好订单，价格和服务是营销上的主要考虑因素，品牌和广告不甚重要。

(2) 资本项目

资本项目是指帮助开发及(或)管理制成品的固定资产，它分成设施(Installation)和设备(Equipment)两类。

① 设施

设施包括建筑物(例如厂房、办公室)和固定设备(例如发电机、钻床、电脑、电梯)。设施是企业重要的购买物品，它通常是向生产者直接购买，在成交前买卖双方会有较长期的谈判和交涉，生产者会有一流的销售人员，常包括销售工程师在内。生产者也必须按特殊规格设计产品，并提供售后服务。广告有时会用到，但不如人员推销显得重要。

② 设备

设备包括可移动的工厂设备及工具(例如手工具、千斤顶)和办公设备(例如打字机、办公桌)。这些设备不会成为制成品的一部分，它们只是帮助生产作业流程，它们的寿命比设施短，但比一般材料长。虽然有些设备的生产者采取直接销售的方式，不过由于市场地区分散、客户多以及订单小等原因，通常都通过中间商销售。品质、功能特色、价格和服务是顾客选购的主要考虑因素。人员推销仍然比广告重要，但是有时候也可以有效地运用广告。

(3) 供应品及商务服务

供应品及商务服务是指帮助开发及(或)管理制成品的短期物品。

① 物料

物料分成一般材料(Operating Supplies)(例如润滑油、煤、打字纸、铅笔)和维修材料(Maintenance And Repair Items)(例如油漆、钉子、扫帚)。

工业品中的材料就如同消费品中的便利品，使用者通常是直接重购，购买者不会花太多的精力。由于顾客数目多、地区分散及产品单价低，这类产品一般都通过中间商销售。因为材料相当标准化，品牌偏好不高，所以价格和服务是选购的主要考虑因素。

② 商务服务

商务服务包括维修服务(Maintenance And Repair Services)(例如洗窗户、修理打字机)和商务咨询服务(Business Advisory Services)(例如法律顾问、管理顾问、广告)。维护服务通常订有合约，由小公司包办；修理服务通常由原设备之制造厂商提供。商务咨询服务通常属新购买情境，工业品客户会依据提供咨询服务者的名气及其拥有的人力选择商务咨谓服务的供应者。

## 8.3 产品的品牌与包装

### 一、品牌的内涵

首先要了解几个与品牌命名有关的名词。

品牌：品牌是产品的一个名称、符号、表征、设计或者以上的组合，用来辨认某一项或某一组商品或服务，以便和竞争者有所区分。

品名：品名是指品牌名称，是品牌中可以口头表达的一部分，包括字母、文字或数字。例如，奔驰、奥迪、海尔、联想、IBM、美的、老人头等都属于品名。

品牌标记：品牌标记是品牌中可以辨认但无法用口头表达的部分，如图形、设计或特殊的表征。例如，黑人牙膏中的黑人半身像、麦当劳的金拱门、奔驰的圆圈中的“星”、大众汽车的五个圆圈相连和米高梅电影公司的狮子等都属于品牌标记。

商标：注册商标是品牌中向政府注册、受法律保护、别人不得模仿的部分，它可能是品牌的一部分，也可能是品牌的全部。注册商标让品牌拥有者有独家采用某个品名及(或)品牌标记的权利。

对品牌的解释，许多学者提出了不同看法，这里列举两种有代表性的观点。

大卫·艾格(David Aaker)认为：品牌是一种可辨识的名称/或符号(比如标示语、商标或者包装样式)，用于辨别某一销售者或某群销售者的商品或服务，并使之与竞争者的产品和服务区别开来。因此，品牌就是一种让顾客了解相关产品来源的信号，它保护了顾客和产品制造者不受那些企图销售类似产品竞争对手的干扰。

斯科特·戴维斯(Sott Davis)认为：品牌是一种接触不到的但却是一个组织“拥有”的至关重要的组成要素。它代表着与顾客的一种契约关系，传递出产品或服务所具有的质量和价值水平。顾客不可能与某种产品或服务一直保持关系,但却能够与某一品牌保持联系。

品牌是一系列可靠的承诺。它意味着信任、始终如一和已明确的期望。品牌让顾客更加确信自己所做的购买决定。品牌是一种资产,除了人员外,没有什么比品牌更重要。

其实,在现代意义上的品牌已远不是传统的区分符号的含义了。在当今的商业规则下,"品牌是一种心理概念,是一种基于消费者内心期待,由厂商通过产品表现而建立的稳定的符号象征;它在很大程度上可以说是消费者情感价值的转换替代符号。"这种看法对消费品来讲尤其适合。

## 二、品牌的功能

古时候大部分的产品都没有品牌,生产者和中间商卖东西都直接以桶、袋或箱计算,并不加任何供应者的标记。产品最早有品牌的迹象是在中世纪,当时的同业组织要求工匠要在他们的产品上打上标志,以保护商人和消费者,万一发现品质不良时,可以由此标记知道是那个工匠制造的。在艺术品方面,一些名家或作者也会在他们自己的作品上签名,这也可算是品牌的雏形。

在现代商业社会中,品牌的发展非常惊人,几乎没有一项产品没有品牌。例如,咸盐用有品牌的容器包装来辨别制造者,水果附上生产者戳记(如 Sunkist 柳橙、Dole 凤梨等),螺丝和螺帽以贴有分销商标签的玻璃纸包装,以及汽车上有许多零件(如火星塞、轮胎、滤油器等)也都可看到不同汽车制造厂的品牌。但是,也有一些产品蓄意以无品牌的方式出售。例如,在国外某些百货公司出售的商品,在这些产品上看不到制造商的标记,其主要目的除了标新立异以吸引消费者的注意之外,还在于节省包装及广告费用,降低成本。

品牌究竟有什么功能,有哪些好处?可分别从购买者、销售者和社会 3 方面来说明。

(1) 购买者方面

一般认为营销商开发品牌完全是为了自身的利益,事实上购买者也很需要品牌,因为品牌是一个很重要的信息来源,它带给购买者很多利益。

① 品牌可以告诉购买者产品的品质。假设张三要选购电视机,如果电视机都没有品牌,那么他就很难分辨出那一种品质较好、较可靠。但是当电视机有了索尼、三洋、长虹、康佳、创维、TCL 等品牌之后,由于它们在品质和可靠性方面各具有不同的形象,购买者可根据电视机的品牌来判断其品质与可靠性。

② 品牌可以节省购买者购物的时间。我们可以想象张太太(一位家庭主妇)在一家大百货公司中面对着成千上万没有品牌的产品,如果要确定它们的品质,她势必要一个个去检查;如果她要请家人或朋友去帮忙买些东西时,就必须告诉后者每一产品所要求的品质;这都是非常浪费时间的。以品牌来代替产品的描述,就显得有效率多了。

③ 品牌有助于吸引购买者注意那些可能带给他们利益的新产品。有了品牌,新产品及其品质才容易广为流传,吸引购买者的注意。

(2) 销售者方面

建立品牌要在包装、标记、广告及法律保障上花很多钱,但为什么销售者愿意花钱去建立品牌呢?这就要谈到品牌带给销售者的利益了。

① 有了品牌,销售者比较容易处理订单及其他有关的作业。例如,佳丽宝公司接到专柜的订货单,上面标明要五十打 Make-up Palette 16 化妆盒。在同样的情况下,如果没有品

牌，则只能含糊地说“要一些长方形盒内装有粉饼、口红、腮红等的白色化妆盒”。同时，万一订货单弄错或消费者反应不佳，有品牌名称也比较容易追踪处理。

② 如果产品具有特色，广受欢迎，品牌和注册商标可以给销售者法律上的保障，以免别人仿制。

③ 品牌可以吸引品牌忠诚的顾客，他们可以使销售额比较稳定，并带给公司长期的利润。例如，General Mills 提供 Cheerios、Wheaties、Total、Lucky、Charms 和许多其他品牌的早餐谷物食品，并不是只以一种品牌来卖给所有的消费者。

（3）社会方面

品牌对整个社会而言是否有利？是否所有的产品都要有品牌呢？赞成建立品牌的人认为：

① 品牌可以提高产品品质，使品质水平更趋一致。品牌基本上是厂商对消费者的保证，由于消费者对有品牌的产品常存有某些预期的品质水准，制造商不能轻易破坏品牌的品质或者不关心品质管制。

② 品牌可以促进社会的创新。没有品牌，无法保障生产者的产品创新不会被竞争者所模仿，这样他们就缺乏创新的意愿。建立品牌可以鼓励生产者寻求独特的产品功能和特色，可使产品多样化，让消费者有更多的选择。

③ 品牌可以使消费者易于了解产品，并知道从何处购买，从而可以增进购物者的效率。

但也有人认为社会上品牌过度泛滥对社会不一定有利，他们认为：

① 品牌会使得一些同质性的产品做不必要的区分。

② 品牌会使消费者必须付出较高的价格，因为品牌一定要有大量的广告、包装和其他成本的支持，而羊毛出在羊身上，这些成本终会转嫁给消费者。

③ 品牌增加某些人的地位意识，他们以购买某种品牌来向别人证明自己有某种身份地位，造成不必要的浪费。

总之，建立品牌对购买者、销售者和社会而言，都有其价值和功能；但是对某些产品而言，过分的强调品牌，运用品牌来对产品做勉强的区分，往往会产生一些不必要的成本。

## 三、品牌资产

何谓品牌资产(Brand Equity)[①]？目前在理论界尚无统一的解释。大致上，我们可以把品牌资产的内涵划分为 3 个流派。①从财务的角度定义品牌资产，如有学者认为，品牌资产是财务人员发明的词汇，用来反映品牌的财务价值。在品牌价值（财务价值）的背后是品牌特许权(Brand Franchise)、品牌忠诚等概念。品牌资产是品牌给产品或服务带来的资金流。②从市场业绩的角度定义品牌资产，如有学者认为，品牌资产包括品牌强度(Brand Strength)和品牌价值(Brand Value)。品牌强度是指品牌的顾客、渠道成员、母公司对于品牌的联想和行为，它们使得品牌可以享有持久的、差异性的优势。品牌价值是指品牌的拥有者通过战术和战略行为来使用品牌强度以提供非同一般的当前及未来利润和降低风险的能力。③从消费者的角度定义品牌资产，如美国品牌资产委员会认为，拥有品牌资产的品牌给顾客提供了一个能够拥有的、值得信赖的、相应的和特有的承诺。

---

① 对“Brand Equity”的中文译法，有不同的见解。有翻译成“品牌权益”的，还有翻译成“品牌产权”的，本书中采用较为通行的一种译法，即“品牌资产”。

不难看出，品牌资产是一种超过产品或服务本身利益以外的价值。在消费者心目中知名度高、认定的质量好并且品牌忠诚度高的品牌，其品牌资产就高。品牌资产通过为消费者和企业提供附加利益来体现其价值，并与某一特定的品牌紧密联系着。品牌资产的增大在消费者层面的效果可能是态度、知名度、品牌形象、品牌知识等方面的提升；在企业层面的效果可能是价格、市场份额、收益、现金流等方面的改进。某品牌给消费者提供的超过产品或服务本身以外的附加利益越多，则该品牌对消费者的吸引力就越大，从而品牌资产价值也就越高。如果该品牌的名称或标志发生变更，则附着在该品牌上的财产也将部分或全部丧失。表 8-2 表示 2011 年世界著名品牌的排名及其变化情况。表 8-3 表示 2010 年中国著名品牌的排名情况。

品牌学者艾格认为，品牌资产是一个系统概念，是由一系列因素所构成。包括：①品牌知名度，是指品牌被公众或目标消费者知晓、了解的程度，反映的是顾客关系的广度；②品牌美誉度，是指品牌获得公众信任、支持和赞许的程度；③品牌忠诚度，是指消费者重复购买使用某一品牌的消费行为；④品牌联想，是指消费者想到某一品牌时能记忆起的与该品牌相联系的信息，如所消费的社会阶层、使用场合、产品质量、品牌个性等。

**表 8-2 Interbrand 公司全球品牌资产排行榜**

| 排名 2011(2010)年 | 品　牌 | 品牌资产(10 亿美元)(2011 年) | 品牌资产(10 亿美元)(2010 年) | 增长率(%) |
|---|---|---|---|---|
| 1(1) | 可口可乐 | 71.8 | 70.5 | 2 |
| 2(2) | IBM | 69.9 | 64.7 | 8 |
| 3(3) | 微软 | 59.1 | 60.9 | -3 |
| 4(4) | 谷歌 | 55.3 | 55.3 | 27 |
| 5(5) | GE | 42.8 | 42.8 | 0 |
| 6(6) | 麦当劳 | 35.6 | 33.6 | 6 |
| 7(7) | Intel | 35.2 | 32.0 | 10 |
| 8(17) | 苹果 | 33.5 | 21.1 | 58 |
| 9(9) | 迪斯尼 | 29.1 | 28.7 | 1 |
| 10(10) | 惠普 | 28.5 | 26.9 | 6 |

**表 8-3 北京名牌资产评估事务所 2010 年中国最具价值品牌排行榜** 单位：亿元人民币

| 品牌 | 行业 | 品牌价值 |
|---|---|---|
| 海尔 | 家电 | 855.26 |
| 联想 | IT | 686.61 |
| 第一汽车 | 汽车 | 526.69 |
| 五粮液 | 酿酒 | 526.16 |
| 国美 | 零售 | 526.12 |
| 美的 | 家电 | 497.86 |
| TCL | 家电、IT | 458. 08 |
| 茅台 | 酿酒 | 312.60 |
| 青岛 | 啤酒 | 270.07 |
| 长安 | 汽车 | 270.06 |

## 四、品牌的类型

如前所述，有些产品系以无品牌的方式出售，称为同类产品(Generic Products)或同类品牌(Generic Brand)。这些产品没有品牌，只以产品类别来命名，如“纸巾”、“大白菜”、“维生素”、“花生酱”等。无品牌的产品通常可降低成本，但也常被顾客视为次等品。

除了无品牌的产品之外，品牌可以大致依所有权区分成制造商品牌(Manufacturer Brand)和私人品牌(Private Brand)两类。制造商品牌又称全国性品牌，是制造商拥有的品牌：如韶山(机车)、康师傅(饮料)、联想(电脑)，美国的戴尔(电脑)、三菱(汽车)，华为(通信)、丰田(汽车)等，都属制造者品牌。私人品牌又称商店品牌(Store Brand)或中间商品牌(Middleman Brand，Dealer Brand 或 Distributor Brand)，是中间商拥有的品牌。随着市场竞争日趋激烈和品牌作用为人们所认知，中间商对品牌的拥有欲望越来越强烈，近年来，中间商品牌呈明显的增长之势。许多市场信誉较好的中间商(包括百货公司、超级商场、服装商店等)都争相设计并使用自己的品牌。如美国的 Sears 百货公司也创造了若干私人品牌，包括电池(Diehard)、工具(Cransman)、家庭电器用品(Kenmore)、涂料(Weatherbeater)等。这些商品占了其销售商品的 90%。

一般而言，私人品牌，较之于制造商品牌，不太容易建立。但是私人品牌可具有较低的进货价格，可以让中间商获得较高的利润，并拥有该品牌的独家经销权。中间商也可根据其市场所需的规格订购产品，不必受制于制造商的产品规格，可更有效地满足特定市场的需要。

制造商品牌和私人品牌之间有时会有相互抢夺市场的竞争情事发生，这种竞争称为品牌战争(Battle Of The Brands)。私人品牌在品牌竞争中有许多优势：中间商可决定要购进什么产品？要把产品放在货架上的什么地方？要为那些产品做什么促销活动？零售商(Retailer)可以向私人品牌的制造厂商收取较低的上货架费(Slotting Fees)，使私人品牌可以较低的价格出售。为了对抗私人品牌的竞争，制造商品牌的厂商必须加强研究开发工作，不断开发新的产品品种，改进产品的品质，同时也要加强广告和促销，以维持顾客对制造者品牌的忠诚和偏好。

## 五、品牌名称的选择

一个良好的品牌名称对产品的成功有很大的帮助，但品名的选择或改变是一件费时费钱的事。美国新泽西州的标准石油公司将名称改为 Exxon 前，曾花费 1.2 亿美金的经费进行各项搜寻、测试和选择品名的工作，先后调查了 55 个国家和地区的风俗习惯，对约 1 万个预选方案几经筛选，才最终确定下来。台湾的宏碁电脑也曾花费可观的经费才选出 Acer 的名称。

制造商决定使用自有品牌时，有几种品牌名称决策可供选择。

(1) 个别品牌名称

每种产品都使用不同的品牌名称。美国宝洁公司的产品分别采用 Tide、Bold、Dash、Cheer、Gain、Oxydol、Duz 等品牌名称。

使用个别品牌名称的优点在于：某一种产品的品质较差或销售情形不佳时，不至于使整个公司的声誉或形象受到不利的影响。例如，制造高级音响或家电用品的厂商推出较低品质的音响或家电用品时,在采用个别品牌的策略下,可使公司原有的高级形象不致受到伤害。此外,个别品牌策略使公司可以根据目标市场和产品的特性为每一种产品找到合适而有吸引力的品名。

(2) 家族品牌名称

家族品牌名称策略有两种形式。

① 单一家族品牌名称(也称伞状品牌名称或统一品牌名称),即制造商的所有产品均使用同一家族品牌。如四川长虹公司的所有产品(电视机、空调、电池、洗衣机、影碟机、手机等)都以“长虹”为品名;日本本田(Honda)公司的所有产品(机车、汽车、滑雪车、割草机、雪地汽车等)均以本田为品名;美国的通用电器(GE)、吉列(Gillette)男用剃须刀产品系列、欧洲的菲利浦公司(Philips)均采用单一家族品名。

② 数个家族品牌名称,即制造商有多条产品线,不同的产品线分别采用不同的家族品名。如美国的 Swift 公司分别以 Premium 和 Vigoro 作为其火腿和肥料产品的家族品名。

使用家族品名时,可降低新产品投入市场的成本,如果制造商的品牌名称响亮,则可以较低的推广成本、在较短的时间内创造出新产品的知名度,并容易取得顾客的认同。

(3) 混合品牌名称

制造商也可采取公司名称加上个别产品名称的策略,即在每一个别产品名称之前一律冠上公司名称。例如,美国凯洛格(Kellogg)公司的 KelIogg′s Rice Krispies、Kellogg′s Raisin Bran、Kellogg′s Corn Flakes。

混合品名策略的优点是可利用公司名称告知顾客产品的制造商,而个别品牌名称则可用来塑造个别产品的特色或个性。

公司一旦决定其品牌名称策略之后,接着就要为其产品选择一个特定的品名。一个好的品牌名称应具有以下 7 个特质。

① 品名应与产品和公司的形象相一致。

② 品名应是法律上所允许的。品名不应侵犯到其他公司的注册商标。

③ 品名应考虑对目标市场的适合性。例如,小护士化妆品可能适合于年轻女性市场,对中老年女性市场恐怕不适合。

④ 品名应表现或暗示产品的利益。例如,索尼公司的随身听(walkman)、Sears 百货公司的 Craftsman 工具。

⑤ 品名应表现或暗示产品的品质。例如,566(乌溜溜)洗发精、奔驰轿车、“顺风”牌电风扇。

⑥ 品名应简短有力,容易发音和记忆。例如,旺旺食品、汇源果汁、汰渍(Tide)洗衣粉。

⑦ 品名应与众不同,引人注目。例如,野马汽车(Mustang)、柯达相机(Kodak)、步步高电话机。

### 六、包装设计

包装设计是指产品容器和包装材料之设计与制造。对许多产品(如化妆品)而言,包装可能是成功营销的关键之一。产品包装的目的有以下 3 种。

(1) 包装是功能性的。许多产品,如洗衣液、润滑油等必须装在某种容器中。而且,包装上有封印,以表示包装未被开封。

(2) 包装可用来促销产品。色彩斑斓且有吸引力的包装有助于突出产品。包装上的标签所提供的信息可帮助顾客辨识品牌,从而做出购买决定。

(3) 独特的包装是一种可使产品具备竞争的产品特色。

在制定包装决策时,必须考虑产品的特性。如果产品是易碎的,则包装的保护功能特别重要。如果产品是属于便利品,则包装应力求醒目,引人注意,使消费者容易在商店中发现此产品。要使包装一方面具有保护产品的功能,另一方面又方便实用,且具有吸引力,自然最为理想,但可能费用可观。因此,营销人员在制定包装决策时,应就包装的利益和成本之间做一均衡的考虑。

包装的角色日益重要,下列因素已使包装日益成为一种营销工具。

(1) 自助服务:愈来愈多的产品以自助服务的方式陈列在超级市场及折扣商店(Discount Store)中。它必须执行许多销售任务,它必须能吸引消费者的注意、描述产品的特色、创造消费者的信心以及建立一个美好的整体印象。

(2) 消费者富足:消费者逐渐富裕,他们愿意为较好的包装所带来的便利、美观、可靠性及名气而多付一些钱。

(3) 公司与品牌形象:许多公司认识到设计良好的包装具有瞬间辨认公司或品牌的力量。可口可乐公司的包装使得消费者一眼便能认出与其他品牌的差异。

(4) 创新机会:创新的包装可带给消费者许多利益,也会带给生产者大量的利润。例如,首先使用易拉罐装软性饮料的公司吸引了许多新的顾客。

标签是包装的一部分,它可能是附在产品上的简单签条,也可能是经过精心设计的图案。标签有若干功能:标签可辨识产品或品牌,如 Sunkist 的名称印在柳橙上即有辨识的功能;标签也可将产品划分等级,如罐装桃子分别以 A、B、C 三种标签来分等级;标签也可以用来描述有关产品的一些信息,如产品的制造者、生产地、制造日期、制造成分、使用方法以及如何安全地使用等;最后,标签也可凭借其具有诱惑力的图案来达到促销产品的效果。

## 8.4 产品组合决策

### 一、产品组合的意义

由于市场竞争激烈,营销费用的投资相当庞大,为有效分摊不断上涨的营销费用,厂商往往倾向于销售多种产品项目或若干条产品线(Product Line)。

产品组合(Product Mix)也称产品搭配(Product Assortment),是指一特定厂商所销售的所有产品线或产品项目。图 8-3 呈现了中国著名的娃哈哈公司的产品组合。

产品线是指产品组合中一群关系密切的产品,这群产品可能功能相似,或卖给同一顾客群体,或通过同一分销渠道,或在相同的价格范围之内。而产品项目是指一产品线中的一项特定产品,它可依大小、价格、外观或其他特征而与产品线中的其他产品有所区分。

以统一企业为例,它的产品组合中包括面粉、面包、色拉油、饲料、果汁、鲜奶、奶粉、乳制品、电池、电脑、电子零件等多条产品线;而每一条产品线中又包括多种产品项目,例如面粉有高筋力、低筋力等两种面粉,果汁有杨桃、百香、芭乐、芦荟、甘蔗、洛神花等多种果汁。

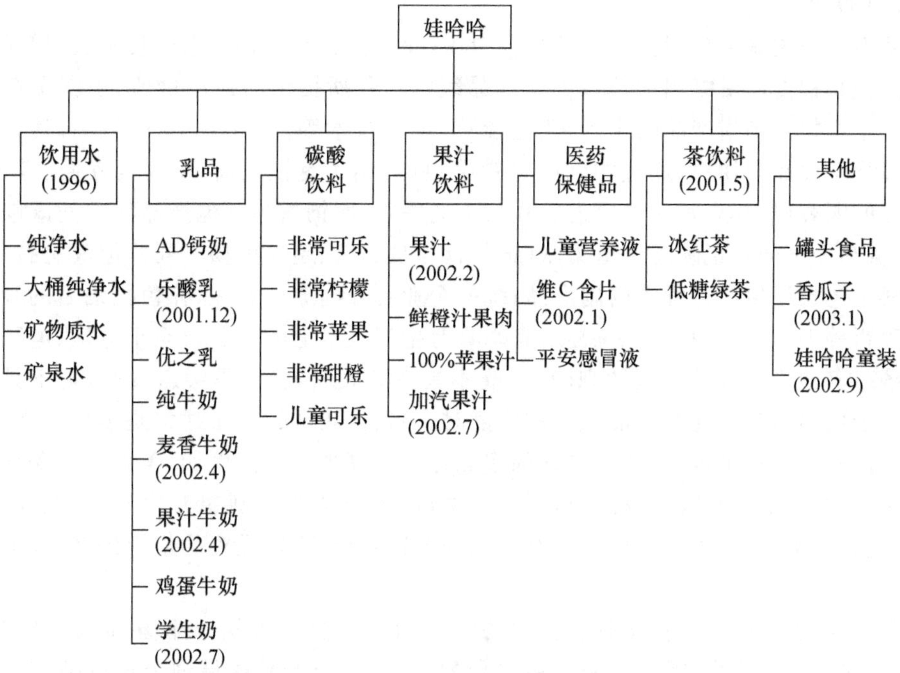


**图 8-3 娃哈哈公司的产品组合图**①

## 二、产品组合的要素

当我们考察一家公司的产品组合时，可以广度（Width）、长度（Length）、深度（Depth）及关联度（Consistency）等 4 个重要的维度来描述。

（1）广（宽）度

产品组合的广（宽）度是指公司拥有的产品线数目。例如，东菱音响公司只生产音响一条产品线；而夏普公司有彩色电视机、冷气、洗衣机、音响、电冰箱及微波炉等多条产品线。图 8-3 所示的娃哈哈公司有饮用水、乳品、碳酸饮料、果汁饮料、医疗保健品、茶饮料等 8 条主要产品线。较广的产品组合广度使制造商对其经销商的谈判议价能力较强，对经销商的控制力也较大。例如，东菱公司的产品可能无法在专卖店销售，而必须通过各种家电行（兼卖店）出售，而夏普公司则可利用专卖店来销售；这是产品组合广度较大所带来的经营优势。

（2）长度

产品组合的长度是指公司所销售之产品项目的总数。例如，图 8-3 所示的娃哈哈公司的乳品产品线有 8 个产品项目；碳酸饮料产品线有 5 个产品项目；果汁饮料产品线有 4 个产品项目；茶饮料产品线有 2 个产品项目。

（3）深度

产品组合的深度是指产品线中每一产品有多少种变形。例如，宝洁公司的 Crest 牌牙膏有三种尺寸和两种形式（软膏和冻胶），则 Crest 的深度为 6。计算各品牌内的变形数目，便可算出宝洁公司产品组合的平均深度。

① 此图引自娃哈哈公司网站.

(4) 关联度

产品组合的关联度是指企业产品组合中各产品线在最终用途、生产技术、分销渠道或其他方面的关联程度。最终用途是指各个产品线的产品所提供的使用价值，也就是产品的核心内容。生产技术则指产品的生产、工艺流程、加工技术等。以统一企业为例，其大多数产品线均属日常食品和饮料，通过相同的分销渠道（食品大盘批发商、中盘批发商、零售商）卖给相类似的顾客群，具有很大的渠道关联与市场关联；而饲料与其他产品线之间既缺乏市场关联（牲畜与人不同），也缺乏渠道关联（饲料行与食品店、超级市场不同），但其有技术关联，因为饲料是色拉油生产过程中的副产品；统一企业自外国进口黄豆，榨色拉油后的豆渣可用以生产豆饼等饲料，故饲料与色拉油二者间具有生产技术上的关联。至于电池、电脑与电子零件与统一其他产品线的一致性则较低，既不具市场关联，也不具渠道关联，更不具技术关联。企业走向多角化扩充其产品组合的广度时，一致性较低的扩张通常是事倍功半、吃力而很难讨好的事。反过来说，一致性较强的多元化则常事半功倍。例如，美国一家著名的烟草公司摩理斯(Morris)，收购了啤酒公司（顾客关联、渠道关联）、刮胡刀片公司（顾客关联、渠道关联）与口香糖公司（渠道关联），可充分发挥营销渠道、广告投资的规模经济，并产生整合效应。

产品组合的这 4 个因素有助于公司的产品策略。公司可从 4 个方面来扩展其业务：① 公司可增加新产品线，因而增加产品组合的广度，使新产品线借助公司其他产品线的声誉而有可能兴盛；② 公司可以加长目前的产品线，成为产品线更完整的公司；③ 公司可增加各产品的变形，以加深其产品组合；④ 公司追求较关联或较不关联的产品线，要根据公司是否要在单一领域或在若干领域中建立强有力的声誉而定。

## 三、产品组合状态分析

由于市场需求和竞争形势的变化，原来选择的产品组合中的每个产品项目，必然会随着变化的市场环境而发生变化，一部分产品获得较快成长，一部分产品继续取得较高的利润，也有一部分产品日趋衰落。为此，企业需要经常分析产品组合中各个产品项目或产品线销售增长率、利润率和市场占有率，判断各产品项目或产品线上的潜力或发展趋势，以确定企业资金的投放方向，做出开发新产品和剔除衰退产品的决策以调整其产品组合。所以，所谓产品组合动态分析是指企业根据市场环境和资源条件变动的前景，适时增加应开发的新产品和淘汰应退出的衰退产品，从而随着时间的推移，仍能取得最大利润的产品组合。

西方营销学经常大量使用以下两种分析方法来实施产品组合动态管理，以求达到最佳产品组合。

### 1. 波士顿矩阵法

波士顿矩阵法是 20 世纪 70 年代初由美国著名的管理咨询公司——波士顿咨询集团（简称 BCG）创立的。这种方法对企业经营的所有产品用“市场成长率—市场占有率矩阵”（即波士顿矩阵）进行分类。如图 8-4 所示。

该矩阵图中的纵坐标是表示市场增长率，一般以 10%为分界线，10%以上为高市场增长率；10%以下为低市场增长率。横坐标为相对市场占有率，即本企业的某产品与同行业中最大竞争者的市场占有率之比。如果相对市场占有率为 0.2，表示该产品的市场占有率为同行业中最大竞争对手产品的市场占有率的 20%；如果产品的相对市场占有率为 2.0，这表示企

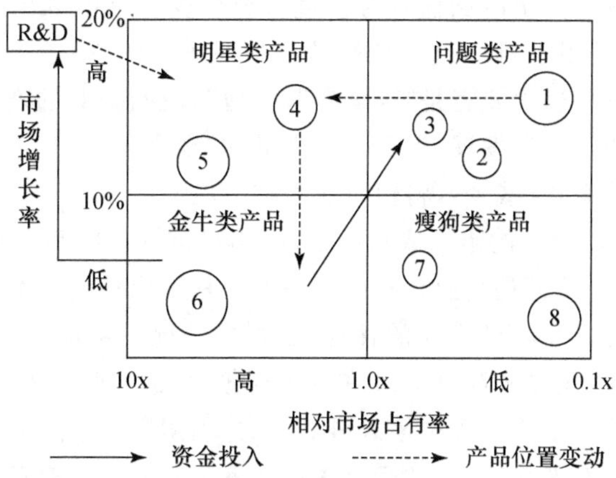


**图 8-4 波士顿矩阵图**

业的该产品是市场领先者，它的市场占有率为名列第二位的竞争对手产品的市场占有率的2倍。相对市场占有率以1.0为界分为高、低两部分。

用以上指标分割增长率及占有率矩阵后，可将所有产品的市场地位分为4种类型，如8-4图所示。矩阵图中8个圆圈的圆心在矩阵图中的位置，是由该产品的市场增长率和相对市场占有率的值确定的。圆圈的直径(图上反映为圆圈的大小)，代表该产品的市场销售额。下面就这4种类型的产品特征进行分析。

(1) 问题(Question)类

这类产品的特点是具有较高的市场增长率，但其相对市场占有率很小。这类产品的存在具有两种原因：一是它们现在的市场需求发展较快，而企业在这些产品项目上，过去的投资额较少，因而其市场占有额小；二是企业经营的这类产品，比之竞争对手经营的相同产品来说，可能缺乏竞争优势，所以属"问题类"产品。对于企业来说，如果要进一步发展，需要进行大量的资金投入，决策时所应考虑的是，如果在这些产品上继续增大投资，而最终不能使企业获得一个有力的市场竞争地位的话，资金的投入将无法收回或者不能达到预期的投资回报率，所以需要企业认真地考虑是投入大量的资金来增强其竞争实力抑或是立即放弃这类业务。

(2) 明星(Star)类

明星类产品是企业在当前经营得比较成功，具有市场领先地位的产品。这类产品有很高的市场需求，因而具有很高的市场增长率；而且，企业已经取得了市场的领先地位。但是，明星类产品是需要企业投入大量的资金来保持其高速增长和巩固其市场竞争地位，以击败可能的进攻者。所以，"明星类"产品是企业的现金消耗者而不是现金生产者，需要占用或投入较多的资金。当"明星类"产品的地位稳固后，它就可以成为企业的高赢利项目。如果企业没有适量的"明星类"产品，其发展前景堪忧，即企业缺乏"后劲"。

(3) 金牛(Cash Cow)类

金牛类产品的市场增长率已不高，表明这类产品在市场上可能新进的消费者数量已不会多了，产品进入了成熟期。但是，企业经营的这类产品，有最强大的市场竞争地位，拥有很大的市场份额，称之为"现金牛"，就是比喻这类产品已不需要企业再对其投入大量的资金，而是从这类产品身上得到大量的回流现金。通过金牛类产品收入的现金，或是用于企业当前的现金开支所需，或是用于对“明星类”产品和需要发展的“问题类”产品的资金投入。如果企业的“现金牛类”产品过少或者是“现金牛”过“瘦”，说明企业的产品组合是不健康的，因为为了维持企业现在的生存和发展，需要依靠少量的“现金牛”的现金收入，如果市场对这类业务的需求发生突然的变化(减少)，将使企业面临危机。

“狗(Dog)类”。这类产品的市场成长率很低，相对市场占有率也很小。“狗类”产品是进入了市场衰退期的产品，或者是企业在营销中基本上是不成功的产品，或者这类产品不具有和竞争对手竞争的实力。“狗类”产品的存在，在很多情况下可能是由于企业过去成功地经营过该项产品，甚至是企业过去起家时或在发展时期曾给企业带来过辉煌业绩的产品。因此，保留这些产品，往往是主要管理决策人员的“感情因素”在起作用。由于“狗类”产品占用了企业的资金而又没有发展前途，因此需要决策者下决心放弃这类产品，尤其是“狗类”产品太多时，必须坚决地加以清理。

把企业经营的各项产品在矩阵图上定位后，需要对企业的产品组合是否正常、其状态是否健康进行分析。主要从两个方面分析：① 从静态上看，在“BCG”矩阵中的产品组合分布中，如果有太多的“狗类”和“问题类”产品，而“明星类”和“金牛类”产品太少，企业现有的经营产品组合就是不健康的，尤其是当“现金牛类”产品过少且又过小时，企业在当前就处于不利的状态之中。图 8-4 反映的正是一个不太健康的经营投资组合业务情况。② 从动态上看，当前所形成的“BCG”矩阵图，实际上只是一个静态图。成功的产品也有生命周期，它们从“问题类”产品开始，继而成为“明星类”产品，然后成为“金牛类”产品，最后变成不景气的“狗类”产品。所以，企业应将当期的矩阵图与过去的矩阵图进行比较，同时还要对各类产品在未来的矩阵图中的可能的变化情况做出预计，才能做出正确的投资决策。如果某项现处于图中“问题类”的产品，如果在上期是处于“明星类”象限中，而上期企业又对其作过较大的投资，说明这一产品并没有按企业预期的要求发展取得成功，这或是反映了投资的失误，或是反映出竞争对手的营销策略更为有效。因此，企业应就失误的方面进行检查，以便纠正投资错误或避免在本战略周期内再出现同样的错误。

企业可以利用“BCG”矩阵图中所反映的产品的现有发展情况进行投资决策，以便决定哪些产品是需要增加投资，哪些产品不应再投资、甚至需要收回投资。“BCG”法所使用的营销战略有以下 4 种。

第一，发展(Build)。发展战略意味着要对某项产品进行追加投资，主要的目的是为了扩大该产品的市场占有额，提高其市场竞争力，甚至是不惜放弃短期收入和赢利来达到这一目的。发展战略主要是用于确有市场需求增长潜力和竞争实力的“明星类”产品。

第二，维持(Hold)。该战略是指保持某一产品的现有市场占有率，既不缩减其规模也不再扩大其规模。维持战略主要适用于强大的“金牛”，使之继续产生大量的现金流转量。

第三，收割(Harvest)。收割战略的目的是增加短期的现金流量，而不考虑对某项产品的长期地位的影响。这一战略适用于较弱的“金牛”和那些目前还有利可图的“问题”与“狗”类产品。

第四，放弃(Divest)。放弃战略意味着对一项产品立即进行清理和歇业，将其占用的非现金资源(如设备、生产线或产成品的存货)进行出售或拍卖，目的是收回该产品所占有的全部资金，将其用于其他需要发展的产品，或是更有利的投资领域。

2. 通用电器公司法

通用电器公司法简称 GE 法，这是对 BGC 法的一种改进。由于 BGC 法在给企业的各类产品制定目标时仅仅考虑了销售增长率和市场占有率，在某些情况下，可能过于粗略。如果再考虑一些其他因素，则可能做出更为缜密的决策。这种由通用电器公司首先采用的更详细的产品组合规划的工具称为“多因素投资组合矩阵”，或称“九象限分析法”，如图 8-5 所示。

图 8-5 中，纵轴表示行业吸引力。除市场增长率外，还考虑了市场规模、利润率等 6 个影响吸引力的因素。企业也可给上述因素以不同的权数，然后就企业现有的产品行业，评出一定的分数，以判定其企业的优势，本例中企业优势分为强、中、弱三等。

多因素投资组合矩阵共划为 9 个方格，并分为 3 个区。落在左上方 3 个方格的产品具有高度吸引力及高度企业优势，因此，企业应对它进行增加投资寻求成长；落在左下到右上对角线的 3 个方格产品，代表具有中度吸引力与中度企业优势，企业应维持该产品的市场占有率，不必考虑予以增减；落在右下方 3 个方格的产品，代表具有低吸引力和低企业优势，企业可慎重考虑，对其采取“收获”或“放弃”的策略。

图 8-5 上 4 个圈代表企业现有的产品行业，各圆圈的面积，与它们所属的行业市场的大小成正比，圆圈内的斜线表示市场占有率。例如，A 圆圈表示 A 产品行业、市场最大，其吸引力高，企业优势强，市场占有率为 65%，企业应对其增加投资寻求发展。又如 D 圆圈，尽管处于右下角，但市场占有率大，可采取收获策略。

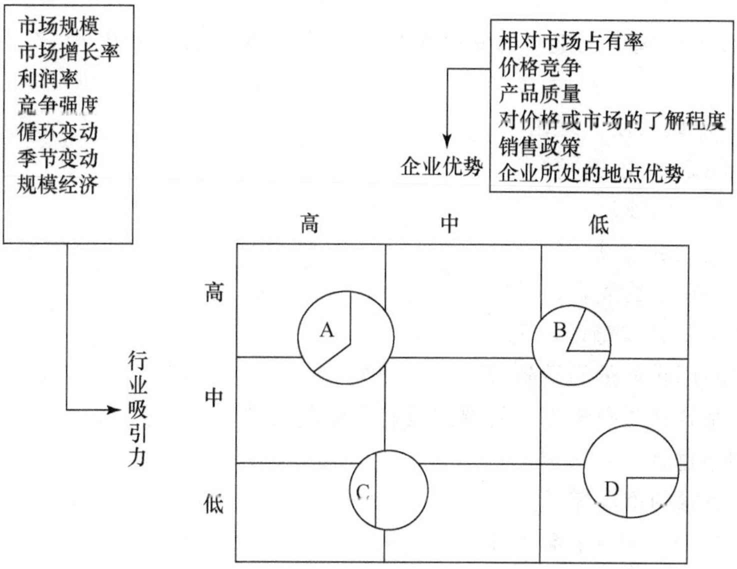


图 8-5 九象限分析法

## 8.5 产品线决策

产品组合下的每一条产品线都要有其特定的营销策略，许多企业分别指派专人负责管理每一条产品线，称为“产品线经理”。产品线经理应分析产品线中每一个产品项目的销售额、利润及竞争状况，并负责有关产品线长度(Product Line Length)和产品线延伸(Product Line Stretching)的决策。

## 一、产品线长度

产品线经理的首要课题是要决定产品线的长度。产品线长度是指产品线中产品项目的多寡。如果增加一些产品项目可以提高整条产品线的利润，可能表示产品线太短；如果减少一些产品项目可以提高整条产品线的利润，可能表示产品线太长。

如何才是产品线的适宜长度，要依据公司的目标来定。如果想要成为一个产品线齐全的公司，或者要求较高的市场占有率和市场成长率，那么产品线的长度通常就该长一点，即使有些产品项目未达到适当的利润水平也在所不惜。如果公司比较重视短期获利率，或较不在乎公司在产业中的市场占有率，那么产品线就可短一点，通常只要包括那些较赚钱的产品项目就行了。

另外，产品线长度也常会因产品生命周期的演进而有所变化。在产品成长阶段，由于市场成长快速，但竞争逐渐激烈，为扩大市场占有率，往往需要增加产品项目，使产品线增长；一直到成熟期、衰退期以后，由于市场饱和，利润减少，产品项目会逐渐减少，使产品线愈来愈短。

对产品线长度的调整主要有增加和减少两种方式。

### 1. 增加产品线的长度

增加产品线的长度应视生产的变化和竞争状况、资金的合理利用、生产技术的充分发挥等综合考虑。

(1) 增加产品线长度的理由

① 增加及稳定企业的收益

a. 避免季节上的波动；

b. 避免周期性的波动；

c. 减少需求衰退的危险；

d. 降低成本及总体管理费用。

② 有效地利用企业的经营资源

a. 灵活并充分利用技术部门的偶然或有意识的发明；

b. 充分利用过剩的生产能力；

c. 填补被遗漏的市场需求；

d. 充分发挥企业拥有的独特技术；

e. 合理利用副产品；

f. 充分发掘现有的人力资源。

③ 提高营销效果

a. 吸引新的分销渠道及提高现有渠道的经销产品的积极性；

b. 满足顾客需求及增加商标的价值；

c. 通过销售额的增加使销售费用率下降，实现规模经济。

(2) 增加产品线长度的方法

① 增加一种产品的规格。这时往往以不改变产品的品质及价格为最常见。如为了满足某些运动员体大身壮的需要,增加大尺寸的衣物的生产。

② 增加同一种产品的价格档次。这是小汽车、钢琴、金笔等产品经常使用的方法,即拉开产品的档次。

③ 向产品项目定位图中的空挡发展。增加项目数可以通过发掘尚未被满足的那一部分需求来进行。由于竞争对手不存在,抢先占领市场的可能性较大。

④ 向产品项目定位图中的薄弱环节扩展。寻找竞争对手不稳定的产品,然后对症下药,开发新的产品。

2. 缩短产品线的长度

有时候,缩短产品线的长度反而会使产品线的总利润上升,这是因为削减了占利润比重很小的项目可以节约成本,集中优势发展占利润比重大的项目。

削减产品线的产品项目主要针对以下两种产品:

(1) 削减利润很低或者即将亏损的项目,这是为了集中精力经营好利润高的品种;

(2) 削减竞争中处于劣势的产品项目,这是因为发现竞争对手在相同的项目中占有很大的优势,而本企业的项目不断地走下坡路,并且无法通过努力与之抗衡,这样可以避免无益的投入。

## 二、产品线延伸

企业的产品线通常只在某个范围内扩展。产品线延伸意指加长产品线,使其超出现有的范围。

产品线延伸有向下延伸(Downward Stretch)、向上延伸(Upward Stretch)和双向延伸(Two-way Stretch)等 3 种不同的方式。

1. 向下延伸

许多企业往往先发展较高端的产品,然后渐渐增加低端的产品。企业决定将其产品线向下延伸,在市场上推出比较低端的产品,其原因包括:① 高端产品受到攻击,因此企业决定以牙还牙,发展较低端的产品;② 发现较低端产品的成长速度较快,因此决定向下延伸,例如,施乐(Xerox)公司长期统领中型和大型复印机市场,但它在 20 世纪 80 年代后期因看到小型复印机市场的成长远比中、大型复印机市场快,再加上竞争因素的考虑,因此决定推出小型复印机;③ 企业原先发展高端产品只是要树立品质优良的形象,因此一旦时机成熟,就向下延伸产品线;④ 企业增加一些较低端的产品,以弥补市场防线上的漏洞,避免吸引新的竞争者进入市场。

但是,向下延伸会使企业面临一些风险:第一,推出较低端的产品可能会使原来高端产品的市场更加缩小;第二,推出较低端的产品可能迫使竞争者转向高端和新产品的开发;第三,中间商可能不愿意经营低端的产品。

2. 向上延伸

原来生产较低端产品的公司也会朝较高端的产品发展。产品线向上延伸的原因如下:① 较高端产品的成长率或边际利润可能较高;② 公司希望其产品线能涵盖所有低、中、高端的产品，使公司成为一家具有完整产品线的公司；③ 公司为了提高其现有产品的声誉而将其产品线向上延伸。

向上延伸会使企业面临一些风险：第一，发展高端产品可能促使原来生产经营高端产品的企业采取向下延伸的策略，从而增加了自己的竞争压力；第二，消费者可能对企业生产经营高端产品的能力缺乏信任；第三，原有的推销人员和经销商可能没有推销高端产品的足够技能和经验。

3. 双向延伸

原来以制造中端产品著称的企业在一定的条件下向高端和低端两个领域扩展，采取双向延伸的策略。这种策略的目的是加强企业的竞争地位，取得市场的领先地位。德州仪器公司曾在掌上型计算机市场上采取双向延伸的策略。在德州仪器公司进入此市场之前，鲍玛公司(Bowmar)在低价格、低品质的产品上居支配地位，惠普公司(HP)则在高价格、高品质的产品上居支配地位。德州仪器的第一台计算机是以中等价格、中等品质进入市场，然后逐渐朝上下两方向延伸。它以和鲍玛产品相同甚或较低的价格出售比鲍玛产品品质更好的计算机，最后将鲍玛打得一败涂地。然后它又设计出一批高品质的计算机，以远比惠普产品低的价格出售，抢走了一大片市场。德州仪器利用这种双向延伸策略，终于在掌上型计算机市场上取得领导者的地位。

## 8.6 服务营销

除了有形的货品之外，无形的服务也是可以营销的对象，服务也需要营销。

### 一、服务的性质与分类

服务业涵盖的范围很大。政府部门的司法机构、就业服务机构、金融机构、医疗机构、警察及消防机构、邮政机构、立法机构以及学校等都属服务业。民间的非营利事业，如博物馆、慈善机构、宗教团体、大学、基金会及医院等，也均属服务业。在营利性企业中也有相当大的一部分，如航空公司、银行、电脑服务公司、旅馆、保险公司、会计事务所、法律事务所、管理顾问公司、医院、广告公司、电影公司以及房地产中介公司等，也同属服务业。

服务业不但包括许多传统的行业，而且随着社会的进步和人们对于生活品质要求的提高，许多新兴的服务业不断应运而生。例如，介绍未婚男女互相认识的婚姻介绍所、负责为商业大楼提供清洁服务的清洁公司、为团体或个人安排旅游计划的旅行社、为公司和住家提供警卫服务的保安公司等，都是新兴的服务业。

服务业提供给顾客的往往不是有形的产品，而是无形的服务。服务是指一项行动或一项利益，由一方向他方提供，在本质上它是无形的，也不产生任何所有权的转移。服务的产生可能与某一实体产品有关，也可能无关。诸如租用旅馆客房、在银行存钱、搭乘火车、搭乘飞机、到学校进修、向管理咨询公司讨教经营良方、找医生看病、理发、修理汽车、看球赛、欣赏电影、干洗衣服、向律师请教法律意见等，都是在购买一项服务。

服务通常可分为设备基础的(Equipment Based)服务和人员基础的 (People Based)服务等两类。设备基础的服务是指需要以设备为主的服务,如自动贩卖机、自动洗车服务等;人员基础的服务则是指主要由非技术工人、技术工人或专业人员提供的服务,如理发、美容、会计服务、法律服务等。

## 二、服务的特性

服务有 4 个特性,即无形(Intangibility)、不可分割(Inseparability)、易变(Variability)和不可储存(Perishability)。

在制订营销方案时必须考虑这 4 个特性。

### 1. 无形

服务是无形的。换言之,服务在购买之前是看不见、摸不着、听不到,也嗅不出来的。例如,一位学生前往外语补习学校学外语,在接受此项语言教学服务之前他看不见学习的结果;一位病人前往医院看病,事先也不知道医疗服务的结果。因此,服务的购买者必须对提供服务的人具有信心,才会去购买那项服务。

为了增强服务的购买者对服务提供者的信心,减少购买服务的不确定性,下述是服务厂商可采取的一些做法。

① 设法将无形的服务予以有形化。例如,减肥中心常常以顾客接受减肥服务前后身材的变化作为广告的基本题材。

② 强调服务产生的利益,而不仅是介绍服务的内容。例如,大学的招生广告不能只是介绍学校的师资、课程和校园生活而已,还应多谈毕业校友的成就。

③ 对所提供的服务冠上品牌名称,以建立品牌忠诚度。例如“广雅中学”、“新东方英语培训学校”等。

### 2. 不可分割

服务与服务的提供者是无法分割的,不论提供者是人或是机器。例如,中国当今流行乐歌手“刀郎”演唱会,其娱乐价值便无法与刀郎本人分开;如果主持人临时宣布“刀郎”因身体不适不能前来演唱,而请另一位流行乐歌手来代替,那就不是同样的“服务”了。因此,某项服务虽然广受大众欢迎,但却往往受限于服务提供者的时间而无法大量供应。此种限制可以用两种方式来改善:

① “服务”复制。例如,将惠妮·休斯顿演唱会拍成录影带或影碟,大量销售。

② 加快服务速度,以提高供应能量。例如,有名的医生将诊断每位病人的平均时间减少,从 30 分钟缩短到 15 分钟,则诊断病人的人数便可提高一倍。不过这种做法或多或少会降低服务的质量。

### 3. 易变

服务通常具有高度的可变性。同一项服务,不但会因服务由“何人”提供而不同,也会因服务于“何时”及“何处”提供而变化。例如,同样是“回娘家”这首歌,名歌手朱明瑛唱出来和由其他歌手唱出来,韵味很可能就不一样;而同样是朱明瑛本人,也可能因为她歌唱时的身心状态及临场环境而有所差别。由于服务的质量具有高度的变化性,因此,服务商应加强对服务质量的控制。提供服务的厂商常采用三个步骤来控制服务的质量。

① 投资在良好的人力资源选用和训练。航空公司、银行和旅馆常对员工培训耗费巨资，希望能提供良好的服务。

② 将整个组织的服务过程予以标准化。可准备一份服务流程图，以流程图说明服务的事项和过程。

③ 监听顾客的满意度。通过建议制度、抱怨申诉制度、顾客调查及比较采购等来发现和改正不良的服务。

4. 不可储存

服务不像实体产品一样可以储存，服务是不能储存的。各项交通运输工具不会因为非高峰时段乘客人数少而可将多余的座位储存起来，供高峰时段使用。旅馆、演播厅、电影院也不会在顾客人数较少的季节或时段减少其房间或座位的供应。因此，当市场需求量变化很大时，对服务业是一项非常严重的挑战。如果依据平均需求量来安排生产能力，将造成高峰时段的供应不足：如果依据高峰需求量来规划生产能力将会造成非高峰时段的生产能力的过剩。因此，通过营销手段减少高峰和低谷时需求水准的差距，往往是服务提供者可以采取的做法。以下是促进供需平衡的一些建议。

(1) 需求方面

① 运用差别定价(Differential Pricing)将高峰时段的部分需求转移到低谷或非高峰时段。例如，电影院可降低早场票价、租车公司在周末时给予顾客折扣价格。

② 开发非高峰时段的需求。例如，麦当劳快餐店开发早餐服务、旅馆业在周末时举办小假期活动。

③ 在高峰时段增设辅助性的服务，使顾客在等待时可有其他的活动。例如，餐厅内设置酒吧间以方便等候用餐者。

④ 预约制度是管理需求水准的一种方法，常用于航空公司、旅馆及医师。

(2) 供给方面

① 在高峰时段聘用兼职人员以应对高峰需求。例如，大学在学生人数增多时聘用兼任教师、餐厅在高峰时段招募临时服务员。

② 在高峰时段使用高效率的服务方式。例如，在高峰时段内仅提供必要的服务、医师忙碌时由实习医生协助医师。

③ 增加消费者参与。例如，胃病患者自行填写病历资料、消费者将采购的货物自行装袋。

④ 建立共同服务。例如，若干家医院共同采购某些医疗设备。

⑤ 有关设施预留未来扩充的余地。例如，游乐区购进周围的土地以备将来扩充之用。

## 本章复习思考题

1. 营销学中的产品是指什么？产品分为几个层次？
2. 产品的分类是怎样的？如何分析产品组合？如何分析产品线？
3. 什么是品牌？什么是品牌资产？品牌的功能有哪些？品牌的名称有哪些？
4. 服务的概念是怎样的？有何特性？如何进行服务营销？

# 第九章　新产品开发与产品市场生命周期

本章学习要点

1. 掌握新产品的概念；
2. 掌握新产品的开发过程及新产品的采用过程；
3. 掌握产品市场生命周期的概念；
4. 掌握产品市场生命周期的阶段和策略。

为了要维持在市场上的竞争力和获利力，营销商必须不断开发新产品。对那些市场动态性高的产业，如时装、电脑软件、移动电话等产业，新产品开发尤其是一项重要的营销工作。新产品一旦开发上市之后，如同人的生命有婴幼儿、少年、青年、壮年和老年的周期一样，也会随着该产品在市场上被接受的程度、竞争者的加入和顾客的使用情况等因素，而使新产品的销售量和利润出现一些阶段性的变化，此即营销人员所说的产品市场生命周期(Product Life Cycle，简称 PLC)现象。

## 9.1　新产品发展的过程

营销商固然需要不断开发新产品，但新产品开发的风险是很大的，新产品的失败率是很高的。据估计，包装商品的新产品失败率达 80%，新的金融产品和服务(如信用卡、保险计划经纪服务等)的失败率也同样的高。

为何新产品会惨遭失败？造成新产品失败有以下若干因素：虽然营销研究的发现是否定的，但高层管理者仍坚持将新产品创意开发上市；虽然新产品创意不错，但却高估了市场规模；实际产品的设计不好；新产品在市场上的定位错误、广告无效或定价过高；新产品发展的成本比预期的成本高；竞争者的反击比预期的更为激烈。

新产品开发过程是一项新产品在正式进入市场前所经历的过程。新产品发展的过程，如图 9-1 所示，包括创意产生、创意筛选、概念开发与测试、商业分析、产品开发、试销和商品化。

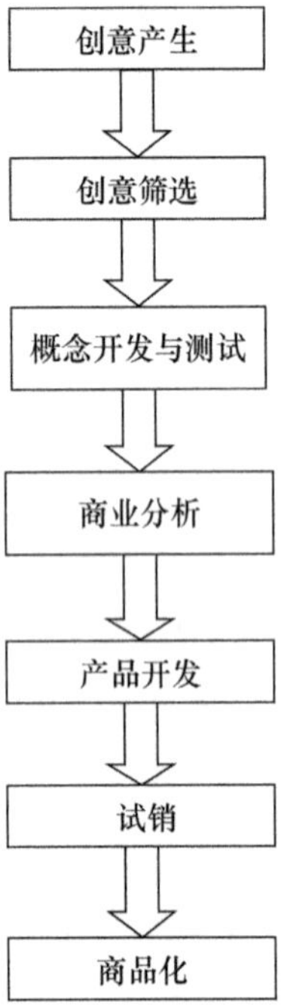


图 9-1 新产品开发的流程

## 一、创意产生

新产品开发过程的第一个步骤是用系统的方法来产生新产品的创意，并将新产品创意告知有关人员和部门，新创意的来源，有内部来源，也有外部来源。内部来源主要包括研发部门、销售部门、生产部门、工程部门和其他主管。外部来源则包括顾客、学术期刊、学术研究机构、竞争者、经销商、政府机构、广告代理商、供应商等。市场导向（而非纯技术导向）的厂商通常在新产品发展的早期即让顾客参与整个过程。

好的新产品创意常是灵感、努力与技术的结晶。若干“创造力”（Creativity）方法可协助个人或群体产生较好的新产品创意。这些方法包括以下六种方法。

① 属性列举法：将现有产品的主要属性予以列举，然后一一修正每一属性，以找出一种改良的产品。

② 强迫关系法：列出若干事物，然后考虑每一事物与其他事物之间的关系，以找出新产品的创意。

③ 结构分析法：找出某一问题的结构性因素，然后考察它们之间的关系。

④ 需要/问题确认：以消费者为起点，由了解消费者有关需要、问题与创意的想法开始，产生新产品的创意。

⑤ 脑力激荡术：用 Alex Osborn 开发出来的脑力激荡技术来激发群体的创造力。

⑥ 逐步激荡法：William Gordon 认为脑力激荡术往往在没有开发出足够的可能想法之前就太快地下结论，所以需开发出这样一种新的技术——逐步激荡法。先对问题做广泛的界定，使参与群体对特定问题一无所知，然后让群体海阔天空，提出尽可能多的想法，再逐步缩小问题，得出答案，以避免太快下结论。

## 二、创意筛选

创意产生的目的在于创造大量的新产品创意，而往后的每一个步骤则都要减少创意的数目，以获得少数吸引人且可行的创意以供进一步的分析。删减创意数目的第一个步骤是创意筛选。

营销人员筛选创意的方法很多。有人利用他们自己的经验和判断来进行筛选，这是非正式的筛选；有人则利用查核表、评价法、经济分析或其他较正式的方法来进行筛选，这是正式的筛选。营销人员进行创意筛选时通常要考虑潜在市场的大小、竞争环境、技术和生产的要求、财务的影响以及与公司现有产销作业的配合程度；也要考虑相关的法律问题，如新产品创意会不会侵犯到其他公司的专利权、著作权或其他知识产权。

拒绝好的创意将会丧失市场机会，而接受不好的产品创意则将浪费后续努力所投注的人力及成本。在很多情况下，一项产品创意遭到淘汰并不是因为它不好，而是因为它与公司的目标、策略或资源无法配合或是会侵犯他人知识财产权。

西方许多企业都采用评价表（如表 9-1 所示）的方式甄别创意。

表 9-1 中第一栏是评估因素，列举某种新产品成功地进入市场所必备的条件，如公司信誉、营销能力、研究与开发、人员、财务、生产、位置和设备、材料供应等。第二栏是按照各种条件的不同重要程度分别规定不同的权重。第三栏对某种新产品成功地投入市场的能力打分，并计算出加权分值。把各加权分值相加，便得出该产品成功地投入市场的能力的总分值，然后再根据一定的标准(如 0～0.4 为劣；0.41～0.75 为中；0.76～1.00 为良)对所计算出的各种新产品的能力分值划分等级。根据这种等级把各种创意排列起来，并从中选择最可行或比较可行的创意。

**表 9-1　新产品创意评价表**

| 产品成功的必要条件 | 权重(A) | 公司的能力水平(B) | | | | | | | | | | | 打分(A×B) |
|---|---|---|---|---|---|---|---|---|---|---|---|---|---|
| | | 0.0 | 0.1 | 0.2 | 0.3 | 0.4 | 0.5 | 0.6 | 0.7 | 0.8 | 0.9 | 1.0 | |
| 1. 公司信誉 | 0.15 | | | | | | √ | | | | | | 0.075 |
| 2. 市场营销 | 0.15 | | | | | | | | √ | | | | 0.105 |
| 3. 研究与开发 | 0.25 | | | | | √ | | | | | | | 0.1 |
| 4. 人员 | 0.20 | | | | | | | √ | | | | | 0.12 |
| 5. 财务 | 0.10 | | | | | | √ | | | | | | 0.05 |
| 6. 生产 | 0.05 | | | √ | | | | | | | | | 0.01 |
| 7. 位置和设备 | 0.05 | | | | | √ | | | | | | | 0.02 |
| 8. 采购和供应 | 0.05 | | | | | | | | √ | | | | 0.035 |
| 总计 | 1.00 | | | | | | | | | | | | 0.515 |

### 三、概念开发与测试

通过筛选的新产品创意应进一步发展为可测试的产品概念，即所谓的产品概念开发或概念开发。产品概念是对新产品的属性及其所提供的利益所做的描述。产品概念与产品形象是不同的，产品形象是指顾客对实际或潜在产品的感受或看法。

产品概念开发出来之后，应邀请目标市场的顾客来进行概念测试(Concept Testing)，以找出不同的产品概念对顾客的相对吸引力，并选出最好的产品概念。

假定东风汽车公司想要将其实验的电动汽车上市，它可能发展出以下四个产品概念。

① 概念 1：一种便宜的迷你型汽车，可作为在市区行驶的家用汽车，是购物或旅游的理想车子。

② 概念 2：一种中价位的中型汽车，可供作多用途的家用汽车。

③ 概念 3：一种吸引年轻人的中价位小型跑车。

④ 概念 4：一种便宜的迷你型汽车，是为那些想要基本运输、低燃料费和低污染汽车的人而设计的。

为了测试上述四个概念对顾客的吸引力，该公司可将各概念用文字、图片或实物的形式向顾客展示，并向顾客问一些有关的问题，如“你会买这种汽车吗？(一定会、可能会、可能不会、一定不会)”顾客的答复将可有助于营销人员决定哪一个产品概念是最具吸引力的。

### 四、商业分析

在找出最具吸引力的产品概念之后，必须进一步评估概念的商业价值。商业分析包括销售量的预测、成本的估计和利润的预估。商业分析的结果可让营销人员评估新产品概念经济上的价值，如认为可以实现公司的目标，则可进入产品开发的阶段。

### 五、产品开发

如果产品概念通过商业分析阶段，就可进行产品开发。先由技术部门根据营销人员所制定的产品规格(Product Specifications)开发出一种或多种产品概念的实际版本——产品原型(Prototype)。每种产品原型都应具备目标顾客群体想要的主要属性。

产品一旦开发完成，接着要测试产品原型。产品原型的测试有两种：① 功能性测试可在实验室或现场进行，是用来确保产品的性能与安全标准；② 消费者测试是由消费者亲自进行检视，以确保产品适合目标市场的需要。

### 六、试销

在产品开发阶级，如果功能性测试与消费者测试的结果都令人满意，则可进一步将此产品以实际的品牌名称、包装及拟议的营销组合方案在实际的市场情况下进行试销，用以了解最终顾客及中间商对该产品的反应，并据以估计市场潜量的大小及预测可能的利润有多大。

不过，并不是所有的新产品都要做试销。有些创新性不高，只对现有产品稍作改良的新产品可能就没有试销的必要。如果开发和推出某一新产品的成本不高，则可能也不必做试销。但如果开发和推出某一新产品的成本很高，需要很大的一笔投资，而营销人员对此产品或营销方案又缺乏把握时，则试销可能是很重要的。试销的费用可能不低，但和因忽略试销而导致新产品上市失败的损失相比较，可能只是小巫见大巫而已。例如，英国的 Unilever 公司在 20 世纪 90 年代初期进行正式的试销就急急忙忙花费了二亿美元在欧洲市场上推出 Power 牌新洗衣粉，虽然 Unilever 的主要竞争对手宝洁公司曾警告说 Power 会伤害到顾客的衣服，但 Unilever 对此新的去污洗衣粉颇具信心，仍然决定全面上市，结果上市后这个新品牌遭受惨败。

试销方式主要有 3 种：(1) 传统试销；(2) 迷你市场试销(Mini Market Test)；(3) 模拟试销。传统试销是将新产品在一个或若干个具有代表性的城市进行试销。传统试销常颇为耗时、成本高，而且让竞争者一目了然。由于时间可能太长，以致竞争者可以有充裕的时间引进竞争性产品，因此有些营销人员不愿采用传统试销，或尽量缩短试销时间，并简化试销过程。迷你市场试销是与特定区域内的零售商签订契约，由这些零售商提供货架位置供新产品试销之用。迷你市场试销是在小的地区内进行，所需的时间与成本都比传统试销少。模拟试销通常的做法是从目标市场抽取一个小样本，向其展示数种产品(含测试的新产品)的广告与其他促销资料，然后将这些被选为样本的顾客带往一家模拟的或实际的商店购物。营销人员则根据样本在模拟商店或实际商店中的购买情况来预估新产品的销售情况。

### 七、商品化

试销的结果如果令人满意，厂商便可准备将此新产品上市，并制定上市的各项营销决策。商品化阶段的支出最为庞大，厂商必须投入资金以取得(建造或租用)所需的生产设备和厂房以供生产之需，必须投入足够的技术和生产人力，也要支付相当数额的营销成本(销售员、中间商、广告、促销等各种费用)。

在新产品商品化阶段，厂商首先要决定上市的时机。率先上市固然可获取先机，赢得领导者的声誉；但率先上市者通常须付出较高的成本，如产品仓促上市，也容易因部分设计不良造成顾客抱怨，从而影响厂商的形象。

其次，厂商要决定是否在单一地点、数个地点、单一地区、数个地区、全国市场或国际市场推出其新产品。小厂商常先选择一个具有吸引力的城市或地区，然后再陆续进入不同的市场。较大的厂商通常可先将其产品在一个或若干个地区上市，然后再进入全国市场。拥有全国性分销网络的厂商，如汽车公司，除非是产量不足，否则都会将其新产品销售到全国市场。

## 9.2 新产品的采用

新产品上市之后，必须使潜在购买者能够接受、采用此新产品。潜在购买者在决定采用某一新产品时通常要经历一些步骤，了解购买者的采用过程(Adoption Process)将有助于促使潜在购买者尽快采用新产品。同时，不同的购买者群体从接触新产品到试用新产品所需的时间也不尽相同，有的群体倾向领先采用，有的群体倾向晚期采用，了解不同群体的特性也有助于新产品的成功上市。

### 一、采用过程

采用过程是指"一个人从第一次知道有关某项创新到最后采用所经历的心智过程"。潜在购买者在采用新产品时通常经历下列五个步骤。

(1) 知晓(Awareness)。这是个人获得新产品信息的初始阶段。新产品信息情报的主要来源是广告，或者通过其他间接的渠道获得，如商品说明书、技术资料、别人的议论等。很明显，人们在此阶段所获得的情报还不够系统，只是一般性的了解，意识到新产品的存在。

(2) 兴趣(Interest)。是指消费者不仅认识了新产品，并且发生了兴趣。这时，他会积极地寻找有关资料，并进行对比分析、研究新产品的具体功能、用途、使用等问题。如果这些方面均较满意，将会产生初步的购买动机。

(3) 评价(Evaluation)。消费者在这一阶段主要权衡采用新产品的边际价值。比如，采用新产品可获得利益和可能承担风险的比较，经过比较分析形成明确的认识，从而对新产品的吸引力做出判断。

(4) 试用(Trial)。是指顾客开始小规模地试用新产品。通过试用，顾客开始正式评价自己对新产品的认识及购买决策的正确性如何。满意者，将会重复购买；不满意者，将会放弃此产品。因此，这一阶段，企业应针对不同产品，详细地向顾客介绍产品的性质、使用及保养方法。

(5) 采用(Adoption)。顾客通过试用，收到了理想的使用效果，就会放弃原有的产品，完全接受新产品，并开始正式购买、重复购买。从试用阶段到正式采用阶段，在某种意义上说，消费者相互之间的信息沟通比广告的作用更大。从这个意义上讲，新产品信息传播目标，不仅包括目标市场的消费者，还应包括广大社会公众，他们对消费者购买行为往往起着重要的影响作用。

新产品营销人员应思考如何促使潜在购买者快速经历上述步骤采用新产品。许多潜在购买者对新产品可能只停留在“兴趣”的阶段，未能快速移动到“采用”的阶段，其原因可能是他们对新产品的性能没有信心，如果制造商可提供一个试用办法，让潜在购买者有机会去“试用”，将有助于消除他们的疑虑，早日“采用”新产品。

## 二、采用者类别

潜在购买者购用新产品的倾向有明显的差异，有些人倾向成为购买或消费的先驱者，愿意承担使用新产品的风险，有些人则依赖先驱者的使用经验来决定是否购买。罗吉斯（Everett ogers）曾根据创新的采用时间将新产品的采用者分成以下五类，各类采用者都有不同的价值观。

（1）创新采用者（Innovators），也称“消费先驱”。这部分消费者求新、求奇、求美的心理需求强烈，具有创新和冒险精神。同时由于经济条件较优越，对风险有较强的承受能力。创新采用者人数很少，但可以起到示范、表率、带动其他消费者的作用，因而是新产品推广的首选对象。

（2）早期采用者（Early Adoptors），是指新产品上市初期，继创新采用者购买之后，马上投入购买的消费者。这部分消费者对新生事物感兴趣，对新产品有比较强烈的消费欲望，是新产品购买的积极分子。早期采用者与创新采用者一样，人数也较少，但对于带动其他消费者购买新产品有重要作用。

（3）早期大众（Early Majority）。这部分消费者一般较少有保守思想，受过一定教育，有较好的工作环境和固定的收入；对社会中有影响的人物的消费行为具有较强的模仿心理；他们不甘落后于时潮，但由于他们特定的经济地位所限，在购买高档产品时，一般持非常谨慎的态度。他们的购买行为基本上发生在产品成长阶段，他们经常是在征询了早期采用者的意见之后才采纳新产品。但早期大众和晚期大众构成了产品的大部分市场，他们是形成某一消费热潮的重要力量。他们是促成新产品在市场上趋向成熟的重要力量，对于其他消费者购买动机的形成有重要作用。因此，研究他们的心理状态、消费习惯，对提高产品的市场份额具有很大的意义。

（4）晚期大众（Late Majority）。他们是较晚地跟上消费时潮的人。这些人的工作岗位、受教育水平及收入状况往往比早期大众略差；他们对新事物、新环境多持怀疑态度，反应迟钝，对周围的一切变化抱观望态度。这些人只有当产品出了名以后才愿意接受。他们的购买行为往往发生在产品成熟阶段。

（5）落后的购买者（Laggards）。这些人受传统思想束缚很深，思想非常保守，怀疑任何变化，对新事物、新变化多持反对态度，固守传统的消费行为方式。因此，他们在产品进入成熟期后期以至衰退期才能接受。严格地讲，他们此时购买的已不是新产品。

罗吉斯对消费者接受新产品的上述五种类型的具体描述，尽管不尽准确，但这种划分本身是很有意义的，它是新产品市场扩散理论的重要依据。新产品的整个市场扩散过程，从创新采用者至落后的购买者，形成完整的“正态分布曲线”，这与产品生命周期曲线极为相似。由于上述每一种类型的消费者都有自己的行为方式，这就为企业规划产品生命周期各阶段的营销策略提供了有力的依据。

创新采用者和早期采用者同早期大众和晚期大众相比较虽然居于少数，但是，认识他们对待新产品的行为对新产品的营销极为重要。因为，这些使用者作为新产品的试销对象，他们对新产品的反映，对修正新产品的营销策略具有很大的参考价值；他们具有较高的社会地位或舆论影响力，他们的评价，特别是较高的评价，对今后早期大众和晚期大众的购买行为将产生很大的影响。

当然，认识创新采用者和早期采用者并非易事。因为，一种产品的创新采用者不一定是其他产品的创新采用者，他们的购买可能具有专业化性质，他们的影响可能仅局限在某一特定的领域。因此，任何企业都必须具体情况具体分析，分别对待。

采用过程可以时间为横轴，绘制正态分布图(如图 9-2 所示)。刚开始采用的人很少，而后逐渐增加而达到最高点，然后，因为未采用的人数愈来愈少，故曲线便呈递减。创新者是指最早采用新创意的前 2.5%的购买者，早期采用者则指其次 13.5%采用新创意者，依次类推。

一家创新的厂商应研究创新者及早期采用者的特征，其受并将营销工作针对他们。一般而言，比起晚期采用者和非采用者，创新者可能是较年青的，其受教育程度和收入都较高；他们较能接受不熟悉的事物，较依赖自己的价值观和判断，较愿意承担风险；他们的品牌忠诚度较低，较可能去接受特别的推广活动，如折扣、优待、免费样品等。

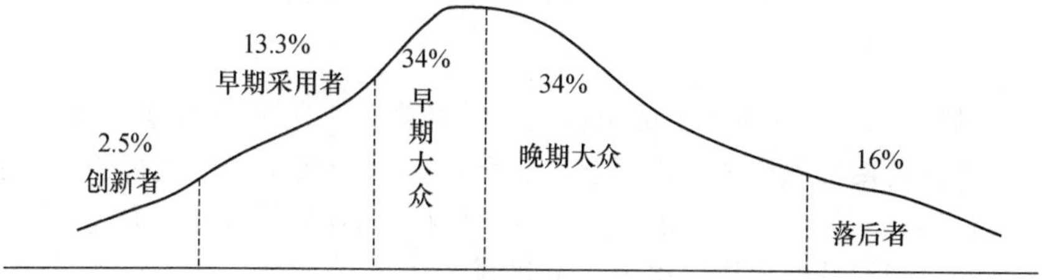


图 9-2　采用者的类别

### 三、影响采用率的产品特征

新产品的特征会影响采用率。某些产品几乎一夜之间就风行起来，有些产品却要经过很长的时间才被消费者所接受。以下五个因素对创新采用率的影响特别重要。

1. 新产品的相对优点

新产品的相对优点愈多，即在诸如功能性、可靠性、便利性、新颖性等方面比原有产品的优越性愈大，市场接受得就愈快。为此，新产品应力求具有独创性。

2. 新产品的适用性

这一点强调产品创新必须与目标市场的消费习惯以及人们的产品价值观相吻合。当创新产品与目标市场消费习惯、社会心理、产品价值观相适应或较为接近时，就会加速产品的推广使用；反之，则不利于新产品市场扩散。应当确认，在不同文化传统的影响下所形成的社会观念、消费习惯等，是很难在短期内改变的，更不是一个企业所能改变的(当然，可以施加一定的影响，但程度极其有限)。对于开发国际市场的新产品来说，这一点更为突出。

3. 新产品的简易性

这是要求新产品设计、整体结构、使用维修、保养方法必须与目标市场的认知程度相适应。一般而言，新产品的结构和使用方法简单易懂，才有利于新产品的推广扩散，消费品尤其如此；反之，产品结构和使用方法愈复杂，被市场接受的过程也就愈慢。

4. 新产品的可试性

即产品在有限范围内试用的程度。消费者都希望冒较小的风险，因而，如能在新产品推广过程中，注重赠送样品，举办展览，进行示范，增强新产品的可试性，往往有助于提高新产品的采用率。

5. 创新产品的可传达性

即新产品的性质或优点是否容易被人们观察和描述，是否容易被说明和示范。凡信息传播快捷、易于被认知的产品，其采用速度一般比较快。例如，流行服装不用说明，即可知晓，因而流行较快；反之，某些除草药剂，因不能立时看到效果如何，市场扩散就会比较慢。

其他新产品的特征，如成本、风险和不确定性、科学上的可信度和社会的认可等，也会影响新产品的采用率。

## 9.3 产品市场生命周期

新产品一旦推出后，它在市场上的销售量和所能获得的利润，会随着时间演进而发生变化。产品市场生命周期的观念说明产品在其销售的历史过程中所可能展现的阶段性特性。营销商如能确认其产品目前及未来所处的阶段是怎样的，便能设计出一套适当的营销计划。

产品市场生命周期的概念说明以下 4 个问题：

① 产品的生命是有限的。

② 产品的销售历史可分成数个阶段，营销商在每个阶段均将面临不同的挑战。

③ 在不同的产品生命周期阶段，产品的利润有上升的时候，也有滑落的时候。

④ 产品在其市场生命周期的不同阶段，需要有不同的营销、财务、制造、采购与人力资源策略。

产品市场生命周期描述一种典型的产品销售历史，系一条 S 型的曲线，如图 9-3 所示。这条曲线通常可分成四个阶段，分别为投入期（也称引入期）（Introduction）、成长期（Growth）、成熟期（Maturity）与衰退期（Decline）。

（1）投入期：投入期又称引入期或导入期，是指新产品刚进入市场的时期，此时的销售成长相当缓慢。由于新产品上市需要支付相当大的研究发展费用及营销费用，所以不太容易产生利润，甚至常有亏损。

（2）成长期：在此一阶段，产品快速得到市场接受，利润会有显著改善。

（3）成熟期：此一阶段是销售成长趋缓的时期，此时产品已获得大部分潜在购买者的接受，产品利润也在此一时期达到最高峰后转趋下降。产生这种情形的原因是厂商为了对抗竞争和维持市场地位必须大量增加其营销费用所致。

（4）衰退期：在此一阶段，销售业绩明显滑落，其利润也从此大幅减少。

图 9-3 所显示的只是产品市场生命周期的标准形态，除了此种标准形态之外，某些产品可能由于产品的特质、特殊的营销努力以及一些不可控制的外在环境的变化，会呈现不同的形态。

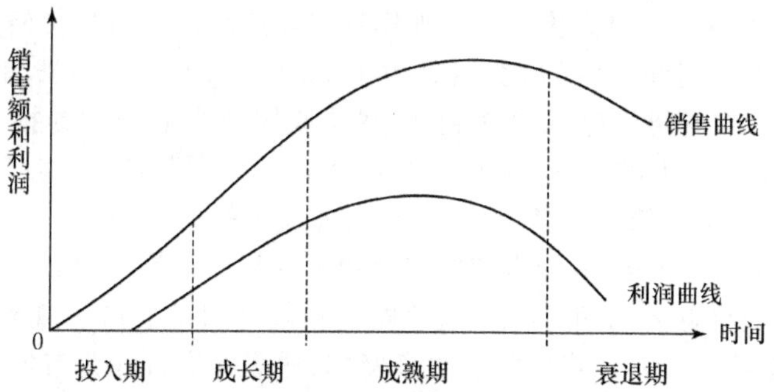


**图 9-3 产品市场生命周期与销售及利润的关系**

产品市场生命周期各阶段的划分可以根据销售增长率、产品普及率等定量指标。根据国外资料，销售增长率在 0.1%～10%的为投入期和成熟期，大于 10%的为成长期，小于0.1%的为衰退期。产品普及率小于 5%的为投入期，5%～50%的为成长期，50%～90%的为成熟期，90%以上的为衰退期。这些数量界限固然可以作为划分依据，但人们在市场营销实践中常采用经验基础上的定性划分。定性划分的依据便是产品市场生命周期各阶段的特点。

## 一、投入期

### 1. 投入期的特点

当新产品初次上市供消费者或使用者购买时，便是投入期的开始。

(1) 消费者对该产品不了解，大部分消费者不愿放弃或改变自己以往的消费行为，销售量小，销售成长也颇为缓慢。相应地增加了单位产品成本。许多大众熟悉的产品，例如即溶咖啡、运动饮料等，都经过一段相当长时间的努力才进入成长阶段。

(2) 尚未建立理想的分销渠道高效率的分销模式。将新产品送到销售渠道并导入市场中，通常需要一段相当长的时间。

(3) 价格决策难以确立，高价可能限制了购买，低价可能难以收回成本。

(4) 广告费用和其他营销费用开支较大。因此利润偏低，甚至有亏损发生。

(5) 产品技术、性能还不够完善。

(6) 由于利润较少，企业承担的市场风险最大。但这个阶段市场竞争者较少，企业若建立有效的营销系统，即可以将产品快速地经过投入阶段，进入市场成长阶段。

### 2. 投入期的营销策略

根据上述特点，投入阶段一般有 4 种可供选择的策略。如图 9-4 所示。

| | | 促销水平 | |
|---|---|---|---|
| | | 高 | 低 |
| 价格水平 | 高 | 快速-掠取策略 | 缓慢-掠取策略 |
| | 低 | 快速-渗透策略 | 缓慢-渗透策略 |

**图 9-4 投入期可选择的营销策略**

(1) 快速-掠取策略。即以高价格和高促销推出新产品。实行高价格是为了在每一单位的销售额中获取最大的利润,高促销费用是为了引起目标市场的消费者注意,加快市场渗透。成功地实施这一策略可以赚取较大利润,尽快收回新产品开发的投资。实施该策略的市场条件是:市场上有较大的需求潜力;目标消费者具有求新心理,急于购买新产品,并愿意为此付出高价;企业面临潜在竞争者的威胁,需要及早树立名牌。

(2) 缓慢-掠取策略。即以高价格和低促销费用将新产品推入市场。高价格和低促销费用结合可以使企业获得更多利润。实施该策略的市场条件是:市场规模相对较小,竞争威胁不大;市场上大多数用户对该产品没有过多疑虑;适当的高价能为市场所接受。

(3) 快速-渗透策略。即以低价格和高促销费用推出新产品。目的在于先发制人,以最快的速度打入市场,该策略可以给企业带来最快的市场渗透率和最高的市场占有率。实施这一策略的条件是:产品市场容量很大,潜在消费者对产品不了解,且对价格十分敏感;潜在的竞争比较激烈;产品的单位制造成本可随生产规模和销售量的扩大迅速下降。

(4) 缓慢-渗透策略。即以低价格和低促销费用推出新产品。低价是为了促使市场迅速地接受新产品,低促销费用则可以实现更多的利润,企业坚信该市场需求弹性较高,而促销弹性较小,实施这一策略的基本条件是:市场容量较大,潜在消费者易于或已经了解此项新产品且对价格十分敏感;有相当的潜在竞争者准备加入竞争行列。

## 二、成长期

### 1. 成长期的特点

(1) 消费者对新产品已经熟知,销售量增长很快。最先的采用者仍旧喜好该产品,而且许多其他的新购买者陆续跟进采用。

(2) 新竞争者被大规模生产及可能的利润所吸引,纷纷加入市场的竞争行列,市场竞争加剧。

(3) 产品已经定型,技术工艺比较成熟。

(4) 建立了比较理想的分销渠道。新竞争者的加入会使分销据点的数目增加。

(5) 因为促销推广成本可由较大的销售量来分摊,加上经验累积改进的效果,使单位制造成本的下降会比价格的下降来得快,因此利润通常会增加,而市场价格趋于下降。

(6) 大部分的厂商会维持其原有的推广费用,不过有时也可能因竞争的需要而增加推广费用,但因销售额大幅上升,因此推广费占销售额的比率就相对降低了。

(7) 新竞争者引入新的产品特色,进一步扩大了原有的市场。

### 2. 成长期的营销策略

在成长阶段,企业的营销策略的核心是尽可能延长产品的成长期。具体来说,可以采取以下营销策略:

(1) 根据用户需求和其他市场信息,不断提高产品质量,努力开发产品的新款式、新型号,增加产品的新用途。

(2) 加强促销环节,树立强有力的产品形象。促销策略的重心应从建立产品知名度转移到树立产品形象,主要目标是建立品牌偏好,争取新的顾客。

(3) 重新评价现有渠道,巩固原有渠道,增加新的分销渠道,开拓新的市场。

(4) 选择适当的时机调整价格,以争取更多的消费者。

企业采用上述部分或全部市场扩张策略,会加强产品的竞争能力,但也会相应地加大营销成本。因此,在成长阶段,面临着“高市场占有率”或“高利润率”的选择。一般来说,实施市场扩张策略会减少眼前利润,但加强了企业的市场地位和竞争能力,有利于维持和扩大企业的市场占有率,从长期利润观点来看,更有利于企业的发展。

## 三、成熟期

### 1. 成熟期产品的特点

到达某一时点后,其销售成长率将逐渐下降,该产品便步入了它的成熟期。此阶段的持续时间通常较前两阶段为长,大部分的产品均处于生命周期中的成熟阶段,因此营销人员大部分是在处理成熟期产品的问题。成熟期又可细分为三个时期。(1) 成长成熟期:此时期各分销渠道基本呈饱和状态,增长率缓慢上升,还有少数后续购买者继续进入市场。(2) 稳定成熟期。由于市场饱和,消费平稳,产品销售稳定。销售增长率一般只与购买者人数成比例。如无新购买者则增长率停滞或下降。(3) 衰退成熟期。销售水平显著下降,原有用户的兴趣已开始转向其他产品和替代品。全行业产品出现过剩,竞争加剧,一些缺乏竞争能力的企业将渐渐被取代,新加入的竞争者较少。竞争者之间各有自己特定的目标顾客,市场份额变动不大,想有所突破难度大。

### 2. 成熟期的营销策略

鉴于上述情况,有三种基本策略可供选择。

(1) 市场改进。市场改进策略的目的或意图主要是力争充分发掘现有的细分市场和产品的潜力,以求进一步扩大销售量。企业产品的销售量主要受两个因素的影响:

销售量 = 品牌的使用人数 × 每个使用者的使用率

因此,扩大销售量,具有两个主要的努力方向。一是扩大品牌的使用人数,可以采取以下策略:转变非使用者或寻找新用户;进入新的细分市场;争取竞争对手的客户。二是设法增加顾客的产品使用率,可以采取以下策略:增加使用次数;增加每次的使用量;发现产品的新用途。

(2) 产品改进。处于成熟期的产品,还可以对产品的质量、样式、特点及服务因素的改进,通过对产品的改良,使顾客对产品产生新鲜感,带动产品销售,来保持已有的市场份额和尽力扩大已有的市场份额。

(3) 改进营销组合。企业的营销组合应随着企业的内外环境的变化而做出相应的调整。产品生命周期到了成熟阶段,各种内外部条件发生了重大的变化,因而像产品、价格、渠道、市场推广等营销组合要素也就要有一个大的调整。这是为了延长产品的成熟期,避免衰退期的早日到来。实际上,企业要使前面两个策略取得成功,不依靠营销组合的改进也是很难做到的,所以,改进营销组合是和扩大市场、改进产品策略相辅相成的。

## 四、衰退期

### 1. 衰退期的市场特点

大部分产品和品牌的销售最后都会步入衰退的阶段。销售的衰退可能是缓慢的,也可能是快速的。销售衰退的原因很多,诸如技术的进步、消费者口味的变化、国内外的竞争日益激烈等因素,都可能造成产能过剩、销售下降,使利润大受侵蚀。在衰退期,市场呈现出如下这样一些特点:(1) 产品销售量由缓慢下降变为迅速下降,消费者的兴趣已完全转移;

(2) 价格已下降到最低水平;(3) 多数企业无利可图,被迫退出市场;(4) 留在市场上的企业逐渐减少产品附带服务,削减促销预算等,以维持最低水平的经营。

2. 衰退期的营销策略

(1) 集中策略。即把资源集中在最有利的细分市场,最有效的分销渠道和最易销售的品种、款式上。也就是缩短战线,在最有利的市场上赢得尽可能多的利润。(2) 维持策略。即保持原有的细分市场和营销组合策略,把销售维持在一个低水平上。待到适当时机,便停止该产品的经营,退出市场。(3) 榨取策略。即大大降低销售费用,如广告费用减为零、大幅度精简推销人员等,虽然销售量有可能迅速下降,但是可以增加眼前利润。

除非有很充分的理由,否则不应维持一项弱势产品。维持弱势产品要付出相当昂贵的代价,因为处理这些产品需要耗用管理阶层相当多的时间。例如,营销主管需要经常调整其价格及存货成本,广告和销售人员需要经常注意其销售情形,如果将这些力量转移到其他产品常常会带来更大的利益。但这并不是说衰退期的产品就一无是处,应该一律淘汰。相反的,如果经过适当的规划,衰退期的产品由于竞争减少可能会有相当的获利机会。某些企业会比其他的企业早些放弃衰退了的市场,因此留在市场的企业所面对的相对竞争压力会降低,其销售额与利润可能会增加。例如,宝洁公司在其他公司先后退出时决定在日趋没落的液体肥皂业务中坚持到底,获得相当可观的利润。

表 9-2 汇了总产品市场生命周期各阶段的重要特征,并简要列出各个生命周期阶段的营销目标和营销策略。

**表 9-2　产品市场生命周期的特征、目标和策略**

| | | 投入期 | 成长期 | 成熟期 | 衰退期 |
|---|---|---|---|---|---|
| 特征 | 销售 | 销售量低 | 销售量快速成长 | 销售量高峰 | 销售量下降 |
| | 成本 | 每位顾客的成本高 | 每位顾客的成本普通 | 每位顾客的成本低 | 每位顾客的成本低 |
| | 利润 | 虚亏 | 利润增加 | 利润高 | 利润下降 |
| | 落伍者 | 顾客 | 创新者 | 早期采用者 | 早期及晚期大众 |
| | 竞争者 | 很少 | 数目增多 | 数目稳定,但开始减少 | 数目减少 |
| 营销目标 | | 创造产品知名度 | 市场占有率极大化 | 利润极大化并保护市场占有率 | 减少支出和榨取品牌价值 |
| 策略 | 产品 | 提供基本产品 | 提供产品延伸、服务、保证 | 品牌和样式的多样性 | 淘汰弱势产品项目 |
| | 价格 | 成本加成 | 市场渗透价格 | 迎战或战胜竞争对手的定价 | 削价 |
| | 分销 | 建立选择性分销 | 建立密集性分销 | 建立更密集性分销 | 选择式:淘汰无利可图的销售点 |
| | 广告 | 在早期采用者和经销商之间建立知名度 | 在大众市场中建立知名度和购买兴趣 | 强调产品差异和利益 | 减低到维持最忠诚者需求的水平 |
| | 市场推广 | 大量推广以鼓励试用 | 减少推广以获消费者需求强烈之利 | 增加推广以鼓励品牌转换 | 减少到最低水平 |

## 本章复习思考题

1. 新产品的含义是什么？新产品的开发过程有哪几个阶段？
2. 新产品的采用过程是怎样的？影响新产品采用的因素有哪些？
3. 产品市场生命周期的含义是什么？产品市场生命周期的阶段有哪些？营销策略如何？

# 第十章 定价策略

本章学习要点

1. 掌握营销学中的价格的含义；
2. 掌握定价的影响因素；
3. 掌握定价的方法；
4. 掌握价格调整策略。

定价是重要的营销组合决策之一。一方面，价格决定营销商的收入与利润，另一方面，价格又是营销商从事市场竞争的主要手段。在营销商的营销策略中，价格的高低与产品设计、分销渠道、推销方法等均有密切的关系。

不过定价是一件复杂的工作，许多营销学学者认为定价是一种艺术，而非科学。许多因素，如需求情况、竞争情形、消费习惯乃至于政府的法律规章和一般经济状况，都会对定价产生影响。根据经济理论中有关供需分析所产生的价格，只是一种理论价格，与实际价格可能大有出入。因此，价格的制定好像并无可以普遍遵循的公式，营销人员应先确定定价目标，考虑影响价格的因素，配合营销商的资源条件，形成产品的基价(Base Price)，再根据经验与情形判断，制定合适的最终价格，并随时根据内部和外部环境的改变，适时调整价格。

## 10.1 价格与企业定价的影响因素

价格决策通常要依照市场上的价格或非价格的竞争情境来制定。一般而言，当购买者只关心价格，对价格以外的其他营销组合要素(如产品、渠道、营销传播等)漠不关心或难以区分优劣时，营销人员自然会强调低价，市场就可能呈现价格竞争的状态。相反的，当购买者比较重视价格以外的其他营销组合因素时，市场就可能出现非价格竞争的状态。

### 一、价格及其重要性

在营销学中，价格是指消费者为了得到某种商品或服务而做出的让渡。一般来讲，价格表现为交换某种商品或服务而支出的货币数额。不仅如此，消费者在购买商品或服务的过程中还要支出时间的消耗。例如，在 1999 年北京国美电器商场有数款国产 29 英寸彩电降到 2000 元以下时，有购买者为购买到此种彩电而连夜排队等候。在这种情况下，消费者购买到的彩电价格就不仅包含货币支出,还应包含有时间和精力的耗费。除此之外,对于那些下岗失业人员来讲,如果他是靠慈善机构的施舍来获取食物和衣物,那么,这些人的价格应该包含“失去的尊严”。

那么,消费者购买商品时所考虑支付的价格是什么样性质的价格呢?在美国,有人在这方面对2 000名消费者进行了调查研究,结论是64%的消费者认为“合理的价格”是购买决策中最重要的考虑因素。这里的“合理的价格”实际上是消费者在购买商品前和购买时的“预期的合理价值”,也就是说,消费者根据其预期可能从商品中得到的满意度来支付价格,而不是根据他实际获得的满意度来支付价格。预期的满意度是由消费者对商品或服务的认知价值的大小来决定的,也就是说,消费者对商品或服务的认知价值程度越高,那么消费者对商品或服务的预期满意度就越大;反之,则相反。

定价策略在营销活动中居于十分重要的地位,主要原因在于以下几个方面。

1. 价格直接影响公司利润目标的实现

在市场经济条件下,公司是作为把利润最大化当做重要目标的经济组织,其进行营销活动的直接目的是追求满意的利润,而利润又直接受到价格变动的影响,价格在公司营销活动中作为一个可控变量,决定着公司的盈或亏以及盈或亏的程度。

2. 价格是市场竞争的重要手段

首先,价格是购买行为能够发生最具影响力的因素之一。一般情况下,对大多数商品而言,在获得既定效用的前提下,选择价格尽可能低或适中的商品。合理的价格对顾客的心理会产生良好的诱导作用,本身就具有促销的功能。因此,价格策略优劣直接关系到消费者购买行为的状态,因而也就决定着营销商的竞争力和营销绩效。

其次,价格是同行业内最常用、最易仿效的竞争手段。在现代市场经济条件下,任何一个企业都不可能长期保持对某一产品的市场独占,新产品进入市场之初,企业的最高决策者必须做出正确的价格决策,是实行厚利精销的高价策略,迅速收回投资成本,还是薄利多销的廉价策略,以获取规模经济效益。高价厚利的定价策略将招来同行业众多的竞争者,市场竞争激烈。而薄利多销的定价策略,则可能使新的竞争者放弃加入同类产品市场的角逐,从而获得较高的市场占有率和规模经济效益。

3. 当代企业营销环境急剧变化,迫使买方市场条件下的企业日益重视定价策略

(1) 科学技术发展的步伐日益加快,产品生命周期迅速缩短,使得企业没有充分的机会来修正营销定价策略的错误,从而致使产品在营销过程中失败。

(2) 经济全球化迅速发展,国际竞争者的压力增大,使企业在定价过程中注入更多的国际同类产品的相关因素。

(3) 能源短缺、新型材料不断问世和劳动者收入水平上升,产品的生产成本增加,使企业制定适宜价格的难度增大。

价格是营销因素组合中最关键、最活跃、最具艺术性的因素,它随着市场变化而上下波动,协调着买卖双方的利益关系。在市场经济条件下运作的企业经营者,如果能在定价决策过程中正确制定价格变动的幅度、价格变动的时间和价格变动的地区,就能在瞬息万变的市场竞争格局中居于十分有利的地位。

## 二、影响定价决策的因素

定价决策受到许多因素的影响，是一项复杂的决策。涉及购买者、竞争者、渠道成员和政府机关对价格的反应等因素，充满着许多的不确定性，更增加了定价决策的复杂性。影响公司定价决策的因素（如图 10-1 所示）包括定价目标、成本、竞争、渠道成员和政府。

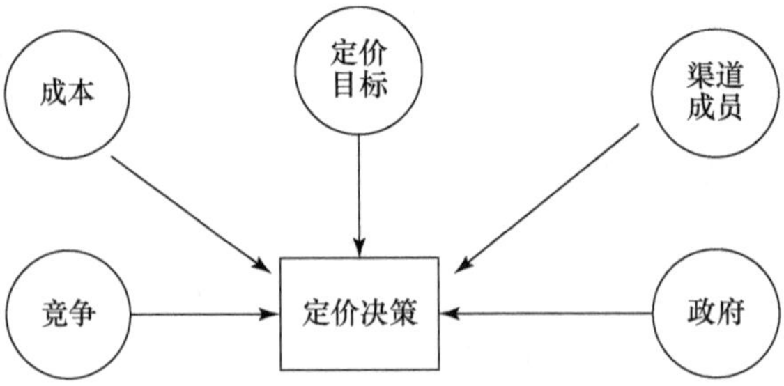


**图 10-1　影响定价决策的因素**

### （一）定价目标

营销商在制定价格决策时，首先应考虑它的定价目标。经济理论常假定厂商的定价目标在于利润极大化。但在实际操作中，营销商的定价目标却不一而足，有时也可同时设定若干不同的定价目标。厂商的定价目标大致有以下 3 类：销售基准的目标，包括销售量、市场占有率；利润基准的目标，包括利润极大化、满意的利润水平、投资报酬、现金早日回收；现状基准的目标，包括稳定的企业营销环境。

#### 1. 销售基准的目标

营销商采取销售为基准的定价目标是想获得高的销售量及（或）扩大市场的相对占有率，用以控制市场和维持利润。厂商认为扩大销售量可以降低单位成本，也愿意以低的单位利润来换取较大的总利润，因而选择此定价目标。

许多营销商以维持或提高市场占有率为其定价目标，因为高的相对市场占有率常会带来高的利润。例如，多年来，可口可乐和百事可乐都是以市场占有率为其定价目标。

#### 2. 利润基准的目标

营销商采取利润基准的定价目标是想实现最大利润、令人满意的利润、投资报酬或早日回收现金的利润目标。如以利润极大化为目标，则将设法通过定价来获取最大的利润。如以令人满意的利润水准为目标，则将追求长期稳定的利润。营销商不希望某些年度的利润特别高，其他年度的利润特别低，导致利润的上下波动，因此长期维持一个令人满意或可以接受的利润水准是营销商追求的定价目标。如以投资报酬为目标，则将把利润与投资成本并行考虑。如果厂商缺乏资金或对未来不确定，则可能以早日回收现金为目标，希望获取较高的初期利润。

利润可以用单位利润或总利润来表示。单位利润是指每一单位的销售收入减去其成本后的差额，总利润则指单位利润乘以销售单位数所得的数额。

3. 现状基准的目标

营销商采取以现状为基准的定价目标是想维持一个稳定的、有利的经营环境，希望通过定价策略尽可能减低政府、竞争者和渠道成员等外在力量的影响，避免销售量的下降。

现状目标可专注于若干因素，如维持某一市场占有率、应付（但不是打败）竞争者的价格、实现价格稳定或维持一个有利的公众形象。一个维持现状的定价目标能有助于稳定对产品的需求，从而降低营销商的风险。运用以现状为基准的定价目标有时也会使价格这一个营销组合要素不再成为一种竞争工具。

营销商的定价目标对定价决策有很大的影响，营销商的定价目标不同往往会导致不同的定价决策。例如，营销商若采取扩大市场占有率的定价目标，则其价格通常会较相同品质的竞争品牌价格为低，达到吸引竞争者的顾客前来购买公司的品牌；如果采取早日回收现金的目标，则可能会制定较高的价格，但也可能以拍卖、减价、折扣等短期降价的方式来达到回收现金的目标。

（二）成本

土地、原料、人工、运输和其他生产要素的成本常不是营销商所能控制，但这些成本对产品和服务的价格会有很大的影响力。因此，营销商在定价时，成本是必须要考虑的一个重要因素。利润来自价格与成本间的差额，短期内营销商可能会为了扩大销售量、提高市场占有率、应付竞争者而削价竞争，或加速现金回收等原因，而使其产品的价格低于成本。但没有一家企业能长期将其产品价格定于成本之下而能维持生存与成长。可是，价格应超出成本多少，并无一定公式可资遵循，通常是取决于成本以外的因素。

不过，成本与价格的关系并不如想象中那么明确。成本本身就不是一个明确的概念：成本有固定成本与变动成本之分，又有全部成本、平均成本或边际成本之别。每种成本与产量之间的关系都可能不同，在定价时究竟应依据哪种成本，有赖于营销人员的知觉判断。

（三）竞争

营销商在定价（或调整价格）时必须考虑到竞争者的可能反应。在第三章中曾提到垄断、寡头垄断、垄断竞争和完全竞争等 4 种竞争结构。厂商在市场中所面对的竞争结构和产品价格的制定有密切的关系。

在垄断情况下，只有一个卖方，因此厂商对于该项产品的价格具有完全的控制力量。理论上，厂商如果能够完全垄断，一定会将价格定在使其边际成本等于边际收入的水准，以便赚取最大的利润。但是实际操作中，由于许多其他因素的考虑，往往不一定如此。例如，某些垄断的公用事业（如公共汽车、铁路、煤气公司、自来水公司等），为了配合政府的政策，甚至把价格定在成本之下，因为政府认为有许多中低收入的购买者非常需要该项产品或服务，价格如定在成本之上，他们将无力购买。垄断的公用事业有时也会将价格订得远较成本为高，用以抑制消费。民营的垄断企业有时会担心太大的超额利润将会引起政府干预，或引致其他竞争者进入，因此并不一定将价格定得太高。

在寡头垄断情况下，卖方只有少数几家，每一家对其他各家的定价和营销策略均有高度的敏感性。寡头垄断市场的厂商数目少，新厂商不易进入此市场，且每一厂商都极其注意竞争者的策略和行动。例如，某一厂商降价 10%，购买者将蜂拥而至，其他的竞争者必定跟随降价或提高其服务水准，寡头垄断的厂商不能保证降价一定可获取长期的利润。另一方面，假如某家厂商提高价格。而其他竞争者并不跟进时，此厂商可能会立即撤销涨价，以免冒丧失顾客之险。

在垄断性竞争市场结构中，有很多竞争者。由于卖方能提供不同的产品给购买者，每一种产品的品质、特色、式样和服务均有所不同，因此买方与卖方交易的价格是介于某一范围内，而非单一价格。

在完全竞争市场中，买卖双方买卖的是完全相同的产品，如小麦、铜或金融证券，没有任何一个买者或卖者能影响市场价格。卖方无法把价格定在高于市场的价格，因为买方能以市价买到他们所需要的产品；同样地，卖方也不会卖得比市价低，因为在市价水准下，卖方能卖掉他们的产品。

（四）渠道成员

一般而言，渠道中的每一个成员都希望能对产品的价格有较大的影响力或控制力。制造商可通过以下方法来获得对价格的较大控制力：使用独家经销制度或避免价格导向的经销商；预先在产品上标明价格；开设自己的销售据点；利用产品寄售；提供足够的毛利给经销商；建立强有力的品牌，让消费者对该品牌产生品牌忠诚且愿意支付较高价格来购买该品牌。

批发商(Wholesaler)或零售商也可通过以下途径来获得对价格的较大控制力：强调本身作为一个顾客对供应商的重要性，将零售的支持与供应商给予的毛利联结在一起，拒绝销售无利可图的产品，储存竞争的产品项目，建立强有力的私人品牌以便使消费者对中间商而非对供应商忠诚，以及购买传统以外的渠道。

为了取得渠道成员的合作，制造商应能提供给中间商（批发商和零售商）足够的毛利，使中间商在支付运输、仓储、销售、广告、贷款等各项费用后仍能有合理的利润。

（五）政府

政府对于产品的价格通常会有某种程度的规范。这种情况在战时尤其如此。即使在平时，就算以号称自由经济制度楷模的美国而言，联邦法律就不允许造成垄断价格歧视(Price Discrimination)，各州也有“公平交易法案”(Fair Trade Legislation)，以保障统一再售价制度，这些是政府对于定价决策的限制和影响。

对于进口物品的管制，通常更为严格，有的产品完全禁止进口，有的则受输入配额(Import Quota)的限制，其主要目的都在利用供给量与价格的关系来调节产品的价格水准。此外，关税的征收以及连带产生的种种费用，都构成产品成本的一部分，也会影响价格的制定。

## 10.2 定价方法

营销商在决定产品价格时，可以有许多不同的方法，这些方法可以归纳为成本导向定价法、需求导向定价法和竞争导向定价法等3大类。

### 一、成本导向定价法

成本导向定价法也称成本基准定价法，是在商品、服务和间接成本之上加上一定金额或百分比作为价格。这类方法不一定要去考虑供给和需求，也不一定能实现定价目标，但简单易行是其优点。这类定价方法主要有成本附加定价法(Cost-plus Pricing)、成本加成定价法

(Markup Pricing)和目标定价法(Target Pricing)。

1. 成本附加定价法

成本附加定价法是以单位生产成本加上事先决定的利润作为价格,这是最简单的成本导向定价方法。其公式如下:

$$价格 =(固定成本+变动成本+期望的利润)/产量$$

例如,其公司在某一年内生产1 000单位产品,固定成本为400万元,变动成本为200万元,希望获得100万元的利润,则价格为:

$$价格=\frac{400+200+100}{1\,000}=0.7(万元)$$

成本附加法的优点是容易计算,对销售者有保障;缺点是:利润与成本相关联而非与销售量相关联,价格也与市场需求无关。成本附加法适用于价格波动对销售量没有影响而且厂商有能力去控制价格的情况。例如,定做的家具、定做的服饰、重机械等常采成本附加定价法。

2. 成本加成定价法

成本加成定价法是以单位生产成本或购买成本加上一定的利润加成作为价格,批发商和零售商最常采用此定价方法。其公式如下:

$$价格 = \frac{单位生产成本或购买成本}{(100-加成百分比)/100}$$

例如,家用电器的经销商以平均每台1 000元的成本向家电制造厂购进一批烤面包机,希望有20的加成,则每台烤面包机的售价为:

$$价格 = \frac{1000}{(100-20)/100} = 1\,250(元)$$

加成(Markup)通常用销售价格来表示,而非用成本来表示,原因如下,

① 费用、降价和利润均以销售额的百分比来表示,当加成也以销售额的百分比来说明时,有助于利润计划的制订。

② 营销商同渠道成员说明售价和折扣时是以从最后标价减去多少百分比来表示。

③ 竞争者的价格资料比成本资料容易取得。

④ 以价格而非以成本来表示加成,可使获利率看起来较小,可避免高利润的批评。

成本加成定价法和成本附加定价法有许多相同的缺点,但由于下述几个理由,成本加成定价法仍然普遍被厂商所采用。

① 此法简单明了,不像根据市场需求定价那样不易捉摸。一般而言,成本的不确定性比需求的不确定性小,将价格根据单位成本制定,销售者可简化定价工作,而不必经常根据需求情况的变动来调整价格。

② 只要行业中的所有厂商或大多数厂商都采用此种定价方法,则价格在成本与加成相似的前提下也将大致相同,价格竞争可因此减至最小。

③ 有人认为成本加成定价法对购买者与销售者而言均较为公平,因为销售者并不需利用购买者需求殷切的时机提高价格,而仍可得到公平的投资报酬。

3. 目标定价法

目标定价法也是一种常见的成本导向定价法，在此定价方法之下，营销商在估计的标准产量下可获得某一预定目标的投资报酬率。这种定价方法适用于资本密集的企业。低资本投资的企业并不适用，因为会低估售价。此外，公用事业因投资额大，通常也是垄断，所以政府的管制常较严格，不许价格任意上涨，而以“合理报酬率”为其定价基准。目标定价法的计算公式如下：

$$价格 = 单位成本(标准产量下) + \frac{投资成本 \times 目标报酬率}{标准产量}$$

此方法的定价程序可用图 10-2 的损益平衡分析图来说明。厂商首先估计不同产量水准下的总成本，在标准产量下变动成本以固定比率增加，斜率即为变动成本。在本例中，假设固定成本为 600 万元；产量在 80 万单位以前，变动成本以固定比率增加，变动成本为 5 元〔(1,000 万元－600 万元)÷80 万元 ＝ 5 元〕。但当生产能力逐渐达到饱和时会发生规模不经济现象，由于生产量过多造成备料、人工等问题，使变动成本增加，总成本线因而上扬。在生产规模 80 万单位时，生产总成本为 1000 万元〔600 万元 ＋ 5 元×80 万元 ＝ 1,000 万元〕，单位成本为 12.5 元〔1,000 万元÷80 万元＝12.5 元〕。假定此厂商的目标投资报酬率为 20％，即利润要达到 200 万元〔1,000 万元×20％ ＝ 200 万元〕。总收入为总成本 1,000 万元加上利润 200 万元，共计 1200 万元。价格的计算如下：

$$价格 = 12.5 + \frac{1\,000 \times 20\%}{80} = 15(元)$$

厂商方可通过总收入曲线求算产品价格，总收入曲线作（TR）由原点（无产量时，收入为零）与实际产能下获得目标报酬率的坐标点连接而得（图 10-2 的 0A 线）。单位价格为总收入线的斜率，即每单位售价 15 元[1,200 万元÷80 万元＝15 元]，卖出 80 万单位时可带来总成本 20％的目标报酬率。总收入曲线与总成木曲线（TC）在 60 万单位处相交，此为损益两平点（breakeven point）。损益两平点方可用下式求得：

$$损益平衡点 = \frac{总固定成本}{价格 - 单位变动成本}$$

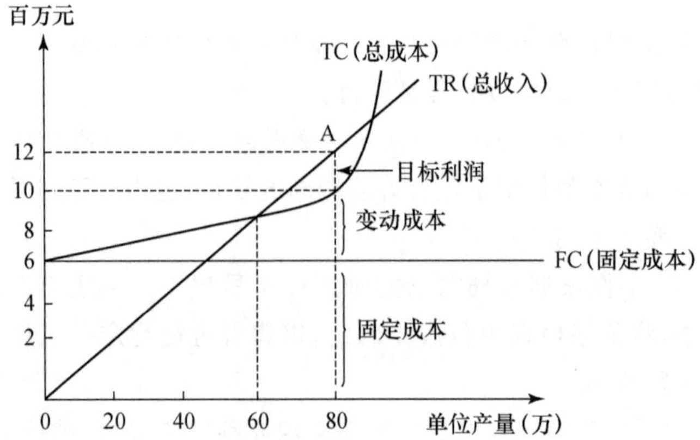


**图 10-2 决定目标报酬价格之损益平衡分析**

目标定价法由估计的销售量算出价格，有理念上的错误。事实上价格的高低会影响销售量，从本例来看，要销售 80 万单位，单位价格 15 元可能太高，也可能太低。换言之，这种定价法忽略了需求函数，无法表明在不同价格水准下的预期销售量。但是这种方法可以提供厂商定价时的初步参考，然后再调整其价格。例如，当企业判断价格 15 元无法销售 80 万个单位时，可以设定一个较低的价格，然后调整其销售量，再计算总成本，才能达成目标报酬率。

## 二、需求导向定价法

成本导向定价法是在单位成本之上附加固定毛利率或期望利润额，而不考虑市场需求状况，是一种内向型的定价法。而需求导向定价法，也称需求基准定价法，所考虑的却是需求强度，而非成本水准，是一种外向型的定价法；当市场需求强时，定价就高；当需求弱时，定价就低，不管成本的大小。

差别价格(Price Differentiation)或价格歧视是常见的一种需求导向定价法。在这种定价法之下，一种商品以两种或两种以上的不同价格出售，而价格上的差异并非反应成本上的差异。差别价格有好几种不同的形式，依差异基准的不同而异，最常见的基准有顾客、产品、时间及地点。

### 1. 顾客基准的差别价格

以个别顾客为基准的价格差异，可以汽车的售价为例加以说明。在同一段期间内，有的人按照营销商的公告价格买到汽车，有的人的购买价格低于公告价格，但两部汽车完全相同，其交易成本也完全一样。两者售价不同的原因为顾客的“需求”强弱不一样，或对汽车的了解程度不同所致。对需求强、了解程度低的顾客，售价可能较高；对需求弱、了解程度高的顾客，售价可能较低；售价高低取决于顾客和销售员之间的议价能力。

除了买卖双方议价能力所造成的价格差异外，根据顾客群体的差异而采取不同价格的情况，有时是基于社会习惯或政府政策的不同而实施的，例如公交车车票价格对学生、老人、军人等给予低于普通票的优待价格，发电厂的电费因使用者是居民、工厂或单位而有所不同。至于医生对穷人收取“义诊”或“优待”诊费，电影院优待军警及学生等，则是根据顾客的负担能力及充分利用设备之考虑而采取的差别价格。

### 2. 产品基准的差别价格

差别价格也可以产品型号作基础，即对不同的产品型号制定不同的价格，但价格差异的幅度与产品成本的差异不成比例。例如，同样是洗衣机，塑钢洗衣机的售价比普通胶壳洗衣机的售价高许多，但此两种洗衣机除顶部的材质不同外，其余部分则完全相同，塑钢成本是比胶壳成本高，但塑钢洗衣机售价较高所反映的不全是材质不同所增加的生产成本，而是一种心理上的需求。

### 3. 地点基准的差别价格

地点也是一种效用，因此可按照不同的地点制定不同的价格。例如，电影院、演唱会可依座位位置不同而制定不同的价格，就是一个明显的例子。虽然所有座位的建造成本大致相同，但由于不同位置的效用强度不同，就可对不同地段的座位制定不同的价格。如果对所有座位都制定相同的高价格，则可能前排座无虚席，而后排将有许多空位；如果所有座位都是相同的低价格，则许多人将会提早排队，等候购买前排的好位置的座位；如果对不同位置的座位制定不同的价格，则每一顾客所付出的价格会等于或接近他所愿付出的最高价格及所获得的效用，而且所有的座位都可能卖出，电影院和演唱会也会获得较大的收益。

4. 时间基准的差别价格

按照不同时间而定不同价格的情形也很多。人们在不同的季节、不同的日期或不同的时刻，对产品需求的强度都会不同，因此可依时间的不同而制定不同的价格。例如，电话费率在晚上和节假日较便宜，在白天较贵；旅馆在淡季时有折扣优待顾客，在旺季则根据原定价格收费；旅行社在春节和“十·一”长假期的外出旅游费用就比平日高。

不管差别价格的基准是顾客、产品、时间还是地点，要切实可行，必须具备以下的条件：

(1) 市场必须可加以细分，且每个细分市场的需求强度均不相同。

(2) 价格较低之细分市场的顾客，不可能将产品转售给价格较高的细分市场的顾客。

(3) 竞争者不曾往高价的细分市场中采取低价倾销的策略。

(4) 将市场细分化的执行成本不会大于其收益。

(5) 价格差异不会违反相关法律的规定。

## 三、竞争导向定价法

前述的成本导向定价法仅考虑成本因素，具有局限性；而需求导向定价法仅考虑需求因素，只有在顾客之需求较强或竞争者不多时方为可行。竞争导向定价法，也称竞争基准定价法，则以竞争者的价格，而非成本或需求作为其定价的主要考虑因素。竞争导向定价法主要有竞标法和追随领袖定价法。

1. 竞标法

有关重大工程、机器设备等的购置，往往采用公开招标的竞争方式。在此种情况下，厂商报价水准的主要考虑因素是竞争者可能报出的价格，而非考虑本身的成本与市场的需求。厂商希望自己开出的价格低于竞争者的价格，以便能取得合约。但厂商所报的价格也不能低于边际成本，否则得标只会使财务状况更加恶化。竞标法的基本原则是标价愈高，利润愈大，但得标的概率愈低；标价愈低，得标的概率愈高，但利润愈小。我们可以用期望值(Expected Value)的观念来说明一项标价的后果。假定投标价格为 8,000 万元，取得合约的概率很大，有 80%，但利润只有 200 万元，则这项标价的期望值为 160 万元。假如这家厂商的投标价格为 124,000 万元，如果得标可得 4,200 万元的利润，但得标概率只有 1%，则期望值只有 42 万元。其他的标价及其期望值列示如表 10-1 所示。

**表 10-1　不同标价的期望利润**

| 投标价格(万元) | 得标利润(万元) | 得标几率 | 期望利润(万元) |
|---|---|---|---|
| 8,000 | 200 | 0.80 | 160 |
| 10,000 | 2,200 | 0.40 | 880 |
| 10,500 | 2,700 | 0.10 | 270 |
| 12,000 | 4,200 | 0.01 | 42 |

假定这家厂商的投标准则是求取最大的利润期望值，根据表 10-1 所示的资料，最佳的标价是 10,000 万元，此时利润期望值为 880 万元。这种投标准则对那些时常参与投标的大

厂商,或不必依赖某一特定合约的取得才能生存下去的厂商较为适用,因为长期而言以这种准则来投标一定可以获得最大的利润。但对那些只偶尔参与投标,或是一定要取得某一特定合约否则无法生存下去的厂商而言,则不适宜。例如,其厂商对某项工程投标 X 元可获利润 1000 万元,得标概率为 10%;而投标 y 元可得利润 125 万元,得标概率是 80%。上述期望利润的投标准则就不能区分这两个标价孰优孰劣(因利润期望值同为 100 万元)。如果这家厂商亟欲取得此合约以维持继续营运,那么它将较为偏向标价 y。

运用竞标法的最大困难在于估计各个标价的得标概率,因为它需要竞争者的投标价格信息;但每一个竞争者都不会泄漏本身的意向,因此厂商往往凭借猜测、工业间谍或者过去的投标经验来判断得标概率。

2. 追随领袖定价法

在许多产业中,往往存在一家或少数几家厂商在定价方面居于领导地位。这种情况在寡头竞争的产业中尤其普遍,像汽车、钢铁、化肥等行业就常有这种情形。其他厂商会密切注意产业中价格领袖的价格信息,并据以决定本身产品的价格。

不过,追随领袖定价法并不代表价格必须和价格领袖的价格完全相同,而是保持一定的差距,也许稍高,也许稍低,取决于其产品的市场地位与品牌形象而定。

身居领袖地位的厂商也不是可以任意决定其产品的价格,而须详细分析本身的定价目标与成本结构(成本与产量的关系)、竞争者的定价目标与成本结构以及整个产业的需求量及弹性等。如果定价太高,而其他竞争者并不相应追随,则此价格领袖将冒损失市场占有率的风险,即使其他竞争者也跟随采取高价,也可能会吸引其他厂商进入本产业,造成产能过剩。如果定价太低,威胁到其他竞争者的生存,则后者可能以更低价格报复,导致价格战争,都是不利的局面。因此,价格领袖必须审慎决定自身产品的价格。

## 10.3 新产品定价及价格调整

定价决策受到产品的成本结构、市场需求、外在环境和竞争力量等许多因素的影响,是一项非常复杂而动态的决策。定价策略常随着产品生命周期的演进而不断地改变或调整。

### 一、新产品定价策略

新产品在投入期的定价策略是非常具有挑战性的,首先应根据新产品究竟是模仿现有产品的非创新性产品还是有专利保护的创新性产品而制定不同的价格策略。

1. 非创新性产品的定价

如果新产品是模仿现有产品而非创新性产品,则应先根据新产品与竞争产品在价格与品质上的比较,决定新产品的定位,然后再来选择适当的定价策略。如图 10-3 所示,营销商有 4 种定价策略可供选择。

(1) 溢价策略(Premium Pricing Strategy):生产高质量的产品,定价较高。

| 品质＼价格 | 较高 | 较低 |
|---|---|---|
| 较高 | 溢价策略 | 超值策略 |
| 较低 | 超价策略 | 经济策略 |

**图 10-3 价格——品质策略**

(2) 经济策略(Economy Pricing Strategy)：生产较低质量的产品，制定低价。

(3) 超值策略(Good-Value Strategy)：这是攻击高价策略者的一种方法。它提供高质量的产品，但价格较低，强调物超所值，可吸引对质量敏感的购买者。

(4) 超价策略(Overcharging Strategy)：相对于其质量而言，价格过高。此策略迟早会让购买者感到受骗而停止购买，因此应避免采用。

2. 创新性产品的定价

对拥有专利保护的创新性产品，营销商有两种定价策略可供选择，即撇脂定价(Market-skimming Pricing)和渗透定价 (Market-penetration Pricing)。

(1) 撇脂定价

许多发明新产品的公司在新产品上市初期制定高价，以便能从市场中快速收回投资及获得收益，此称为撇脂定价。英特尔(Intel)公司就是采取此策略的高手。当英特尔首先推出一种新电脑芯片时，它尽可能把价格定在最高点，使某些细分市场认为正好值得去购买装有此新芯片的电脑。当初期销售量缓慢下来以及竞争者也要推出相似的芯片时，英代尔就会降价以吸引对价格敏感的细分市场。

例如，当英特尔公司推出奔腾芯片时，每片价格 1,000 美元，结果电脑厂商把首批的奔腾 PC 定价在 3,500 美元或以上，只吸引那些前卫的电脑使用者和企业购买者。但在投入期之后，英特尔公司把奔腾芯片每年降价 30%，最后使奔腾 PC 的价格大幅下降到家庭购买者愿支付的一般价格范围内。利用此种策略，英特尔公司从不同的细分市场和不同的生命周期阶段获取最大的收益。

撇脂策略只有在下列三个条件下才行得通：第一，产品质量和形象必须支持较高价格，而且有足够的购买者愿在此价格水准下购买此产品；第二，产量较少时生产成本不会高到会抵消制定较高价格所得的利益；第三，竞争者不可能轻易进入市场并以较低价格出售。

(2) 渗透定价

渗透定价和撇脂定价正好相反。渗透定价是在新产品上市初期制定低价用以快速而深入地渗透市场——快速吸引大量购买者，赢取大的市场占有率。例如，Dell 和 Gateway 采用渗透定价，通过成本较低的邮购渠道去销售高质量的电脑产品。当 IBM、Compaq、苹果(Apple)和其他利用零售店销售的竞争者在价格上无法与之竞争时，Dell 和 Gateway 的销售量大幅上升。

渗透定价需要若干有利的条件：第一，市场必须对价格高度敏感，以便低价可带来更多的市场成长；第二，生产和分销成本必须随销售量的增加而下降；第三，低价必须有助于阻止竞争，否则，价格利益可能只是短暂的。例如，当 IBM 和 Compaq 建立了他们自己的直接分配渠道时，Dell 和 Gateway 就面临了困难。

## 二、价格调整策略

营销商在制定基价之后，常须考虑顾客差异、成本差异、时间差异以及市场情境的改变而做必要的价格调整或修正。折扣、折让、促销性定价、心理定价和地理定价是较常见的价格调整策略。

### 1. 折扣与折让

营销商为了鼓励顾客提早付款、购买较大量的产品或在淡季时采购等，常会给予价格折扣或折让。

(1) 折扣

折扣是直接减价，包括有多种不同的形式。

① 现金折扣。现金折扣是对迅速支付账款的购买者的价格优惠。典型的例子如〔2/10，30 天付款〕，意指账款在 30 天内付清，但若在 10 天内付款，则给予 2%的折扣。只要购买者能符合上述的条件，就可享有此种折扣。此种折扣在许多行业都非常盛行，并有助于改善销售者的现金流动性、降低呆账风险及收款的成本。

② 数量折扣。数量折扣是对购买大量产品之购买者的价格优惠。典型的例子如购买 100 单位以下，每单位 10 元；超过 100 单位以上，每单位 9 元。数量折扣对所有的顾客都要一视同仁，且不能超过因大量销售所节省的成本。这些成本的节省包括较低的销售费用、存货成本及运输费用。数量折扣可以鼓励顾客向同一厂商大量购买，而不要分散向多家厂商购买。

③ 功能性折扣：功能性折扣又称为中间商折扣(Trade Discounts)，是厂商对渠道成员执行某些功能(如销售、储存及登录等)所给予的折扣。制造商可因不同的交易渠道所提供的服务不同而给予不同的功能性折扣。但制造商对同一交易渠道内的成员必须给予相同的功能性折扣。

④ 季节性折扣：季节性折扣是对在淡季购买商品或服务的购买者的价格优惠。例如，旅馆、汽车旅馆及航空公司等，都会在其销售淡季时提供季节性折扣。季节性折扣的采用，可协助销售者全年维持稳定的生产量。

(2) 折让

折让是另一种降低产品售价的方式。例如，以旧换新折让是顾客以旧产品换取新产品的价格抵减。以旧换新折让在西方国家汽车业中最为常见，在其他耐久物的交易中也被使用。促销折让是对参与广告或销售支持活动之经销商的付款或价格优惠。

### 2. 促销性定价

在某些情况下，厂商会暂时性地将其产品价格定在价目表的价格以下，有时甚至低于成本。促销性定价有以下多种形式。

① 牺牲打定价：超级市场与百货公司常将某些产品项目以特别低的价格出售，以招徕更多的顾客来购买其他以正常价格出售的产品项目。

② 特殊事件定价：销售者常在某些特殊的假日、季节或活动时采取减价行动，借以吸引

更多的顾客。

③ 现金回扣：制造商有时会在某一特定期间内给消费者以现金回扣，鼓励他们多购买产品。现金回扣可使厂商在不减价的情况下达到出清存货的目的。

④ 低利融资：另一种不需降价又可达到促销效果的方法即是由厂商提供低利贷款，以刺激消费者的购买意愿。

⑤ 免费维修：厂商为提高顾客的购买意愿，可能提供免费维修与延长保证期的服务。这是另一种降低产品“价格”的方式。

3. 心理定价

心理定价是要鼓励购买者依据情绪反应而非理性反应来定价，包括有多种形式。

① 奇数-整数定价：这是以某些数字作为价格的尾数，试图影响购买者对产品或价格的知觉。奇数定价假定价格定在99.95元会比100元卖得更多。实证研究发现并未明显支持奇数价格会卖得较多的论点，但采用奇数价格者仍远较采用整数价格者为多。整数价格，如将价格订为32元而非31.95元，希望能使产品在顾客心目中有一种高级的形象。

② 习惯定价：有些产品主要是根据传统习惯的价格来定价。

③ 声望定价：有些产品故意定在高价水准，用以建立产品声望或质量形象。当购买者将较高的价格和较高的质量联想在一起时，此定价特别可行。

④ 价格线定价：为某些选定的产品线设定少数的价格水准，即为价格线定价。例如，某家零售商可能经销两条不同质量的男用衬衫产品线，质量较差的产品线卖每件15元，质量较好的产品线卖每件22元，每条产品线都各有多种款式和品牌的衬衫。价格线定价可简化顾客的购买决策。

4. 地理定价

地理定价是指对位于全国不同地区与不同国家的顾客制定不同的产品价格。营销商可向较远地区的顾客制定较高的价格以收回较高的运输成本，也可以不论地区远近均制定同样的价格。如向较远地区的顾客制定较高的价格，虽可反映厂商的运输成本，但可能会有丧失生意的风险；如均收取同样的价格，则价格将无法反映实际的运输成本。

营销商也可采用地区定价，即将市场根据距离远近分成两个或以上的地区，并分别制定不同的价格。凡在同一地区内的顾客均支付同一的价格；距离愈远的地区，价格愈高。

## 本章复习思考题

1. 营销学中的价格的含义？
2. 定价的影响因素有哪些？
3. 定价的方法有哪些？
4. 价格调整的策略有哪些？

# 第十一章　分销渠道

**本章学习要点**

1. 掌握分销渠道的含义、性质和类型；
2. 掌握制造商分销渠道的形成；
3. 掌握分销渠道的冲突和合作策略。

企业生产出来的产品，由于各种原因而存在着与消费者之间的时间和空间上的背离，绝大部分的制造商都不可能将产品直接销售给最终使用者。为了克服这种背离，只有通过不同类型的中间商转卖给最后使用者，也就是要凭借一定的分销渠道实施铺货工作，再经过物流的递送，才能在适当的时间、适当的地点以适当的方式把消费品提供给适当的消费者，从而满足他们的需要，为消费者创造消费价值，实现企业的营销目标。在现代激烈竞争的社会中，对消费品营销的营销商来讲，拥有合适的渠道结构和终端往往能够胜人一筹，脱颖而出，争夺消费者的战争首先是争夺分销渠道的行动，"决胜终端"、"渠道为王"的口号便是明证。在现代商业环境中，产品的终端表现已成为制造商关注的焦点，制造商把更多的目光投放在强化终端管理、争夺终端市场占有率上。营销商有时也采取终端拦截或封死渠道的做法实现自己的营销目标。因此，如何通过快速而有效的渠道将产品递送给消费者，被称为是企业所面临的最复杂、最富有挑战性的问题之一。

由于现代经济情形下，市场区域的扩大和延伸，中间商有许多种类型，制造商可以有相当大的空间来选择分销渠道。制造商在渠道上所做的选择会直接影响到其他的营销决策，诸如价格的高低、销售人员的工作内容、广告预算的多少等，都会受到其渠道决策的影响。

## 11.1　分销渠道的性质

大多数的制造商都是通过营销中介机构(即中间商)将商品由制造者移转至使用者和消费者手中。从狭义的角度来看，分销渠道是由制造者、使用者或消费者以及介于其间的中介机构组成的一种社会体系。从广义的角度来看，分销渠道是指产品或服务转移过程中所经过的路径，由参与产品或服务转移活动以使产品或服务便于使用或消费的所有组织或机构构成。

## 一、中间商的功能

中间商介于制造者或生产者与消费者或使用者之间，扮演非常重要的角色，能执行许多重要的营销功能。如表11-1所示，中间商的功能可分为交易功能、后勤功能和促成功能等三大类。

表11-1　中间商的功能

| | |
|---|---|
| 交易功能 | 采购：购买产品用以转售<br>销售：把产品推销给潜在的消费者并争取订单能风险承担：承受制造商的风险（因拥有产品而发生产品变质、损毁或过期的风险） |
| 后勤功能 | 产品集合：将不同地域的产品集中在一起<br>储藏：维持存货和保护产品以满足消费者的需要<br>分类：大量采购并分装产品。包括：(1) 集中，将相似的产品从不同来源集合成一批较大量的同质供应品；(2) 分装，把同质的供应品分装成较小的包装；(3) 组合，把不同来源的产品组合起来服务消费者；(4) 整理，把异质性的供应品分解成单独的同质性的存货<br>运输：将产品从制造的地点运送到采购或使用的地点 |
| 促成功能 | 财务：提供资金或贷款以促成交易<br>分级：检验产品，并根据产品质量分成等级<br>营销研究：收集有关市场环境、预测销售量、消费趋势和竞争力量的信息；提供有关的信息 |

(1) 交易功能：在交易方面，中间商除买卖产品之外，也可以承担因拥有产品而发生产品变质、损毁或过期的风险。

(2) 后勤功能：在后勤方面，中间商可将在各地生产或制造的产品集合起来，并加以储存及分类，以满足顾客的需要。同时，中间商也能执行产品运输的工作。

(3) 促成功能：在促成交易方面，中间商可提供信用及资金，进行产品分级，并从事营销研究，收集有关的市场信息，以使交易能顺利进行。

## 二、运用中间商的利益

就直观来看，制造商可以采取直接营销（也称直复营销）的方法，不通过中间商而直接将产品售给最终顾客，以省略中间商的工作。但是，大多数的制造商却愿意将一部分的销售功能交给中间商去执行，显然是因为采用中间商可以获得某些利益。这些利益包括：

(1) 大部分的生产商缺乏足够的财力来执行直接营销的方案。即使像美国的通用汽车、日本的丰田汽车和统一企业等那样的大型企业都无法筹集足够的资金买下它们的所有中间商，而须通过其代理商和经销商来执行许多销售功能。

(2) 如采取直接营销，则为达到大量分销的经济效益，在渠道中必须提供相当数量的产品供分销之用，才能够降低成本。但对许多生产单一产品的制造商，如小饼干制造商，即使有财力自行建立全国性或地区性的小型零售店，或派人逐月推销或采取邮购方式推销，也都不切实际。如果利用分布在全国各地的中间商销售网络，而与其产品之外的其他商品一起销售（如与小饼干以外的其他零食一起放在杂货店或食品店中销售），将降低许多分销成本。

(3) 制造商即使拥有足够的财力可以建立和开发自己的渠道，也必须考虑其机会成本；假若将该笔庞大资金用于其他投资也许可以获得15%的投资报酬率，而投资在零售商却只有10%的投资报酬率,它当然不宜去建立自己的零售店。

(4) 应用中间商的分销经验、专业能力以及与市场的接触面,可使商品更容易接近目标市场,更方便顾客购买,所能获得的效益通常会大于制造商直接营销的成果。

(5) 中间商的存在可以减少买卖双方为了完成交易所需要的交易次数。此种利益可以图11-1的假设状况来说明,图11-1中(A)部分表示三家牛奶生产者分别利用直接营销来接触各自的4个顾客,共需12次的交易;(B)部分表示三家生产者共同经由一位经销商和顾客进行交易,只需7次的交易。如果制造商的数目增加为m个,顾客增加为c个,则(A)情况需要m×c次交易,但(B)情况则仅需m+c次交易。换句话说,前者是等比级数的增加,后者为等差级数的增加,因此自然能大幅度减少交易的次数。

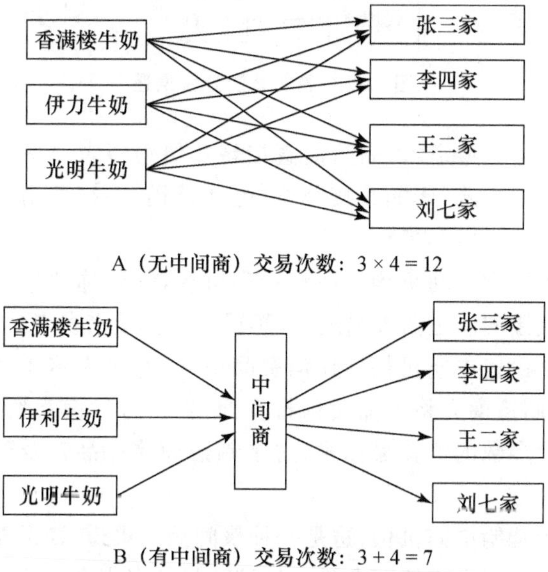


**图11-1 中间商可减少交易次数**

## 三、分销渠道结构

在了解分销渠道结构之前,我们首先要引入渠道层级的概念。分销渠道可根据渠道层级(Channel Level)的数目来加以描述。任何执行将产品移转至最终购买者的中间商,均构成一个渠道层级。由于生产者与最终顾客也都执行某些工作,因此他们也是渠道的一员。我们通常以渠道层级的数目来表示渠道的长度(Length)。

分销渠道结构是指参与完成产品或服务所有权由制造商向消费者或客户转移过程中的组织或个人的构成方式。以下将分别介绍消费品和工业品的渠道以及其他渠道的结构。涉及的问题包括:每一个区域设置多少网点?分销渠道需要发挥什么样的职能?一体化程度需要达到什么样水平?渠道职能如何在渠道成员之间进行分配或安排?渠道的集中程度、规范程度、标准化程度如何?分销渠道由哪几个层级构成?每一个层级又由哪些类型的渠道成员构成?分销渠道的结构的本质,是分销任务还是渠道职能在渠道成员之间的分解或分配?

1. 消费品的渠道结构

消费品的分销渠道结构，如图 11-2 所示，主要包括零级、一级、二级和三级等四种不同长度的分销渠道。

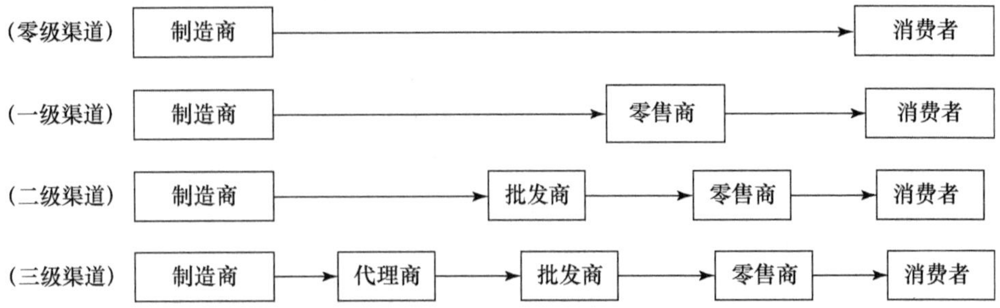


**图 11-2　消费品的分销渠道**

零级渠道也称直接分销渠道，因制造商直接售货给消费者或使用者，并未运用中间商。直接营销有许多种不同的方式，诸如直接邮购、电话营销、电视营销、互联网营销、制造商自营零售店等。

一级渠道包括一个销售中间机构。在消费品市场，一般称此中间机构为零售商。许多大规模的零售商店常直接向制造商大量进货，然后再转卖给消费者。

二级渠道包括两个销售中间机构。在消费品市场，称之为零售商和批发商。这是消费品最常用的营销渠道，制造商先将产品卖给批发商，再由批发商卖给零售商，最后由零售商卖给广大消费者。对大多数的消费品而言，这是制造商将产品普及到广大市场的最可行的一种渠道。

三级渠道包括三个营销中间机构，这是一种最间接的渠道，商品从制造商经过代理商卖给批发商，再卖给零售商，然后卖给消费者。代理商只负责中介买卖，并不拥有产品所有权。许多小规模的制造商无力维持自己的销售团队，只好借助代理商担任他们的销售代表去和批发商接洽。

2. 工业品的渠道结构

如图 11-3 所示，工业品的分销渠道结构主要有零级、一级和二级等不同长度的分销渠道。

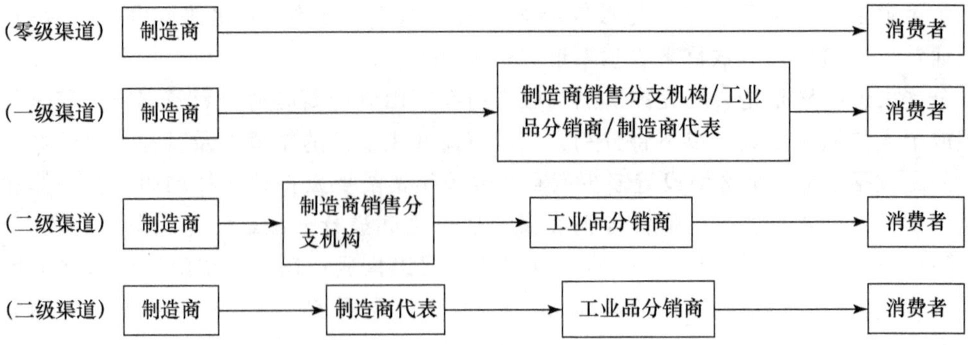


**图 11-3　工业品的分销渠道**

零级渠道是工业品最常用的渠道,产品直接从制造商卖给工业品购买者。当工业品购买者的规模大,或销售需要广泛的谈判,或产品的单价高或产品需要广泛的服务时,这种直接渠道是最有效的渠道。例如,复杂而精密的电脑设备制造厂商常利用此种渠道,直接将产品卖给工业品购买者,并以其有专业技术能力的销售人员为购买者提供最好的售后服务。

一级渠道有两种情况:一种情况是制造商经由工业品分销商(Distributor)或自己设立的销售机构或自己的销售代表将产品卖给工业品购买者。其中分销商是专为工业品市场服务的一种批发中间商,提供多样化的服务,包括市场推广方面的服务。当产品要卖给许多工业品购买者,而这些工业品购买者只是小量购买时,利用分销商是很有效率的做法。建材和电脑软件就是例子。

另一种情况是制造商经由代理商(而不是分销商)将产品卖给工业品购买者。代理商只起买卖双方中介人的角色,并不拥有产品所有权。有些制造商因规模较小或其他原因,没有营销或销售部门,但需要市场信息。或想引进新产品或进入新市场,但不使用自己的销售人员。此时,利用代理商不失为一种有效率的做法。

二级渠道是制造商通过自己的销售机构或销售代表将产品卖给工业品分销商,再由工业品分销商将产品卖给工业品购买者。如果工业品购买者只是小额购买,此时利用二级渠道是一种实际的选择。

3. 多重渠道

为了面向不同的市场,制造商可能会为其产品运用若干不同的分销渠道。制造商可能使用某种类型的渠道来服务消费品购买者,同时使用另一种类型的渠道来服务工业品购买者。

在某些情况下,制造商可利用多重渠道来执行其多品牌的策略。它用某一条渠道来经销某一个品牌的产品,用另一条渠道来经销另一个品牌的产品。例如,惠浦公司用自己的惠而浦品牌名称卖家用电器产品给消费者,用 Kenmore 的品牌名称卖家用电器用品给西而思(Sears)百货公司。

运用两种类型或以上的渠道来经销相同的基本产品给一个目标市场,称之为双重分销(Dual Distribution)。运用双重分销的目的在于扩大市场的涵盖范围,或使营销工作更具成本上的效益。例如,美国的 Quaker Oats 公司通过超级市场、餐厅、仓储联合社、现烤现卖面包专卖店以及飞机、学校与医院的餐点将其早餐产品卖给消费者。

4. 战略性渠道联盟

建立一个新的渠道是困难且费时的,当涉及国际市场分销时尤其如此。因此,不同的渠道成员间可能会为了互利而寻求一种密切的关系,此种关系就称为战略性渠道联盟。例如,鲜花的零售商店 Calp&Corolla 了解到要把鲜花从栽种者直接运送给消费者,必须和栽种者及运送者维持密切的关系,因此该商店说服栽种者与联邦快递(Federal Express)一起合作,达到快速和高质量的要求。

5. 反向渠道

传统上,分销渠道是将产品从制造商或生产者运送到最终使用者。但有时候产品也会做反方向的行动,即从最终使用者转移到制造商或生产者,此种渠道称为反向渠道(Reverse Channel)。

反向渠道有两种类型,一是回收再利用,二是召回。随着环境保护意识的提高,回收再利用日益受重视；如空瓶和空罐由回收公司回收后再卖给制造商使用，即属一种反向渠道。召回是指制造商发现其产品有瑕疵时，可能会通知购买者送回其产品，并由制造商退款，或予更换，或加以修理。例如，日本三菱汽车公司发现其在中国销售的帕杰罗汽车的某零件有缺陷，于是将已卖出的汽车召回修理或更换，就是一种反向渠道。

6. 电子渠道

20 世纪后半期，人类经历了互联网技术革命的浪潮冲击。互联网的兴起和普及不仅改变了人类社会的生活方式，而且将从根本上改变分销渠道的结构和战略，以致未来的分销前景与我们今天所看到的完全不同。电子分销渠道的出现便是最主要的表现之一。罗森布罗姆认为，电子分销渠道指的是应用互联网提供可利用的产品和服务，以便使用计算机或其他能够使用技术手段的目标市场通过电子手段进行和完成交易活动。电子分销渠道的出现，使得制造商能够绕过批发商和零售商，直接将产品或服务出售给消费者。这种现象称之为非中介化(Disintermediation)。不过，消费者在大量的在线制造商之间进行选择是相当困难的。因此新的在线辅助手段正在出现，它们取代了传统中介的角色。这些手段被称为再中介化(Reintermediation)，它们在数字环境中充当了新中介的角色。

7. 制造商与中间商之间基于业务分工关系的分销渠道模式

制造商(厂商)与中间商之间的合作关系有多种形态。中间商在渠道网络中可以扮演多种角色，起到多种作用。制造商往往需要借助中间商的力量把产品分销出去，这中间的大量工作都需要与中间商之间进行适当的分工和合作，形成各种管理模式。从中国企业的分销渠道的实际来看，厂商与中间商的关系结构模式大概有四种渠道模式。(1) 传统渠道模式。厂商直接以经销商为自己的下级批发商，厂商的目标客户主要以一级经销商为主，对分销渠道的管理也主要是对这个一级批发商的关系协调。(2) 代理模式。厂商可以利用代理商的现有销售网络迅速建立分销渠道。在这种模式下，厂商按照商定的条款把产品交给代理商就可以了，由代理商负责完成余下的把产品分销给消费者的工作。(3) 掌控终端模式。厂商建立了直接管理终端的销售方式，直接管理的客户从经销商、代理商转变成了终端客户。在这种模式下，中间商在产品分销过程中只是起到了中间流转环节的作用，大量的关键性分销工作主要是由厂商完成的，中间商只起着配角的作用。(4) 厂商助销模式。厂商通过投放由自己管理和控制的人、财、物等各类资源，全面系统地支持经销商开拓市场。在这种模式中厂商与中间商齐心协力地完成产品的分销工作，在此过程中根据分销业务的需要各自扮演着恰当的分工角色。这四种渠道模式各自工作的内容如表 11-2 所示。

**表 11-2　不同渠道模式下厂商与经销商的工作分工①**

| | 传统模式 | 代理模式 | 掌控终端模式 | 厂商助销模式 |
|---|---|---|---|---|
| 厂商关注点 | 厂商仅关注与一级经销商的业务关系 | 厂商仅关注与代理商的业务关系 | 厂商关注经销商对终端产品的配送与终端服务需求的实现 | 厂商关注经销商对终端产品的配送与终端服务需求的实现 |

① 见《医药经济报》2007.5.11 第 5 版。

续表

| | | 传统模式 | 代理模式 | 掌控终端模式 | 厂商助销模式 |
|---|---|---|---|---|---|
| 厂商对终端的拉动力 | | 根据产品特性选择相应的消费者进行拉动 | 厂商对终端无拉动力，代理商直接面对终端 | 根据产品特性选择相应的消费者进行拉动 | 根据产品特性选择相应的消费者进行拉动 |
| 厂商与经销商的分工 | | 经销商完成全部销售服务，厂商监控少 | 代理商完成全部销售服务，厂商监控销售区域和价格管理 | 厂商完成终端推动和终端服务，经销商重点完成物流配送 | 厂商完成终端推动和终端服务，经销商重点完成物流配送 |
| 具体业务分工 | 新客户开发 | 经销商完成 | 代理商完成 | 厂商完成 | 厂商/经销商共同完成 |
| | 客户拜访 | 经销商完成 | 代理商的工作重点 | 厂商完成 | 厂商/经销商共同完成 |
| | 订单处理 | 经销商的工作重点 | 代理商的工作重点 | 厂商/经销商共同完成 | 经销商完成 |
| | 促销 | 经销商完成 | 代理商完成 | 厂商/经销商共同完成 | 厂商/经销商共同完成 |
| | 仓储配送 | 经销商的工作重点 | 代理商的工作重点 | 经销商完成 | 经销商完成 |
| | 收款对账 | 经销商的工作重点 | 代理商的工作重点 | 经销商完成 | 经销商完成 |
| | 售后服务 | 经销商完成 | 代理商完成 | 厂商/经销商共同完成 | 厂商/经销商共同完成 |

## 11.2 分销渠道的整合

传统的分销渠道是由独立的制造商与中间商所组成。每一个渠道成员都有自己的目标和策略，彼此常缺乏协调，常常发生利益冲突的情况，影响整个渠道的绩效。为改善传统渠道的缺陷，渠道的结构应做适当的修正。将渠道改成水平或垂直的整合是常见的做法。

### 一、水平的渠道整合

水平的渠道整合是将属同一层级的两家或以上的渠道成员结合起来。这些成员可将彼此的资金、生产能力或营销资源结合成为一体，以获得较各自独立作战时更大的绩效。水平整合可以是暂时性的，也可以是永久性的，甚至可另外创立一家独立的公司。

美国德州的 Lamar 储蓄银行和 Safeway 商店合作，在 Safeway 商店中设立储蓄部门和自动柜员机；Lamar 得以低成本快速进入市场，Safeway 则可为其顾客提供店内银行服务。这是水平整合的一个例子。

## 二、垂直的渠道整合

垂直的渠道整合是指属于不同渠道层级的成员间的协调合作,它最常以垂直分销系统(Vertical Marketing System,VMS)的形式呈现。

垂直分销系统是一种中央规划及管理的分销渠道,用以避免资源的重复投资,达到整个渠道的最大效率。如图 11-4 所示,垂直分销系统有三种不同的类型,即管理型(Administered VMS)、契约型(Contractual VMS)和公司型(Corporate VMS)的垂直分销系统。

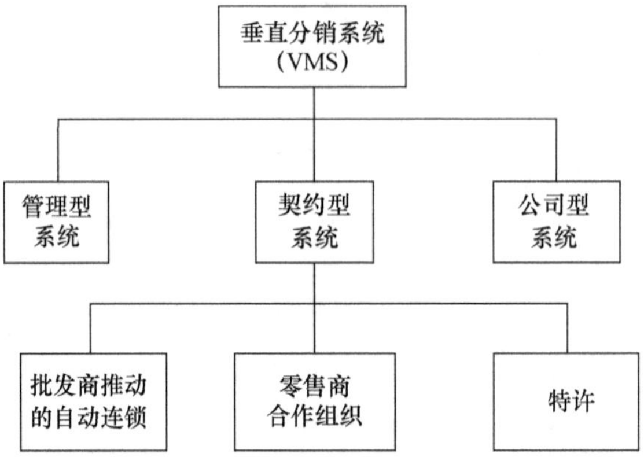


**图 11-4　垂直分销系统的类型**

### 1. 管理型系统

管理型系统是由一家具有优势力量的渠道成员来管理垂直分销系统,使各成员在做产销决策时能考虑到整个渠道系统的利益,彼此相互协调合作。例如,大零售商"玩具反斗城"对其玩具供应者(玩具制造商)的产品、价格和营销传播策略都有很大的影响力,但也相互依存,所以能成为管理型的渠道系统。

### 2. 公司型系统

公司型系统是一家公司拥有渠道中每一个成员的全部或部分所有权,因此这家公司对整个渠道的产销决策可有最大的控制权。在这种系统下,合作和冲突管理是通过正常的组织管道来处理。例如,西尔思公司有 50%以上的商品是由其拥有全部或部分股权的制造商所供应;AT&T 由其自己的 Phone Centers 连锁店来销售电话和相关设备;巨人食品公司(Giant Food Stores)经营一家制冰工厂、一家饮料工厂、一家冰淇淋工厂以及一家供应巨人公司各种面包与蛋糕的面包厂。

### 3. 契约型系统

契约型系统是由属于不同渠道层级的独立成员所组成,彼此通过契约的订立来整合产销决策,用以实现比各自为政时更大的经济效益和销售成果。契约型系统有三种类型:批发商推动的自动连锁(Wholesaler-Sponsored Voluntary Channel)、零售商合作组织(Retailer Cooperative)和特许(Franchising)。

(1) 批发商推动的自动连锁

这是由批发商将独立的零售商组织起来的自动连销,用以协助零售商对抗大型的连锁组织。在批发商的主导之下，零售商签订契约，同意将采购、市场推广、存货、定价等营销作业标准化，并加强彼此的协调，以提升竞争能力。例如，美国的独立杂货商联盟(Independent Grocers alliance，IGA)就是属于这种零售商的自动连锁。

(2) 零售商合作组织

这是由零售商自行组织且共同拥有、共同经营的批发组织。合作组织的会员零售商向合作组织购买大部分的货品，也共同制作广告，并根据购买量分享利润。参与合作组织的会员零售商有时还会使用同一店名以分摊广告费用。非会员零售商也可向合作组织购货，但不能分享利润。美国的联合杂货商(Associated Grocers)就是一个零售商合作组织。

(3) 特许

这是最常见的一种垂直分销系统。通过特许，母公司可授权其他企业组织参加它的渠道系统。被特许者(Franchisee)通常可使用特许者(Franchisor)的商标，也可从特许者那里获得许多营销、管理和技术方面的服务，但也要支付一笔费用给特许者。

① 特许的利弊

特许对特许者和被特许者都有好处，但也有一些缺点。对特许者的利益包括可获得一个现成的资金来源供扩张之用，也有能力去制定经营每个特许的政策。对被特许者的利益包括较大的知名度、广告方案的参与、供应商的价格优惠和企业经营上的指导等。

但对特许者来说，有时难以找到够多有资格的被特许者，同时被特许者的活动也比本身的员工更难以控制。对被特许者来说，如果特许者未提供足够的支持或对被特许者的当地市场情况不够了解时，特许是不会成功的。

② 特许的形态

特许有三种不同的形态

第一种形态为制造商推动的零售商特许系统(Manufacturer-Sponsored Retailer Franchise System)，盛行于汽车业。例如，福特汽车公司授权经销商销售其汽车。经销商为独立的企业经营者，他们同意配合销售与服务的各项规定。

第二种形态为制造商推动的批发商特许系统(Manufacturer-Sponsored Wholesaler Franchise System)，常见于冷饮业。可口可乐公司授权各市场上的饮料工厂(批发商)向其购买浓缩糖浆，再加入碳酸并装瓶后，直接将制成品销售给当地市场的零售商。

第三种形态为服务公司推动的零售商特许系统(Service-firm-Sponsored Retailer Franchise System)，这是由一家服务公司授权给一个零售系统，将其服务提供给消费者。常见的例子包括汽车出租业(Hertz，Avis)、快餐服务业(麦当劳、Burger King)及汽车旅馆业(Howard Johnson，Ramada Inn)。

## 11.3 制造商的渠道决策

制造商为经销其产品或服务，必须做好有关渠道的决策，才能有效地满足顾客的需要。制造商的渠道决策包括渠道的选择、分销强度、渠道成员的管理等决策。

## 一、渠道的选择

分销渠道的选择是一项繁杂的工作。制造商的营销人员在选择渠道时，通常要考虑目标市场、产品、中间商、制造商和环境等因素。

1. 目标市场因素

分析目标市场的特性是选择渠道的第一个步骤。营销人员应深入分析下列的市场因素。

(1) 顾客偏好。在其他选择因素的限制范围内，应设法选择顾客最偏爱的渠道。由于消费者偏好会随着时间的移动而变动，因此，渠道在建立之后也可能需要改变。例如，Fuller Brush 公司曾长年以其刷子和挨家挨户推销闻名，但因它的许多顾客(家庭主妇)后来都出外工作，不会在家等候上门推销的人员，因此不得不也采用目录和零售店来销售其产品。

(2) 消费者或组织顾客。组织顾客的购买习惯常与消费者的购买习惯有所不同。

(3) 地理位置。顾客地点也是另一个重要因素。例如，如果顾客规模小而且散布各地，利用直接营销就不切实际。但如顾客规模大且地区集中，直接营销就可能具适应性。

(4) 市场大小。直接销售需要在人工、培训和其他费用上做相当大的投资，而利用代理商所需的投资就小很多。因此，如果市场规模小，就适宜利用代理商。同时，潜在顾客的数目也会影响渠道选择，大量的潜在顾客就需要有大的中间商网络。

(5) 竞争。被竞争者忽略或规避的渠道通常是一个好的渠道选择。但在某些情况下，营销人员会模仿竞争者的渠道，以便使其产品在商店货架上能放置在竞争者产品的旁边。

2. 产品因素

若干与产品有关的因素会影响渠道的选择，包括以下几个因素。

(1) 产品的特性：在某些情况下，产品特性对渠道方案的选择有非常大的影响力。例如，易腐坏的产品为避免因拖延及重复处理所造成的产品损失，通常需利用直接的营销渠道；体积较大搬运不便的产品，如建筑材料、瓶装饮料等，在设计渠道时应尽量减少搬运次数，缩短搬运距离；某些需要较多售后服务的产品，如汽车、电脑等，则经常由厂商本身或厂商授权的中间商负责销售与维护。

(2) 生命周期：产品所处的市场生命周期阶段是渠道选择的一个重要考虑因素，渠道可能需要随着市场生命周期的演进而不断调整。

(3) 产品形象：产品所要的形象和顾客的实际知觉会影响渠道的选择。例如，产品只让少数有声誉的零售商来销售，可有助于建立一种豪华的或一流的产品形象；相反地，当 Gitano Group 让 Wal-Mart 和 Kmart 等这些低价的零售商也来销售它的牛仔裤和运动服装时，有许多零售商担心会危害到它们的商店形象，就不想再销售 Gitano Group 的产品。

(4) 价格：产品的价格也会影响渠道的选择。低价和数量大的产品通常会通过大而完整的分销网络来分配。例如，一家大规模的杂货批发商 Super Valu 的渠道系统可将杂货类产品有效率地运送到 3000 家以上的零售店。一些单价较高的产品，如珠宝、首饰等，则需由厂商的推销人员或自营店负责销售而不通过中间商去销售。

3. 中间商因素

在选择渠道时，营销人员也必须考虑中间商的特性、有无可用的中间商以及中间商的意愿和能力等因素。

（1）中间商的特性：在选择渠道时，必须考虑不同的中间商在执行各项渠道功能上的优缺点。例如，同时代理几家厂商的代理商，因为成本可以由几家厂商来分摊，因此成本较低，但是他们对个别制造厂商的服务或认同程度较低；相反的，制造商的独家代理商与制造商休戚与共，能全心认同和配合制造商，也愿意执行较多的渠道功能，但其要求的利润通常也较高。

（2）中间商的有无：选择渠道时，也要考虑有没有可用的或现成的中间商存在。有时因为找不到合适的或可用的中间商，制造商不得不考虑其他的渠道。在进军国际市场时，厂商尤其不宜设想一定会找到适宜的中间商。

（3）中间商的意愿和能力：有时厂商虽可找到合适的中间商，但如中间商的积极性不高或能力不行，厂商也必须选择其他的渠道。

4．制造商因素

制造商的营销目标和资源等因素是其选择渠道时必须考虑的因素。

（1）营销目标：制造商的营销目标对渠道的选择会有很大的影响。一家寻求以提供优质服务来建立长期顾客忠诚的公司和一家以低价来追求市场占有率的公司，它们可能不会选择相同的渠道系统。例如，Caterpllar 公司的一个重要营销目标是要满足顾客的长期需要，因此它所找的经销商是能够提供所要求之服务水准的经销商，即使有的经销商能以较低的价格销售 Caterpillar 的设备给一大群顾客，但因其没有能力达到顾客所要求的服务水准，Caterpillar 也不找他们做经销商。

（2）资源：不同的渠道方案需要不同的资源，有的渠道（如维持庞大的直接销售团队）需要很大的投资，有的渠道需要的投资不大。如果制造商本身的资源够大，自然可以有较多的选择空间；相反地，如果本身的资源有限，则只能选择投资不大的渠道。

5．环境因素

许多宏观营销环境因素会影响渠道的选择，这些因素主要包括经济和法律环境。

（1）经济环境：经济环境的改变会改变渠道的选择，因此随着经济环境的改变，渠道应该做适当的调整。例如，经济不景气时，制造商为了降低将货品送到顾客手上的成本，可能会采用较短的渠道，并且省略若干较不重要的服务，以期能以较低的价格供应给顾客。另外，在经济不景气时，消费者很可能会改变他们的购买行为，更多地到廉价的零售店去购物，因此只要不伤害产品的形象，通常制造厂商会多利用那些廉价的零售店。

（2）法律环境：渠道的选择会受到若干法律的规范和限制。因此，制造商在选择渠道时，必须注意相关法律的规定。

## 二、分销强度

分销强度是指在各渠道层级中中间机构的数目，也称铺货率。制造商在选择好渠道之后，尚需进一步决定分销强度的水平，也就是决定要找多少家中间商。营销人员有三个分销强度水平供选择：独家分销、密集性分销和选择性分销。

1．独家分销

在独家分销下，厂商限制中间商的数目，也就是只让数目有限的中间商拥有在他们的市场范围内独家经销公司产品的权力。通过提供独家经销权，生产者希望能在销售方面对中间商拥有更多的控制权。独家分销可加强公司产品的形象，并可获得较高的利润率。独家分销常出现于新汽车、主要家电用品以及名贵女士时装的分配。例如，劳斯伦斯汽车就是采用独家分销策略，只选用很少数的经销商，即使在大都市也只有一两家的经销商。

2. 选择性分销

选择式分销是使用一家以上的中间商来经销产品，但其数目比所有愿意经销此商品的中间商数目要少。采用选择式分销的公司不需要将其力量分散到太多的销售点，公司也能与所选定的中间商建立良好的工作关系，从而获得超过平均水平的销售支持。选择性分销可使生产者获得比密集性分销还要多的控制权，并能以较低的成本拥有良好的市场覆盖范围。

选择性分销也有助于支持产品的良好形象。有许多消费品必须要维持豪华的形象才能获得市场的成功，常利用选择性的分销策略，限制销售点的数目。例如，在化妆品市场，封面女郎(Cover Girl)是以广大的消费大众为目标市场，故可在折扣商店买到封面女郎化妆品，但 Estee Lauder 的目标市场较小，是以经济状况较好的女性为销售对象，但只能在较高级百货公司才买得到。

3. 密集性分销

密集性分销策略的特色是尽可能地把产品陈列在最多的零售点。当地点的便利性是消费者的重要考虑因素时，提供密集性的分销非常重要。此策略通常适用于便利品（如香烟、汽油、香皂、零食等）和常用的原料。

美国的固特异(Goodyear)轮胎公司是采行密集性分销策略相当成功的一个例子。为了扩大市场的涵盖范围，固特异公司分别利用三条分销渠道：第一条渠道是固特异公司自营的连锁零售店，第二条渠道是为数远比自营零售店要多的特许商店(Goodyear Go Centers)，第三条渠道是独立的轮胎经销商。独立的经销商除经销固特异轮胎外，也经销其他品牌的轮胎。通过这三条渠道，固特异公司便能在销售量和利润率方面获得最佳的组合。

## 三、渠道成员的管理

制造商在选择好渠道及决定分配强度之后，必须进一步选择个别的渠道成员（中间商），并做必要的激励与评估。

1. 渠道成员的选择

在选定的渠道中，制造商应尽力去吸引合适和够格的中间商。在选择中间商时，厂商应先决定要采用哪些特征来区分中间商的优劣。制造商在选择中间商时所考虑的因素大致包括中间商的历史、经销的产品线、营业类别、获利能力、地点、顾客类型、销售能力、信誉、合作意愿等。

在某些情况下，制造商可能没有能力找到或吸引最合适的中间商，只能退而求其次选用次佳、甚至是较不理想的中间商。例如，帕瑞得公司刚成立时，因无法争取到照相器材店来销售其新型照相机，只好利用大量销售的零售点来经销其照相机。

2. 渠道成员的激励

中间商一旦选定之后，还须持续给予激励，使他们能全力销售制造商的产品。厂商不仅要通过中间商来销售其产品，也要把产品卖给中间商。

要激励中间商,取得中间商的真诚合作,最有效的方法是设法和中间商建立长期的合伙关系。制造商可以通过垂直营销系统的安排和中间商建立共存共荣的长期合作关系,使中间商愿意投入最大的心力,以最有效的做法来销售制造商的产品,达到双赢的目标。

按照我们讲的"授之以鱼,不如授之以渔",制造商可以通过向渠道成员提供"造血机制"的方式来激励渠道成员。也就是说,制造商不仅要让下游的各级经销商赚钱,而且要教会他们赚钱的方法。但是,这样一来,就对制造商的营销能力提出了极高的要求。不断提高经销商的市场经营能力,提高其市场业绩,不仅体现了制造商"与经销商共赢"的渠道战略,而且,提升经销商的竞争力其实就是提升制造商自己的竞争力。

3. 渠道成员的评估

制造商也必须定期或不定期地评估中间商的绩效,评估标准包括销售配额、平均存货水准、顾客送货时间、损坏与遗失货品的处理、对厂商促销和训练方案的合作程度、对顾客的服务等。

中间商评估的结果应作为奖励或惩罚的依据,评估才有效果。对评估结果优秀的中间商,应予以表扬和奖励;对于评估结果不良的中间商,应设法了解其原因,加强辅导与训练,在不得已时方可予以撤换,终止经销关系。

## 11.4 渠道的合作、冲突与领导

分销渠道中有三种可能的关系,即渠道合作、渠道冲突与渠道领导。

### 一、渠道合作

分销渠道是由许多个别的组织和个人所组成,这些渠道成员常常是彼此独立的。为了有效发挥渠道的功能,所有的渠道成员必须通力合作,提升渠道的竞争力。为了促进渠道的合作,制造商必须了解中间商的需要和预期,中间商也要了解制造商的需要和预期,并相互协助和支持。批发商、代理商和零售商之间也要彼此增进了解,提供支持。

在一个渠道合作的情境中,渠道的整体利益通常会比单个渠道成员基于自身利益的算计而各自为政时所获得的利益总和要大。通过渠道合作,渠道成员往往也更能有效地满足目标市场的需要。

### 二、渠道冲突

渠道冲突是指下述这样一种状态:一个渠道成员正在阻挠或干扰另一个渠道成员实现自己的目标或有效运作;或一个渠道成员正在从事某种会伤害、威胁另一个渠道成员的利益,或者以损害另一个渠道成员的利益为代价而获取稀缺资源的活动。渠道冲突常发生在垂直、水平与多重渠道中。

1. 水平冲突

水平冲突是指同一渠道阶层中各成员间的冲突。例如,在芝加哥的某些福特汽车经销商抱怨该地区的其他经销商在价格和广告方面过度竞争或跨区销售,抢走了不少生意。又如,有些 Pizza Inn 的特许店抱怨 Pizza Inn 的部分特许店用料成分不实,服务态度不好,破坏了顾客对 Pizza Inn 的整体形象。

2. 垂直冲突

垂直冲突是指同一渠道中不同阶层间的冲突。例如，通用汽车公司为了加强服务，在制定定价及广告政策时曾与其经销商发生冲突；可口可乐公司也曾因为其所属的某些饮料厂商同意替 Dr. Pepper 产品装瓶而与这些厂商有过冲突；McCulloch 在决定越过其批发商而直接将其链条锯卖给像 JC Penney 和 Kmart 这类大零售店，而让大零售商直接与其较小型经销商竞争时，曾造成冲突；固特异公司决定将其轮胎通过商店经销时，也曾和其经销网络发生冲突。

3. 多重渠道冲突

多重渠道冲突是当制造商建立两条或以上的渠道，且彼此在同一市场相互竞争时所产生的冲突。例如，当 Levi Strauss 同意在其传统的专门店渠道外，也将其牛仔裤产品卖给西尔思与 JC Penney 这两家大零售商店时，便遭到专门店的强烈不满；一些服饰制造商，如 Ralph Lauren、Liz Claiborne 与 Anne Klein 等，开设它们自己的商店时，那些平时销售它们的服饰的百货公司即大为不满；当固特异公司把其畅销的轮胎品牌也让西尔思、沃尔玛和 Discount Tire 等大型零售店去经销时，也曾使它的独立经销店大为恼火。

除了上面的三种渠道冲突形式外，还有一种重要的渠道冲突形态——窜货。窜货也称“冲货”或“越区销售”，是指分销渠道中的某个中间商受经济利益的驱使，为获取非正常利润，以低于正常价格向授权区域以外的地区倾销产品造成市场价格混乱，从而对其他渠道成员造成经济上的损害和经营上的麻烦，亦使受害渠道成员对产品销售失去信心的营销行为。

造成某些渠道成员窜货的原因有多种。①不同渠道成员得到商品的价差太大为窜货提供了直接原因。这种价差可能是地区之间的价差；可能是不同季节之间的价差；可能是调价前后的价差；可能是大小客户之间的价差；可能是不同订货量之间的价差，等等。②销售管理政策的缺陷为窜货埋下了祸根。表现在：年度销售任务目标定得太高，渠道成员和企业自己的区域销售经理和业务员都感到难以完成任务，此时只有铤而走险合谋实施窜货，甚至贴现窜货；年终为完成销售任务，为了个人业绩，区域经理要求中间商压货，并以其他促销措施相支持(变相降价)，来年中间商只有窜货才能变现资金；对中间商的奖励政策不合理：当奖励随几何级数增加时，导致中间商为拿奖励而窜货；年终返利太高，使得中间商为了年终的高额返利而大肆窜货；实物奖励的政策导致某些中间商在自己的销售区域内由于市场饱和不能甩掉库存而不得不窜货。③中间商和业务员缺乏诚信和商业道德是造成窜货的社会原因。主要体现在：中间商和业务员为了不费力气就拿到利润，不惜低价出货，销到异地(尤其是销量大、中端促销作的好的区域)去；一些中间商与企业业务员甚至区域经理联合造假；中间商对一些即将过保质期的产品大量甩货；当中间商资金困难需要套现时，也会不惜低价倾销；中间商欲放弃我们的产品或者即将倒闭时，会低价窜货乱市，等等。

渠道冲突有时会形成良性的竞争，促使渠道成员更加卖力，有助于提升整个渠道的绩效。但渠道冲突有时则会造成力量的抵消，降低渠道的整体绩效。为避免或降低渠道冲突的不利影响，对渠道冲突必须加以管理。每个渠道成员的角色应明确定位，以免因角色模糊或混淆不清而造成不必要的冲突。

渠道冲突的解决方法要根据冲突性质的不同采用不同的方法。一般而言，有四种方法：问题解决法、劝解法、讨价还价法和第三方介入法。问题解决法是通过讨论或商谈找到使双方都能够接受的解决冲突的方案,其前提是冲突双方有事先约定好的共同目标,双方都有维持良好关系的愿望。劝解法是指一个渠道成员试图通过说服的方式改变另一个渠道成员对于一些重要问题的看法或决策标准。讨价还价法是指冲突的双方通过讨价还价的程序为双方寻找一个得与失的平衡点,只有一方或双方都做出某种程度的让步,冲突才能解决。第三方介入法是指双方的冲突达到较高的水平且冲突双方感觉到难以在他们之间达成满意妥协的情况下,引入第三方的力量加以协调和解决。

### 三、渠道领导

在每一条渠道中,通常会有一个渠道成员扮演渠道领导的角色,扮演这种角色的成员通称为渠道领导。例如,在麦当劳汉堡的特许体系中,特许者(即麦当劳)就是领导渠道的渠道领袖。让一个强有力的渠道领袖来担当促成渠道合作、统领渠道成员的角色,并管理渠道的冲突,对提升整个渠道的整体绩效通常是很有帮助的。

渠道领袖之所以能够领导渠道成员群体,很显然是因为它拥有某种渠道权力(Channel Power)。渠道权力有以下四种。

1. 奖赏权

当渠道领袖有能力对渠道成员所做的有利行动给予奖赏时,就是拥有奖赏权。例如,渠道成员订单达到某一特定数量时给予价格上限(同意价格不曾超过某一特定水准)的奖赏就是一个例子。

2. 专家权

在某些情况下,独立的杂货业和五金业的零售商会给批发商权力,以回报批发商的专业知识。例如,独立杂货商联盟(IGA)会对小杂货商提供广告.定价和其他营销问题的指导。

3. 合法权

合法权是指渠道成员相信渠道领袖有权力去控制渠道。在公司型和契约型的垂直营销系统(VMS)中,这种权力最为明显,渠道领袖甚至可能拥有其他的渠道成员。

4. 强制权

强制权是指渠道领袖拥有经济权力可迫使其他成员顺从。这种权力可能是负面的。强制权并不像其他类型的权力那样基于互利的权力移转,渠道成员是因不想遭受到惩罚才顺从渠道领袖的要求。例如,公司供应产品给像沃尔玛这种大零售商,一旦失去这个渠道将在经济上遭受重大损失,因此比较愿意顺服沃尔玛的要求。

### 本章复习思考题

1. 分销渠道的含义是什么?分销渠道的性质和类型如何?
2. 制造商分销渠道形成是怎样的?
3. 分销渠道的冲突和合作策略是怎样的?

# 第十二章　零售、批发和物流管理

本章学习要点

1. 掌握零售的含义，零售生命周期和零售商类型；
2. 掌握批发的含义和批发商类型；
3. 掌握物流管理的含义和构成。

中间商是分销渠道的重要成员，介于制造商和最终消费者或使用者之间，扮演桥梁或中介的角色。中间商主要可分成零售商和批发商两大类，零售商是将商品直接销售给最终消费者的中间机构；批发商则是将商品销售给零售商以供后者再销售的中间机构。实体产品的制造商或生产者还须通过物流系统的仓储与运输服务才能将产品送到消费者或使用者手中。

## 12.1 零　售

零售(Retailing)是指直接销售产品或服务给最终消费者以供其作非商业用途的一切活动。许多分销渠道的成员，包括制造商、批发商和零售商，都在做零售的活动，但大多数的零售活动是由零售商来做。零售商的销售收入主要来自零售。零售可分为商店零售(Store Retailing)和非商店零售(Nonstore Retailing)两大类。

### 一、商店零售

商店零售也称店铺零售，是指通过零售商店来从事零售活动。零售商店有许许多多不同的类型，可依服务的多寡、产品线的广度和深度、以及相对价格等特性来加以分类。

1. 服务的多寡

不同的产品需要不同数量的服务。依零售商提供的服务的多寡可将零售商分为自动服务零售商(Self-service Retailer)、有限服务零售商(Limited-service Retailer)和完全服务零售商(Full-service Retailer)。

(1) 自助服务零售商

许多便利品与选购品通过此种零售商来销售。自助零售方式可以说是所有折扣经营的基础。有许多顾客为了省钱,愿意到这种零售商店进行“寻求—比较—选择”的购买程序。

(2) 有限服务零售商

有限服务零售商经销的选购品较多,必须提供较多的销售协助,顾客也需要较多的信息。这种零售商提供一些自助零售商所没有的服务,因此营运成本较高,导致售价也较高。

(3) 完全服务零售商

在顾客进行“寻求—比较—选择”的购买过程中,完全服务零售商可随时准备提供服务。那些喜欢被殷勤款待的顾客比较偏爱完全服务的零售商。完全服务的商店提供较自由的退货政策及多种的信用计划、免费送货及到家服务,并有休憩室与餐厅。表 12-1 列举了完全服务零售商所提供的主要服务项目。由于服务项目多,因此成本颇高,导致价格也较高。

**表 12-1 典型的零售服务**

| 购买前服务 | 购买后服务 | 附带服务 |
|---|---|---|
| 1. 接受电话订货 | 1. 运货 | 1. 支票兑现 |
| 2. 接受邮购订货 | 2. 一般包装 | 2. 一般信息 |
| 3. 广告 | 3. 礼品包装 | 3. 免费停车 |
| 4. 橱窗展示 | 4. 调整 | 4. 餐饮服务 |
| 5. 室内展示 | 5. 退货 | 5. 修理 |
| 6. 试衣间 | 6. 换货 | 6. 内部装潢 |
| 7. 购物时间 | 7. 整修 | 7. 信用 |
| 8. 时装展示会 | 8. 安装 | 8. 化妆室 |
| 9. 以旧品换购新品 | 9. 刻字 | 9. 托儿服务 |

2. 产品线

零售商也可根据他们所经销的产品线的深度和广度来加以分类。根据产品线的广度和深度可将零售商分为专卖店、百货公司、超级市场、便利商店、超级商店、特级市场和服务零售商。

(1) 专卖店

专卖店的产品线狭窄,但各产品线内的产品种类齐全。专卖零售店的例子有服装店、体育用品店、家具店、花店以及书店等。专卖店可根据其产品线的宽窄程度再予以细分。例如,服饰店可以是单一产品线商店(Single-Line Store);男士服饰店可以是有限产品线商店(Limited Line Store);而专门定做男士衬衫的商店可以是超级专卖店(Super Specialty Store)。由于市场细分化、目标市场及产品专业化的使用日益增多,专卖店将会日益普及。

(2) 百货公司

百货公司销售多种产品线,典型的产品线如服装、家具及家庭用品等,且每一产品线均由一个独立部门来经营。如美国的 Sears、Macy's、JCPenney、May、Nordstrom 等都是当地著名的百货公司。

在某些地区或国家,百货公司的经营环境日益恶化,吸引力日益衰退。为了挽回颓势,百货公司的经营方式也不得不做必要的调整。

(3) 超级市场

超级市场通常是以大面积、低成本、薄利多销、自助服务等方式来经营,用以满足消费者对食品、洗衣用品、家庭用品的需求。大多数的超级市场强调低利润率，因此需要有较高的存货周转率才能获得满意的投资报酬率。

（4）便利商店

便利商店是指那些规模较小、开设在住宅区附近、营业时间长、假日不休息，并只销售一些周转率高的便利品的商店。例如，美国的7—Eleven与Stop-N-Go等都是典型的便利商店。这类商店由于营业时间长，且顾客是临时有需要才去购买，因此价格相对较高；但因可满足顾客的便利需求，顾客也愿意付较高的价格。

便利商店能针对其商店附近顾客的特殊需要提供特殊的商品。例如，有一家设于富裕社区的Stop-N-Go商店销售新鲜的产品、美味的方便面调味酱、冷藏的矿泉水和昂贵的酒，而开设在西班牙裔社区的Stop-N-Go商店则销售西班牙文的杂志和其他迎合西班牙裔消费者需要的产品。

便利商店的共同特色是营业时间较长，能够满足家庭突发性或少量的采购。例如，有许多便利商店是以24小时营业为口号。便利商店所销售的商品往往是属于周转率较高的便利品，例如，奶品、冷饮、酱油、肥皂、口香糖、书报、杂志等。

（5）超级商店

超级商店主要是在满足消费者对例行购买的食品、非食品项目和服务的需要，它的规模比一般的超级市场大很多，销售的商品项目很多，也提供许多服务。美国的沃尔玛和Super Kmart Centers是比较著名的超级商店。

（6）特级市场

特级市场是一种巨大型的超级商店，也许有6个美式足球场那么大，它结合超级市场、折扣商店和仓库零售，除了销售食品之外，也销售家具、家庭用品、服饰和许多其他产品。特级市场在欧洲和南美洲相当成功，如法国的家乐福、西班牙的Pyrca和荷兰的MeiJer's都是欧洲著名的特级市场。但在美国并不成功，Kmarnk、沃尔玛和家乐福都曾在美国经营过特级市场，后来大多关门大吉。

（7）服务零售商

服务零售商是指提供服务的零售商，如旅馆、汽车旅馆、银行、航空公司、大学、医院、电影院、餐馆、理发店、洗衣店等都属服务零售商。

3. 相对价格

零售商可依据价格的高低来分类。大多数的零售商以一般价格提供标准质量的货品和服务；有些零售商提供较高质量的货品和服务，但售价也较高；也有些零售商是以低价为特色，包括折扣商店、廉价零售商和目录展示店。

（1）折扣商店

折扣商店以薄利多销的方式经营，销售标准化的商品，售价较低。美国的沃尔玛、Kmart、Target等是比较有名的折扣商店。早期的折扣商店服务少，设在租金低、交通便利的地区，利用仓库式的设施来经营，以降低费用。但近些年来，许多折扣商店面对其他折扣商店和百货公司的强烈竞争，已开始“升级”，它们也改善内部装潢、增加新产品线和服务，并在市郊开设分店，从而导致成本提高、价格上涨。百货公司也凭借降价促销活动来和折扣商店竞争，使得折扣商店与百货公司的角色日益模糊。

折扣零售也渐渐由一般商品走上专业化商品之路，例如运动器材折扣商店、电子产品折扣商店及折扣书店等。

(2) 廉价零售商

当主要的折扣商店逐渐升级时，廉价零售商便逐渐兴起，以填补此类低价、大量的商店空隙。一般的折扣商店以批发价进货，以低的边际利润来维持低的价位。而廉价零售商则以低于一般批发价的价格来进货，并制定比一般零售价还低的价格。通常他们所销售的商品大都是过剩的、供应不稳定的产品，诸如以减价方式向制造商或其他零售商采购其过剩的产品或非标准尺寸(零码)的产品等。服饰、各种零配件等是廉价零售商较常经营的产品项目。

廉价零售商主要有以下三种类型：独立廉价零售商、工厂直销店与仓库俱乐部。

① 独立廉价零售商：由企业家拥有与经营，或是大型零售公司的一个事业部。

② 工厂直销店：由制造商直接拥有与经营，通常销售工厂生产的过多的剩余货品、不再生产的货品或零码尺寸的货品等。此种零售店有时集中于工厂直销店购货中心，有许多的直销店都以低于一般价格 50%以上的售价销售相当广泛的产品项目。

③ 仓库俱乐部：也称批发俱乐部或会员仓库，是以超低价格销售种类有限的有品牌名称的杂货、家庭用品、服装及其他商品给其会员的商店。加入此俱乐部的会员，每人必须支付会员年费。

(3) 目录展示店

目录展示店主要是利用展示店中的商品目录，以折扣价格销售高利润、高周转性及有品牌的货品。这些货品包括珠宝、动力工具、照相机、旅行箱、小件家用品、玩具及运动器材等。目录展示店以降低成本与售价来吸引大量的消费者，创造较大的销售量。顾客先从展示店中的商品目录来订货，然后到店中的提货区去提货。

## 二、非商店零售

大部分的零售交易是在零售商店中完成的，但也有相当部分的零售交易是不通过零售商店的。这种不在零售商店中执行的零售活动就称为非商店零售(也称无店铺零售或无店铺贩卖)。

广义上非商店零售(None—store Retailing)又称为“无固定地点的批发和零售行为”，是指不通过店铺销售，由厂家或商家直接将商品递送给消费者的零售业态。20 世纪六七十年代发展于欧美、日本等先进发达国家，在 90 年代中期被引入国内。2004 年 10 月 1 日，经国家质检总局、国家标准化委员会批准并发布的新版《零售业态分类》国家标准正式实施，新标准将我国原来的 9 种零售业态分类扩大到 17 种。在新增加的 8 种业态中，包括了电视购物、邮购、网上商店、自动售货亭和电话购物 5 种无店铺零售业态，至此，《零售业态分类》国家标准的正式实施，让非商店零售(无店铺销售)方式被我国零售业正式承认。21 世纪以来，非商店零售方式呈现出方兴未艾的发展势头，尤其是网上零售业态。

不过，由于非商店零售有许多有利的发展条件，未来非商店零售在消费品市场中的重要性将与日俱增。例如，以中国未来的市场走势而言，非商店零售事业有许多发展的空间，包括：职业妇女愈来愈多，她们重视购物的便利性；人们日益重视休闲和家居生活，希望减少到商店购物的时间；个性化消费时代来临，非商店零售业可提供更多样化和更具个性的商品等。商业区的土地和营运成本日益增加，加上停车空间不足、交通阻塞，大幅提高了消费者到商店购物的有形与无形费用，这些都有助于非商店零售的发展。另外，科技不断创新，各种新的非商店零售方式(如电视直销、网上购物等)蓬勃发展，消费者可以更方便、更经济地利用不同的非商店零售管道购物。

非商店零售有直接销售、自动售卖和直复营销等类型。

1. 直接销售

直接销售是通过销售人员和不在零售商店内的消费者之间的人员接触来从事零售。直接销售方式起源于20世纪之前沿街兜售的小贩，如今直接销售已成为极为庞大的产业，许多公司采取逐户销售(Door-to-Door Selling)、办公室销售(Office-to-Office Selling)、聚会销售(Party-plan selling)等直接销售方式来销售它们的产品。

逐户销售历史悠久，雅芳是这种销售方式的佼佼者。而玫琳凯(Mary Kay)、特百惠则是采用聚会销售的典型业者。多层次营销(Multilevel Marketing)是直接销售的一种变形。如安利(Amway)就是采用这种销售方式的先驱。

直接销售有其缺点，也有其优点。直接销售的缺点包括：销售佣金高达零售价的40%～50%；招募、训练、激励和保留好的销售人员(大多数是兼职的)也是艰巨的任务；而且，有些销售人员会利用"高压"(High Pressure)方法或讹诈。直接销售的优点包括：消费者可以在家中或另一便利的地点购物，销售者可以用最大胆的方法去试图说服消费者购买其产品，销售者可把产品带到购买者的家中或工作场所，并向消费者展示其产品。

2. 自动售卖

自动售卖已被广泛地用来销售各式各样的产品，包括许许多多的便利品和冲动性购买的商品，如香烟、饮料、糖果、报纸、袜子、化妆品、快餐点心、热汤食品、书籍、专辑唱片、T恤、保险单、录音带、录影带等。在许多国家，自动售卖机到处可见，如工厂、办公室、零售商店、地铁站、加油站、旅馆、餐厅、机场及许多其他聚会场所等。自动售卖机可以给顾客提供24小时销售服务，自助式形态的销售往往是售卖不需要人员再经手处理的商品。

但是，自动售卖也是一种昂贵的分销渠道，所售卖的商品价格比一般零售商店要高出许多。自动售卖成本之所以较高是因为散布在各地的售卖机需要经常补货，经常有机器发生故障，以及在某些地区货品易遭偷窃等缘故。自动售卖机经常故障、缺货及商品无法退换等，也常给消费者造成很大的困扰。不过，已有新的技术可对自动售卖机作远距离的探测，如此可减少售卖机缺货或发生故障的次数(以及丧失的收入)。当然这些先进的科技是很费钱的。

自动售卖机正逐渐增加其用途，特别在娱乐性服务方面，如弹球机、吃角子老虎、自动点唱机以及各式各样新的电脑游戏等。自动柜员机(ATM)可以24小时为银行的顾客提供兑现、存款、提款及转账的服务。未来不需现钞的"记账卡"售卖机以及顾客预先付款而于购货时逐次扣抵的"预付卡"售卖机可望日益普及。

3. 直接营销

直接营销又称直复营销，是指利用各种广告媒体直接和消费者互动，同时要求消费者直接回应。直接营销使用的媒体包括广播、电视、报纸、杂志、直接邮件、目录、网上购物等，消费者则可利用电话、邮件或互联网来订货或作其他回应。不论采用哪一种媒体，直接营销的目的都在设法让目标市场的消费者可以快速回应、直接订货。

直接营销的意义不断在更新。最初，直接营销只是指不经过分销系统的中间渠道而将产品与服务直接从生产者转移到顾客手中的一种营销方式。因此，凡是雇用销售人员直接将产品销售给顾客，或生产者兼营零售商店直接将产品卖给消费者，都可视为直接营销。

演变到后来，直接营销则专指目录营销(Catalog Marketing)或邮购营销(Direct Marketing)。近些年来,由于电话、电视及其他电子媒体在销售上的应用日益普及,于是直接营销一词已泛指所有应用一种或多种广告媒体直接和消费者互动的营销方式,包括电话营销、电视营销、网上购物等。

(1) 邮购营销

邮购营销者直接将信件、小册子、录音带、录影带、电脑磁盘或产品样本邮寄给消费者,要求消费者利用邮件或电话来订购货品。消费者名单可由营销人员自行搜集或向邮寄名单经纪商购买名单。邮购营销商通常先从所有名单中挑选一部分名单进行邮寄测试,再根据反应情况决定是否大量邮寄。

直接邮购的使用非常普遍。对营销商而言,它在选择目标市场上有高度的选择性,也可针对目标市场的特性设计其有吸引力的营销方案,并可通过测试来衡量消费者的反应。邮购大多应用于书籍、杂志、礼品、服饰、食品、保险服务、信用卡服务、会员招募等项目的销售。

(2) 目录营销

厂商将产品目录邮寄给消费者或将产品目录放在零售商店中供消费者订购或取阅。寄出目录的厂商大都是产品线齐全的大型零售商店,如美国的西尔斯、JCPenney、Spiegel 等。不过也有许多小的厂商在专卖品的领域中采用目录营销来销售其产品。有的目录营销商采用会员制,以便能对其顾客的特性和需要有深入的了解,能提供顾客满意的服务。

(3) 电话营销

电话营销是利用电话直接向消费者进行销售。营销商打电话向消费者推销产品,消费者可利用厂商付费的电话号码(如 800、400 号码)打电话进来订货。许多产品或服务,如杂志订阅、信用卡、俱乐部会员等,都可通过电话来购买。

电话营销提供给消费者很大的购物便利性,这是电话营销吸引人的地方。电脑与电话的结合已使电话营销的成本大幅降低。电脑可自动拨号,向消费者播放事先录好的广告,并可用电话答录机来接受消费者的订单,或转给电话接线员去处理,这种全自动的电话营销系统使电话营销更具有成本上的竞争力。

(4) 电视营销

利用有线电视与无线电视频道直接销售产品或服务给消费者,有以下两种不同的途径。一种途径是通过直接反应广告 (Direct-Response Advertising),即通过电视播出营销商的产品广告,并提供免费订购电话号码给消费者,这种方式在杂志、书籍、小件日常用品、录音带、CD、收藏品及许多其他产品的销售中颇为有效。

另一种途径是居家购物频道(Home Shopping Channels)。这种频道完全是用来销售货品与服务。有些购物频道,如美国的质量价值频道和居家购物网,每天 24 小时都在播放购物节目。这样的节目是很热闹的,主持人不断地按喇叭、吹哨子和称赞买者有眼光,想要购买的顾客可打 800 号电话订购。而在节目的另一头,有 400 位接线生忙着处理 1200 条以上打进来的电话线,并将所接听到的订货直接输入电脑终端机,订货一般在 48 小时内送出。

(5) 网上购物

网上购物也称在线购物,是通过互动的互联网系统来联结消费者与销售者以进行销售。销售者利用互联网系统提供产品和服务目录供消费者浏览,消费者则利用家中的电脑通过网络进行选购。国内著名的网购平台有"京东商城"、"亚马逊"、"淘宝网"、"当当网"等。著名的戴尔计算机公司每天在互联网上销售价值逾 1 200 万美元的计算机，[①]网络设备制造商思科系统公司每天通过互联网实现的销售额超过 3 000 万美元。[②]

互联网是最新的在线营销媒介。这种公共电脑网络已把全世界的电脑使用者联结起来，任何人只要有一台个人电脑和适当的软件就可浏览互联网的全球信息网路(World Wide Web，WWW)，以取得或分享几乎任何主题的信息，并与其他使用者展开互动。

### 三、零售生命周期理论

零售结构不是一成不变的。零售结构循环假说认为，新型零售方式以较低的加价和售价、较少的服务项目、较低的商店租金和较低的信誉打入市场。如果这种零售方式成功了，竞争者就会蜂拥而入。随着竞争加剧，各零售商就会增加服务项目、提高产品质量、改善商店设施、增加广告开支等，以便提高自己的地位和收益。实施上面这些活动必然会使销售成本增加从而使价格上涨，从而为另一个销售低价的新型零售方式留下了产生的空间。这样便完成了一个零售结构的循环。

超级市场和廉价商店便是零售商结构假说的实例，但是我们不能以这种理论去解释所有的零售结构的变化，例如自动售货机的零售形式。因此，营销学的研究者们借用产品寿命周期的概念发明了机构寿命周期的概念来解释新型零售机构。表 12-2 列出了已经实际存在的机构寿命周期。

**表 12-2　机构寿命周期**

| 零售机构 | 早期发展 | 成熟 | 所属时间 |
|---|---|---|---|
| 百货商店 | 19 世纪 60 年代中期 | 20 世纪 60 年代中期 | 100 年 |
| 杂货店 | 20 世纪初 | 20 世纪 60 年代中期 | 60 年 |
| 超级市场 | 20 世纪 30 年代中期 | 20 世纪 60 年代中期 | 30 年 |
| 廉价百货商店 | 20 世纪 50 年代中期 | 20 世纪 70 年代中期 | 20 年 |
| 快餐服务业 | 20 世纪 60 年代早期 | 20 世纪 70 年代中期 | 15 年 |
| 家庭改善中心 | 20 世纪 60 年代中期 | 20 世纪 70 年代末期 | 15 年 |
| 家具仓库陈列室 | 20 世纪 60 年代末期 | 20 世纪 70 年代末期 | 10 年 |
| 样品陈列室 | 20 世纪 60 年代末期 | 20 世纪 70 年代末期 | 10 年 |

但是，零售生命周期理论并不能解释所有主要的零售发展。例如，自动售卖机是以高成本、高利润的作业进入市场；便利食品商店是以高价格进入市场的；郊区的购物中心进入市场时也不强调低价。

## 12.2 批　　发

批发(Wholesaling)是指将产品或服务销售给那些为再售目的或商业用途而购买的购买者的所有活动。有些零售商也从事批发活动，但所谓的批发商是指那些主要从事批发活

① 中国电子商务研究中心：《B2C 案例：戴尔公司电商化物流八步曲》。

② 见思科系统公司网页。

动的厂商。

### 一、批发商的功能

为什么要使用批发商呢？理由很简单，因为批发商在执行下列一种或多种渠道功能时通常会做得较好。

(1) 销售和推销：批发商的销售力量能使制造商以低的成本接触到许多小的顾客。批发商的接触面较广，也常常比距离遥远的制造商更为购买者所信赖。

(2) 进货和产品搭配：批发商可选择顾客所需要的产品组合项目，做好产品搭配，以节省消费者的采购工作。

(3) 整买零卖：批发商可整批购进商品再分批小量销售，可以节省顾客的钱。

(4) 仓储：批发商持有存货，可减少供应商和顾客的存货成本和风险。

(5) 运输：批发商由于比生产者更接近顾客，因此能提供给顾客较迅速的送货服务。

(6) 融资：批发商可提供信用贷款给他们的顾客，他们也可借此提早订货或准时付款而给供应商融资。

(7) 风险负担：批发商拥有货物所有权，负担偷窃、毁损、腐坏和过时等各项成本，因而承受了风险。

(8) 市场信息：批发商可提供有关竞争者、新产品和价格变动等信息给供应商和顾客。

(9) 管理服务和咨询：批发商经常帮助零售商训练销售人员、改进商店布置和陈列以及设立会计和存货控制系统。

基于以下原因，批发商常可有效地担任制造商和零售商之间的桥梁。

(1) 小型制造商财力有限，无法维持一个有效的直接销售部门。

(2) 即使制造商财力雄厚，他们通常也宁可将其资金用来扩充生产设备，而不愿从事批发活动。

(3) 批发商在分销方面，因销售规模较大、零售商接触面较广且又具有专门技术，故通常效率较高。

(4) 同时销售多种产品的零售商通常宁可向批发商购买，而不愿逐一和制造商打交道。

### 二、批发商的类型

批发商可根据若干不同的标准来加以划分：生产者是否拥有批发商、批发商是否拥有产品的所有权、批发商提供的服务以及批发商产品线的广度和深度。根据这些标准，批发商可分成 3 种类型：商品批发商(Merchant Wholesalers)、经纪商(Brokers)和代理商(Agents)、制造商的销售分支机构。

#### 1. 商品批发商

商品批发商是指独立经营、拥有产品所有权、承担因拥有所有权而产生的风险，并将产品卖给其他批发商、工业用户或零售商的企业。商品批发商在不同的行业可能有不同的名称。商品批发商可以分为完全服务批发商(Full Service Wholesalers)与有限服务批发商(Limited Service Wholesalers)两类。

(1) 完全服务批发商

完全服务批发商是指提供最广泛批发功能的中间机构，它们所提供的服务项目包括存货储存、合适的产品搭配、融资协助、送货以及提供技术咨询和管理服务等。

完全服务批发商又可细分为一般商品批发商(General Merchant Wholesalers)、有限产品线批发商(Limited-Line Wholesalers)和特殊产品线批发商(Specialty-Line Wholesalers)等3类。

① 一般商品批发商

一般商品批发商提供许多产品线(如同时提供化妆品、洗衣粉、香烟、食品等产品线)，但各产品线内的深度都有限。它们通常要和自己的顾客(主要是杂货店、家庭用品店和地区性百货公司等小零售商店)维持坚强的互惠关系。小零售商店通常可以从一般商品批发商获得所需要的各种产品。为工业用户供应补给品和附属品的一般商品批发商有时被称为工业分销商或工厂供应商。

② 有限产品线批发商

有限产品线批发商只提供少数的产品线，但在这些产品线内的产品搭配很完整。

③ 特殊产品线批发商

特殊产品线批发商提供的产品范围最狭窄，通常只有一条产品线或一条产品线中的少数产品项目，如水果批发商、海鲜产品批发商等。这类完全服务批发商了解最终购买者的特别要求，并提供给顾客深入的产品知识和很大的选择空间，也能提供给顾客销售协助和技术咨询服务。

(2) 有限服务批发商

有限服务批发商只对顾客提供某些服务，主要有付现且运货自理批发商(Cash-and-Carry Wholesalers)、卡车批发商(Truck Wholesalers 或 Truck Jobbers)、承订批发商(Drop Shippers 或 Desk Jobbers)和邮购批发商(Mail-Order Wholesalers)等4种类型，各类批发商提供的服务项目如表12-3所示。

**表12-3　有限服务批发商提供的服务**

| 服务项目 | 付现且运货自理批发商 | 卡车批发商 | 承订批发商 | 邮购批发商 |
|---|---|---|---|---|
| 实际持有商品 | 有 | 有 | 无 | 有 |
| 销售员拜访顾客 | 无 | 有 | 无 | 无 |
| 提供有关的市场信息咨询 | 无 | 一些 | 有 | 有 |
| 对顾客的建议 | 无 | 一些 | 有 | 无 |
| 在顾客商店中储存和保养商品 | 无 | 无 | 无 | 无 |
| 对顾客提供信用 | 无 | 一些 | 有 | 一些 |
| 运送商品给顾客 | 无 | 有 | 无 | 无 |

① 付现且运货自理批发商

付现且运货自理批发商通常只拥有几条畅销的产品线，以现金交易方式销售给零售商，也不负责运货。它们的顾客通常是小零售商或小工业用户。

② 卡车批发商

卡车批发商通常是小型的批发商，他们开自用卡车将有限的产品线直接运送到顾客处供顾客现场检查及选购。对小杂货店而言，卡车批发商的角色很重要。他们经销的产品多为不易久储的产品(如水果和蔬菜等)，有时也卖肉类和香烟产品。他们虽然负责销售、推销和运送产品的功能，但因通常不提供信用，因此被归类为有限服务批发商。

③ 承订批发商

承订批发商主要从事如煤、石油、木材、化学品、建材等大宗产品的批发。他们拥有产品的所有权,但并不实际持有产品。他们把从零售商、工业用户或其他批发商那里获得的订单转给制造商,并安排送货事宜,将商品直接从生产者运送到顾客手中。承订批发商实际上承担从接获订单到交货给顾客这段交易期间的产品责任,包括未售出货品的成本。

④ 邮购批发商

邮购批发商利用目录而非销售人员将产品卖给零售商、工业用户和机构购买者。他们销售的产品包括化妆品、特殊食品、运动用品、办公室用品、汽车零件等。对于偏远地区的顾客,这种利用邮政或其他运货工具销售产品的方法是一种便利而有效的方法。

2. 经纪商和代理商

经纪商和代理商并不拥有产品所有权,他们的功能主要在促成和加速商品的销售,并因提供这些服务而赚取佣金,佣金一般是根据产品的售价来制定。代理商是长期代表买方或卖方的中间商,而经纪商则是买方或卖方短期雇佣的中间商。代理商和经纪商所提供的服务虽比有限服务批发商要少,但他们通常是某些特定产品或某些特定顾客类型的专家,能够提供有价值的销售专业知识。代理商一般可分成制造商代理商(Manufacturers' Agents)、销售代理商(Selling Agents)、佣金商(Commission Merchants)和经纪商。各类代理商和经纪商提供的服务如表 12-4 所示。

**表 12-4 代理商和经纪商的服务**

| 服务项目 | 制造厂代理商 | 销售代理商 | 佣金商 | 经纪商 |
|---|---|---|---|---|
| 实际持有商品 | 一些 | 无 | 有 | 无 |
| 与购买者或销售者的长期关系 | 有 | 有 | 有 | 无 |
| 代理竞争的产品线 | 无 | 无 | 有 | 有 |
| 地区的限制 | 有 | 无 | 无 | 无 |
| 对顾客的信用 | 无 | 有 | 一些 | 无 |
| 运送商品给顾客 | 一些 | 有 | 有 | 无 |

(1) 制造商代理商

制造商代理商是指代理两家或两家以上制造厂商的独立中间商,通常能提供给顾客完整的产品线。他们在指定的地区内代理彼此产生竞争且互补的产品。他们和每一家代理的制造商签订正式合约,在合约中明确代理地区、产品售价、订单处理和送货、服务与保证等销售条件。他们对制造厂商的定价和营销政策没有什么控制力,他们不提供信用给顾客,可能也无力提供技术服务。制造厂代理商提供的服务愈多,佣金自然也就愈高。制造厂代理商以代理服饰、机器设备、钢铁、家具、汽车用品、电器用品和某些食品最为常见。

制造商代理商的主要优点是他们的接触面广,而且顾客关系良好。对大制造商而言,代理商可帮助大制造商把开发新销售区域的成本降至最低,也可帮助大制造商在不同的地区为不同的产品来调整其销售策略。对那些无力维持本身销售人员的小制造商而言,代理商也有其功用,因为在代理商卖出产品之前小制造商不用负担成本。代理商可以分摊不相互竞争的产品的营运费用,从而降低为每家制造商提供服务的价格。使用代理商的主要缺点是制造商须为新产品的销售支付较高的佣金率。

（2）销售代理商

销售代理商，除了不拥有产品所有权外，负责所有的批发活动。他们通常没有地区的限制，在价格、推销和分销方面有完全的权力，在卖者的广告、市场调研和信用方面也扮演相当主要的角色，有时甚至可对产品开发和包装提供建议。

小的生产者或不易建立营销部门的制造商最常使用销售代理商，有财务问题的生产者也可能利用销售代理商，以避免马上要支付的营销成本。销售代理商代理彼此不相竞争的产品线，用以避免利益的冲突。

（3）佣金商

佣金商收到当地卖者寄售的货品，并在大的中心市场协助销售。在农产品市场中最常见到这种代理商，他们拥有大量的商品，安排产品分等级或储存事宜，并运送商品到市场。当完成销售时，佣金商在扣除佣金和费用后，将余款交给生产者。

佣金商对价格和销售条件有很大的权力，他们提供规划上的协助，有时也提供信用，但通常不提供推销上的支持。佣金商对小生产者最为有用。除了农产品之外，他们也可能协助丝织品、艺术品、家具或海鲜产品的销售。

（4）经纪商

经纪商寻找买者或卖者，并协助买卖双方协商交换。他们的主要目的是将买者和卖者聚集在一起。和其他中间商比起来，经纪商执行的功能是较少的。他们不提供融资，也不实际持有产品，对价格没有影响力，也不承担风险，但他们可给顾客提供专业的商品知识以及现成的接触网。

对超级市场产品和不动产等某些类型产品的卖者，经纪商特别有用。他们必须估计和了解制造商和零售商的需要和目标。

3. 制造商的销售分支机构

第三种批发商类型是由制造商自己经营批发业务，即制造商的销售分支机构，包括销售分处(Sales Branches)和销售办事处(Sales Offices)。

（1）销售分处

销售分处是制造商自己拥有的中间商，负责销售产品及对制造商的销售人员方面提供支持性服务，他们提供信用、送货、促销上的协助和其他服务。在许多情况下，他们也持有存货。他们的顾客包括零售商、工业品用户和其他批发商。在电子元器件、木材和汽车零件产业中，设立销售分处是很平常的。

（2）销售办事处

销售办事处也是由制造商所拥有。像销售分处一样，他们远离制造工厂，但与销售分处不同，他们并不持有存货。

制造商有时会为了更有效地接触他们的顾客而设立分支机构，由自己来执行批发功能。制造商有时因现有的中间商未能提供专业的批发服务，也会设立自己的分支机构。

## 12.3 物流管理

分销渠道策略与物流策略是紧密相关的。分销渠道策略解决的是如何正确地选择分销渠道，以使产品以顾客满意的服务水平低成本地到达消费者或用户手中。然而，实体产品的制造者必须以有效的方法储存、处理好产品并运送到市场，让他们的顾客可在适当的时间和适当的地点获得适当的产品搭配。这种如何使产品有效地从制造商到达中间商，最后到达消费者或用户手中的活动就是物流策略关注的内涵。准确地讲，物流是指与产品从制造商到中间商再到消费者或用户的实体流动有关的一系列活动。物流管理的效率对顾客满意和营销成本有很大的影响。物流管理包括订单处理、存货管理、仓储和运输等活动。

物流管理的职能是将产品由其生产地转移到消费地，从而创造地点效用。一般来讲，物流管理的目标是：对产品进行适时适地的传送；兼顾最佳顾客服务与最低配送成本。实际上，这个目标隐含着二律背反的矛盾。一方面，最佳的顾客服务要求最大的存货、足够的运力、充分的仓容，而所有这些都势必增加营销成本；另一方面，最低的配送成本要求低廉的运费、少量的存货和仓容，而这又势必会降低服务水平。

合理的物流管理目标，应是通过有效的选择，适当兼顾最佳顾客服务与最低配送成本。具体要求是：(1) 将各项实体分配费用视为一个整体，在致力于改善顾客服务的过程中，重要的是努力降低物流的总成本，而不只是个别项目成本费用的增减；(2) 将全部营销活动视为一个整体，在各项营销活动中，都必须考虑到物流的目标，联系其他活动的得失加以权衡，避免因孤立地处理某一具体营销业务而导致物流费用不适当地增加；(3) 善于权衡各项物流费用及其效果，为维持或提高顾客服务水平而增加的某些成本项目视为必需，而不能使消费者受益的成本费用则坚决压缩。

物流管理的各项活动之间有高度的互动关系，各项活动成本也都相互影响。例如，存货部门为降低存货成本而喜欢保持较低的存货水准，但存货水准低容易导致缺货、延迟订货及较高的运输成本；运输部门为降低运费而喜欢以铁路运输代替空运，但铁路运输较慢，将造成资金积压、顾客延迟付款和缺货，甚至会导致某些顾客的流失。因此，物流管理的决策必须从整个系统的角度来考虑。

### 一、订单处理

物流活动从接获顾客的订单开始。订单可利用邮寄、电话、传真、计算机或销售人员送达。一旦接到订单，必须快速而正确地去处理，使订单至汇款周期(Order-to-Remittance Cycle)尽可能缩短。订单至汇款周期是指从接到订单、键入订单、查核顾客信用、存货与生产安排、开出发票、运送货品以至收取货款这段期间而言。

订单至汇款周期愈短，顾客的满意度和厂商的利润就会愈高。电脑化的订单处理系统已使订单处理的速度大为提高。例如，通用电器公司拥有一套电脑网络系统，此系统在接到顾客的订单后，立即核查顾客的信用状况以及产品是否有存货、何处有存货；接着，计算机发出送货指令、开出账单、更新存货记录、发出生产指令，并把订单已在处理中的信息传达给销售人员——整个过程在 15 秒之内完成。

### 二、存货管理

存货管理是指企业开发和维持足够的产品搭配，以满足顾客的需要。由于存货投资通常占公司资产相当大的比例，因此存货决策对物流成本和顾客服务水准有很大的影响。存货过少将造成缺货，并有品牌转换、销量减少、顾客流失的风险；存货过多将增加成本，并有产品过时、失窃和损坏的风险。存货管理的目的是要力求降低存货成本，同时维持足够的货品供应。

存货决策包括决定订货时间与订购数量。当存货水准下降到一定水准时，必须发出订单，此时的存货水准称为订购点（Order Point）或再订购点（Reorder Point）。例如，订购点为10,000单位，表示当该批存货剩下10,000单位时，就必须发出订单订购。通常在决定订购点时，必须考虑到订购的前置时间、使用率及服务水准。如果订购的前置时间长、使用率高以及服务标准高，则订购点必须提高。此外，如果订购的前置时间与使用率都是变动的话，则订购点也应高些，以提供足够的安全存货量（Safe Stock）。最终订购点的决定原则，就是在缺货风险与存货过多的成本之间取得一个平衡。

另一项存货决策是决定订购多少。订购数量愈大，需订购的次数就愈少。因此，企业必须在订单处理成本与存货持有成本之间求取一个平衡。存货持有成本包括仓储费用、资金成本、税率、保险费以及折旧与过时的成本。最经济的订购量是在各种不同的订购水准下，订单处理成本和存货持有成本二者总和最低时的订购量。

准时后勤系统（Just-in-Time Logistics Systems）已大幅降低存货水准和相关成本。通过这种系统，生产者和零售商只持有少量的存货，新的进货正好在需要时送达。此系统需要有正确的预测和快速、经常且弹性的运货才能发挥效果。

### 三、仓储

产品在尚未销售之前都必须加以储存，当生产与消费循环未能完全配合时，储存功能更有其重要性。例如，许多农产品的生产具有季节性，但是需求却是持续不断的，此时必须依赖储存的功能才能克服产销双方在数量与时间的差距。

1. 仓库的数目

厂商应决定需要有多少个仓库或多少个储存地点。储存地点愈多，商品愈能快速地送达顾客手中，但相对的仓储成本也会提高。因此，厂商在决定储存地点的数目时，必须在顾客服务水准与配送成本两者之间求其平衡。

2. 仓库的类型

仓库设施的选择是一项重要的决策。选择正确的仓库类型可以降低运输和存货成本，并提升对顾客的服务；如选择不当，将增加成本，耗竭厂商的资源。仓库有两种分类方式，即私人仓库与公共仓库以及储存仓库和配送中心（Distribution Centers）。

有些厂商将其产品储存在工厂或工厂附近，而有些则分布在全国各仓库之中。厂商可能拥有自己的私人仓库或承租公共仓库。厂商对自己拥有的私人仓库有较大的控制力，但会积压厂商的营运资金，如储存地点要改变时就不具弹性。相反地，使用公共仓库要支付租金，但公共仓库能提供额外的服务（必须付费），诸如商品检验、包装、装运、开具发票等。厂商使用公共仓库时，对仓库地点与仓库类型都有广泛的选择性。

厂商可使用储存仓库或配送中心。储存仓库供中期货品至长期货品储存之用；而配送中心则用来运送货品而不只是用来储存货品，他们是高度自动化的大型仓库，用来接受来自工厂与供应商的货品，接受订单，并尽快将货品送达顾客手中。例如，美国的沃尔玛公司拥有若干个很大的配送中心，其中有一个中心占地28英亩，供应165家沃尔玛商店每天的需要。

配送中心有若干利益。最重要的利益是可改善对顾客的服务：配送中心维持完整的产品线,使顾客能获得产品的供应;快速的操作可使运送时间减到最短。配送中心也可降低成本:工厂不用将货品分别送到散布各处的仓库和顾客,可将大量的货品以大宗货品的费率直接运送到配送中心,以降低运输成本。此外,快速的存货周转也可减少对仓库的需要,降低储存成本。

### 四、运输

运输是最昂贵的物流功能。通过运输才能将产品从生产地或制造工厂运送到顾客手中,可增加产品的时间和地点效用。

1. 运输方式

运输方式主要有5种,即铁路、卡车、水路、航空和管道。每一种运输方式都有其特殊的功用。

(1) 铁路

铁路适于长途载运体积大且有重量的大宗产品,如煤、钢、铁、砂石、矿产、木材、谷物等。铁路是陆上长距离运输中成本较低的一种方式。如果是整车箱商品的运送,费率较低,更是一种有效率的运输方式。为便于利用铁路运输,许多厂商将其工厂或仓库设在铁路运输方便的地点。

(2) 卡车

在各种运输方式中,卡车在路线及时间安排方面是最有弹性的。卡车可将货品送达几乎所有的地点,而且可以将货品直接从工厂或仓库送到顾客门口,不必先用卡车将货品送到铁路车站,再由铁路运送到另一个铁路车站,然后再用卡车将货品送到顾客门口,可节省运输时间和装货、卸货的麻烦,也可减少货品失窃或损坏的风险。卡车常用来做高价货品的短程和小批量运送。

卡车通常比铁路速度快许多,但运费较高,且较容易受到不良天气的影响而延误,对货品的大小和重量也有较多的限制。

(3) 水路

水路运输的运载量很大,最适合用来运送重量大、低价值和不易毁损的货品,如砂石、煤、杂物、石油产品等,是最便宜的一种运输方式。

水路运输的缺点是有许多市场是水路运不到的,必须再利用铁路或卡车才能到达。而且,水路运输非常慢,并易受不良天气(如水面结冰、干旱、洪水等)的严重影响。

(4) 航空

航空运输是最快速和最昂贵的一种运输方式。它最常用来运送容易腐损的货品,如鲜花、鲜鱼等;价值高体积小的货品,如珠宝、贵重仪器等;以及需要从远地快速运送的货品,如紧急用品。航空运输的费率虽然昂贵,但它能降低仓储和包装成本以及货品失窃和损坏的损失。联邦快递(FedEx)、优比速(UPS)等都是国际上有名的空运组织。

(5) 管道

管道是最自动化的运输方式,通常归货主所有,并运送货主的产品。大多数的管道用来运送石油产品或化学品,如各国的石油公司大多利用管道来做陆上的汽油运输。管道由于路线固定,因此它的可接近性非常有限。管道的运送速度慢,但可持续不停地运送,且成本较低。管道的可靠性高,产品受损或失窃的机会低。但在运送的过程中会有一小部分因蒸发而减少。

2. 运输方式的选择

营销人员可根据成本、速度、可靠性、装载弹性、可接近性、频率等准则来选择合适的运输方式。表12-5列举各种运输方式在这些准则上的相对评价。

表12-5 各种运输方式的相对评估

| 运输方式 | 成本 | 速度 | 可靠性 | 装载弹性 | 可接近性 | 频率 |
|---|---|---|---|---|---|---|
| 铁路 | 普通 | 平均 | 平均 | 高 | 高 | 低 |
| 卡车 | 高 | 快 | 高 | 平均 | 很高 | 高 |
| 水路 | 很低 | 平均 | 很慢 | 很高 | 有限 | 很低 |
| 航空 | 很高 | 高 | 很快 | 低 | 平均 | 平均 |
| 管道 | 低 | 高 | 慢 | 很低 | 很有限 | 很高 |

(1) 成本

营销人员要比较不同的运输方式，以了解较昂贵的方式所获得的利益是否值得付出较高的成本。空运提供速度、可靠性等利益，但成本较高。但如速度并不重要，营销人员会偏好成本较低的运输方式。

(2) 速度

速度是用运送者持有货品的全部时间来衡量，包括接货、送货、处理以及货品从产地运到目的地所需的时间。速度会影响厂商提供服务的能力。运输商也可利用转运时间来处理途中的订货事宜，这种能力对农产品和原料运送者尤其重要。

(3) 可靠性

运输方式的可靠性是由服务的一致性来决定的。运输商应能准时送货。可靠性会影响营销商的存货成本，包括因缺货而损失的销售在内。不可靠的运输需要有较高的存货水准，以便避免缺货；而可靠的送货服务使顾客只需维持较少的存货。

(4) 装载弹性

装载弹性是指运输方式能提供适当的设备和条件来运送特种货品以及能加以调整来运送其他产品的程度。许多产品必须在控制的温度和湿度下来运送；其他产品，如液体或瓦斯，需要特别的运送设备。一般来说，汽车和铁路的装载弹性比管道要大。

(5) 可接近性

可接近性是指运送者在特定路线或网路（铁路线、水路、或卡车路线）上运送货品的能力。有些运输商能够去服务竞争对手不能够服务的地区，而使自己有别于其他业者。

(6) 频率

频率是指厂商在一定时期内利用某一特定运输方式运送货品的次数。在使用管道时，商品的运送是持续不断的。如利用铁路或水路，必须要面对两城市间运输时间表的限制。

3. 复合式运输

各种运输方式都有其优点，也有其限制或缺点。为取长补短，厂商可结合及协调两种或两种以上的运输方式，此即所谓的复合式运输（Intermodal Transportation）。

运输货柜化（Containerization）的发展对促成复合式运输有很大帮助。货柜化系将商品放在箱子或拖车中，使商品容易在不同的运输方式间转运。猪背运输（Piggyback）指铁路与卡车的联运；鱼背运输(Fishy Back)指水运与卡车的联运；车船运输(Trainship)指水运与铁路的联运；航空卡车运输(Airtruck)则指空运与陆上货运的联运。每一种联合运输的方式都有其好处，例如猪背运输的费用就比单独使用卡车运输来得便宜，而且其有弹性与便利性。

### 五、物流管理的现代化

物流管理的现代化涵盖物流活动的多个环节，需要多种技术支撑，其中包括：条形码、电子货币、电子收款机和电子数据交换。

条形码(Bar Card)是一项自动识别技术，是商品国际化的标志，也是实现实体分配自动化与商品管理自动化的基础。商品条形码可以分为原印码和店内码。

电子货币，包括信用卡(Credit Card)、储蓄存款卡(Deposit Card)、扣账卡(Debit Card)、现金卡(Cash Card )、IC 卡等多种金融交易卡，不仅可以减少流动资金积压及大量资金的清点搬运，增加资金周转率，促进销售，而且通过计算机和信息通信网络可以建立家庭银行，实现家庭购物。

电子收款机(Electronic Cash Register，ECR)要求极高的技术性能。首先必须稳定可靠，具备抗一般电器波动、抗干扰信号、抗恶劣环境的能力；运行中基本不出现故障或出现故障后能在不破坏数据的情况下及时排除；在网络或主机出现故障时，能独立运行；必须可接受条码阅读器、磁卡刷卡器、电子秤等多种外接设备；必须具有现金、支票、信用卡等多种付款方式和零售、批发等多种交易方式；必须具备快速反应和处理能力等。

电子数据交换(Electronic Data Interchange，EDI)，按国际标准组织的定义，是“将商业和行政事务处理按照一个公认的标准，形成结构化的事务处理或文档数据格式，从计算机到计算机的电了传输方法”。也就是按照贸易双方商定的协议，将网络商业文件标准化和格式化，并通过计算机和互联网，在贸易伙伴之间进行数据交换和自动处理。因而被称为“无纸贸易”或“电子契约社会”。在 EDI 的发展过程中，标准化是至关重要的条件。

### 本章复习思考题

1. 零售的含义是什么？零售生命周期的含义是什么？零售商类型有哪些？
2. 批发的含义是什么？批发商类型有哪些？
3. 物流管理的含义是什么？物流管理构成是怎样的？

# 第十三章　整合营销传播

**本章学习要点**

1. 掌握营销传播的含义、步骤和预算方法；
2. 掌握整合营销传播的概念；
3. 掌握营销传播的目标；
4. 掌握营销传播的各种工具；
5. 掌握营销传播的策略、方法和技巧。

营销不只是开发好的产品、制定有吸引力的价格和选择合适的渠道，还需要对顾客做有效的沟通与传播。营销在某种意义上讲就是一种信息传播活动。营销传播是营销商在自己与目标消费者之间相互沟通，以促使消费者了解、认识并喜爱公司的全部产品诉求(Total Product Offering)。营销商的整合营销传播方案称为促销组合(Promotion Mix)，亦称营销传播组合。促销组合包括广告、人员推销、市场推广和公共关系等工具的综合。这四种主要促销工具的定义如下。

(1) 广告：由一位身份确定的赞助者以付费方式对观念、货物或服务做非人员的陈述和推销。

(2) 人员推销：由营销商的销售队伍做人员推销，用以达成销售和建立顾客关系。

(3) 市场推广：为鼓励产品或服务的购买或销售所提供的短期刺激，亦称销售促进(即SP)。

(4) 公共关系：以取得良好的公共宣传(Publicity)、建立良好的企业形象(Corporate Image)以及处理或消除不利的谣言、流传和事件等方式来和各类公众建立良好的关系。

事实上，营销传播并不以上述促销工具为限。产品、价格和渠道也都具有沟通功能，产品的设计和包装、品牌的名称、价格的高低、经销商店的类型等都会影响到顾客、中间商和社会大众的看法。因此，促销组合固然是营销商的主要传播活动，但整个营销组合(即产品、渠道、价格和营销传播)都必须整体考虑，相互协调配合，才能获得最大的传播效果。

在人类进入21世纪之后，日新月异的互联网技术得到迅猛发展，基于互联网的营销传播活动呈现出方兴未艾的趋势，新的营销传播形式，如微博、Facebook、博客、在线社区和论坛等，对传统营销方式带来巨大冲击和挑战，给新时代的营销传播提供了许多新的工具和手段。同时，人类的营销传播迈向更具个性化的双向互动式营销传播。

# 13.1 信息传播

## 一、传播过程

营销需要有效的传播。如果传播无效,营销必然失败。为有效传播,提高传播的效率,营销人员必须了解传播过程,了解传播是如何进行的。

传播过程,如图 13-1 所示,包括信息源(Source)、编码 (Encoding)、信息渠道(Message Channel)、解码(Decoding)、信息接收者(Receiver)、反馈(Feedback)及干扰(Noise)等七个要素,其中以信息来源和接受者这两个要素最为重要。信息源(即信息发送者)想要把某一信息传递给接受者;接受者不只评估信息,也会评估信息来源的可靠性与可信性。

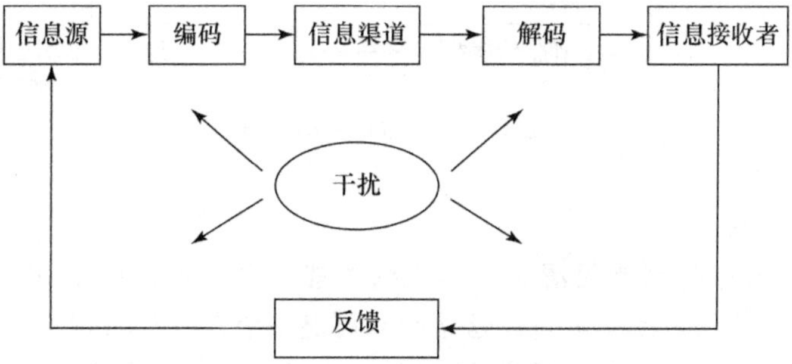


**图 13-1 信息传播过程**

信息来源能使用许多信息渠道来传递信息,信息渠道是指信息的运送者,如销售人员和广告都是常见的信息渠道。销售人员以声音和行动亲自传递信息,广告则利用杂志、报纸、广播、电视和其他媒体来传递信息。利用销售人员来传递信息的一个主要优点是销售人员可立即从接受者得到反馈,销售人员可判断接收者接收信息的情形并据以做必要的改变。利用广告来传递信息时,通常必须依赖市场调研或销售数据才能获得反馈,耗费的时间较长。

干扰(也称"噪音")是指在沟通过程中会降低沟通效果的那些令人分心的事物。例如,在电视广告播出时的交谈和吃点心都是干扰;报纸把相互竞争的广告摆在一起刊登也是一种干扰。营销人员应了解在沟通过程中有许多干扰会阻碍有效的沟通。

目标受众[①]可能无法拥有信息发送者想要传递给他们的信息,原因有三 :选择性注意,人们不曾注意到所有的刺激;选择性扭曲,人们会将所收到的信息解释成他们所希望的意思;选择性记忆,人们只能长期记住所接触到之所有信息的一小部分。

信息源要决定究竟想传递给信息接收者什么信息,同时要把想要传递的信息转化成文字或符号,此即为编码。而信息接收者接收到文字或符号后要进行解码工作,设法解释信息的含义。编码和解码常造成沟通过程中的困难,信息发送者和信息接收者对文字和符号的

① 目标受众在营销学中就是指企业的目标消费者。

意义可能因彼此的态度和经验不同而有不同的解释，双方需要有一个共同的参考标准才能做有效的沟通。

为使传播有效，信息发送者必须了解并配合信息接收者的解码过程来进行编码。信息必须用信息接收者了解的文字和符号来表达，否则，信息发送者和信息接收者各说各的，自然不可能实现有效的传播。

## 二、营销传播的步骤

为实现有效的传播，营销传播人员首先应确认目标受众是谁，然后决定传播目标、设计信息和选择传播渠道，最后还要评估沟通对目标受众的影响（如图 13-2 所示）。

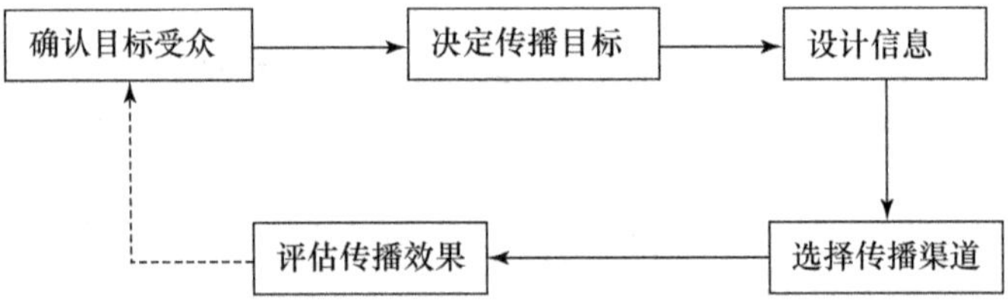


**图 13-2　有效传播的步骤**

1. 确认目标受众

营销传播者在开始时就要很清楚目标受众可能是公司产品的潜在购买者或目前使用者，也可能是购买的决策者或影响者。这些受众可能是个人、群体、特别的大众或一般大众。目标受众是谁对沟通者的决策（包括说什么、怎么说、何时说、何地说、由谁来说等）会有很大的影响。

2. 决定传播目标

在确认目标受众并分析他们的特性之后，营销沟通者必须决定希望得到何种反应。当然，最后的反应通常是购买。但购买行为却是消费者或使用者漫长的决策过程的最终结果。因此，营销传播者必须了解目标受众目前是处于决策过程中的哪一个阶段，并决定要向前推进到哪一个阶段。

营销传播人员可能希望从目标受众那里获得认知的（Cognitive）、情感的（Affective）的或行为的（Behavioral）反应。营销人员可能希望目标受众认知某些信息，或改变他们的态度，或促使他们采取某些行动。

3. 设计信息

在界定所期望的目标受众反应之后，营销传播人员接下来就要开发或设计有效的信息。一个理想的信息应该能够引起受众的注意（Attention）、产生兴趣（Interest）、激起欲望（Desire）以及诱发行动（Action）（AIDA 模式）。实际上，极少有一种信息能将受众直接由注意一直推进到行动，但是 AIDA 模式仍可做为衡量信息质量的标准。

要设计一种有效的信息，营销沟通人员须先回答下列问题：说什么，即信息内容（Message Content）；如何说，即信息结构（Message Structure）；信息格式（Message Format）。

（1）信息内容

营销传播者必须决定要对目标受众说些什么，即要向目标受众提出什么诉求或主题，以便能产生期望的反应。诉求有理性、感性和道德等三种形式。理性诉求(Rational Appeals)的重点是诉诸目标受众的自身利益,即告诉受众产品能产生什么利益。例如,信息中可能告诉受众有关产品的质量、经济、价值或效能。一般认为,工业品的购买者对理性诉求的反应较明显,因为他们对产品质量有相当了解,对价值有辨认能力,同时也要对其购买抉择负起责任。

至于消费者在购买单价较高的产品时,也常会多方收集相关信息并仔细比较,因此他们对质量、经济、价值或效能等理性诉求也会有反应。感性诉求(Emotional Appeals)是想要引起受众某些正面或负面的情感以激发其购买。沟通者可能以恐惧、罪恶感、羞耻等负面的感性诉求来刺激人们做他们应做的事(例如,刷牙、定期健康检查),或阻止他们做不应该做的事(例如,吸烟、酗酒、滥用药物等)。恐惧诉求在某个程度内是有效的,研究发现指出中等程度的恐惧诉求是最有效的。沟通者也常使用正面的感性诉求,例如幽默、爱、荣耀以及欢乐等。

道德诉求(Moral Appeals)是让受众感觉到什么是对的和适当的。道德诉求常被用来呼吁人们支持某些社会理念,诸如环境保护、和谐的族群关系、女性平等、爱护女童以及帮助弱势群体等。

(2) 信息结构

有效的传播也有赖于有效的信息结构。信息结构要考虑:① 是否提出结论;② 单面与双面的论点;③ 表达的顺序。沟通者可为受众下结论,或是让受众自行作结论。有的研究结果指出为受众下结论会有较大的效果,但也有的研究结果指出让受众自己提出结论效果较大。一般而言,在下列情况下由沟通者提出结论可能导致负面的反应:

① 如果传播者被认为不值得信任,则受众可能会对试图影响他们的做法感到愤怒。

② 如果议题简单,或受众聪明,则他们可能会对试图提出解释的做法感到厌烦。

③ 如果议题涉及高度的个人隐私,则受众也可能会对传播者试图提出结论的行为感到愤怒。

单面或双面的论点是指传播者只是单方面称赞自己的产品,或是否也要提及一些缺点。直觉上,利用单面论点的表达方式将可获得较佳的效果,但是答案并不是十分的明确。有些研究发现:

① 单面的信息对于原本就倾向于支持传播者立场的受众最有效果,而双面的信息则对于反对传播者立场的受众最有效果。

② 对教育程度较高的受众,双面的信息比较有效。

③ 双面的信息对于可能接触到反宣传的受众比较有效。

表达的顺序是传播者应将最有力的论点放在最前面或最后面的问题。在单面信息的设计下,将最有力的论点放在前面有助于引起受众的注意与兴趣。在双面信息的设计下,则必须考虑是先表达正面的论点或是先表达负面的论点;如果受众原本是持反对立场,则传播者应先提出反面论点,以便先解除受众的武装,然后再提出强而有力的正面论点作为结论。

(3) 信息格式

传播者也必须为信息设计良好的格式。例如,在印刷广告中,传播者要决定标题、文案、图示及颜色;如果信息要经由收音机来传达,则传播者必须选择用语和声音;如果信息是经由电视或销售人员来传达,则除了上述所提的事项之外,还要再决定身体语言、面部表情、手势、服饰、姿态与发型等；如果信息是由产品本身或包装来传达，则沟通者必须选择颜色、材质、气味、大小及形状。

4. 选择传播渠道

传播者必须选择有效的传播渠道来传达信息。传播渠道一般可分为人员渠道（Personal Channel）与非人员传播渠道（Nonpersonal Channel）等两种类型。

(1) 人员传播渠道

人员传播渠道是指两个人或两个人以上的直接传播，他们可能以面对面、通过电话或通过邮件等方式来进行沟通。人员沟通渠道的好处是沟通人员可针对个别受众设计表达方式，并可得到结果反馈。

人员传播渠道可以是由销售人员向目标市场的受众进行传播，或是由具有专业知识的专家向目标受众进行展示与说明，也可能通过邻居、朋友、家庭成员、社团会员等社会渠道向目标市场受众提出建议。专家与社会渠道的口碑影响（Word of Mouth Influence）在许多产品的营销中是非常重要的。

在两种情况下人员的影响力特别重要：一是当产品的价格昂贵、有风险或不经常购买时，此时购买者可能会到处搜集信息，他们不仅会收集大众传播媒体的信息，还会寻求专家与熟人的推荐；另一种情况是当产品可表示使用者的品位或地位时，此时购买者会征询他人意见，以避免困窘。

(2) 非人员传播渠道

非人员传播渠道是指不以人员的接触或反馈来传达信息的渠道，包括媒体、气氛与事件。媒体包括有印刷媒体（报纸、杂志与直接邮件）、广播媒体（收音机、电视）、电子媒体（录音带、录像带、数字光盘、CD、MP3 等）及展示媒体（布告板、招牌、海报等）。

气氛是指设计的环境可创造或增强购买者去购买某一产品倾向的整体环境。例如，律师事务所和银行的布置可传达信心和其他品质。

事件是指为传达特定信息给目标受众而设计的活动。例如，公司的公共关系部门所安排的记者招待会、大型开幕活动、产品展示会和其他特别活动。

特别注意的是，最近一二十年蓬勃兴起的基于电子渠道的营销传播是借助于电脑和互联网进行的，一般把这种营销传播归属于人员沟通渠道，这是值得商榷的。基于互联网的营销传播应该看做有别于现有的人员与非人员传播的分类，可以视为第三种营销传播方式，即间接人员传播，是一种新型的营销传播。

大众媒体的传播是通过两阶段沟通流程（Two-Step Communication Flow）来影响人们的态度与行为，即观念通常是先通过大众媒体传达给意见领袖，然后再由意见领袖传达给一般大众。

两阶段传播流程有以下几个含义。第一，大众媒体对公众意见的影响不如想象中那么直接、有力与自动，因为它是通过意见领袖来转达。在一个或以上的产品领域中，意见领袖的意见是他人所参考和遵循的。意见领袖比受他们影响的人对大众媒体有更多的接触，他们将信息传达给其他较少接触媒体的人，因而延伸了大众传播媒体的影响。他们也可能传达被改变的信息，或者根本未传达任何信息，因而扮演守门人的角色。

第二，有人认为人们的消费形态主要是受较高社会阶层“涓滴”下来（Trickle-Down）的效果所影响，两阶段理论对此看法提出挑战。相反的，两阶段理论认为人们主要是与相同社会阶层的人互动，他们从他们自己的意见领袖那里获得他们的风格与其他观念。

第三，两阶段沟通指大众传播者先将信息传达给意见领袖，再由意见领袖传达给一般大众，将是较有效率的做法。

5. 评估传播效果

在实施某一促销方案之后，营销传播者还要去衡量或评估这种促销方案对目标受众的影响或效果。评估的事项通常包括下列几个。

① 他们（指目标受众）是否看过或听过？看过或听过几次？

② 他们能记得哪一部分或哪几部分的信息？

③ 他们对这些信息的看法或态度是正面的还是负面的？

④ 在收到信息之后，他们对营销商或产品的态度是否有显著改变？如果有的话，是正向的改变还是负向的改变？

⑤ 在收到信息之后，他们的购买行为是否有显著的改变？

根据评估的结果，营销传播人员可以了解传播方案的优点和缺失，并可针对缺陷或不足之处再给予加强。例如，假定某银行推出某项新的金融服务，促销三个月后进行评估，发现约 80%的目标受众并未看过或听过这家银行的新服务的传播活动；问题的症结可能是沟通渠道的选择不当，使其促销传播活动未能接触到大部分的目标受众。

### 三、整合营销传播(IMC)

整合营销传播（Integrated Marketing Communication，IMC）是一种营销传播策划观念，即在策划中对不同的传播形式，如一般性广告，直接反应销售，市场推广（也称销售促进，即SP），公共关系等的战略地位做出估计，并通过对分散的信息加以综合，将以上形式无缝隙地结合起来，从而达到明确的、一致的及最大程度的传播。

整合营销传播的产生有其深厚的背景原因，它是营销环境发展的必然结果。IMC 创始人舒尔茨教授认为，整合营销传播受到企业界的重视，主要是因为以下几个方面。

(1) 从广告代理商角度看，有两方面的压力迫使广告代理商采纳 IMC。一是在 20 世纪 70 年代末 80 年代初，客户突然把他们花在媒体广告上的钱转投到顾客和商业促销上。造成这种情况的原因是多样的，但最主要的是渠道的控制权已经由制造商移向零售商。二是广告代理商面临广告佣金不断下降的压力，迫使广告代理商不得不涉及其他传播领域，向客户提供更多的服务。广告代理商采用整合营销传播是防止"肥水不流外人田"。

(2) 从企业角度看。传统的营销策略已不再有用，企业面临的是日趋分众化（Demassification）的社会，传统广告的作用受到稀释。加上媒体的细碎化，迫使企业对各种传播策略进行整合。

(3) 从顾客角度看。研究显示，每个顾客每天都会听到和看到 1,500 个广告。面对如此多的信息，顾客不再被动地接收，他们开始主动地去搜寻自己想要的信息。顾客处理信息的方式已经发生变化：

① 顾客把信息局限在必须知道的最小范围内；

② 顾客"浅尝"式地处理营销信息，由于信息的流量和内容都越来越多，顾客被迫在周围爆满的信息杂音中杀出一条路来；顾客在信息汪洋中蜻蜓点水，把获取的碎片残余整合起来，组织成某种知识，并据以行事；

③ 传播者和接收者的经验领域，在传播过程中非常重要；

④ 新信息并不能取代旧信息，而是和原有的概念结合。

由于顾客“浅尝”式地获取信息，而且新信息并不能取代旧信息，这就要求广告代理商和企业在制定传播策略时，要保证信息的一致性。此外，科技的发展、互动的市场环境、财务需求及发展全球品牌的需要是企业进行整合的主要动因。

整合营销传播主要强调以下几点。

1. 以关系利益人为导向的营销过程

整合营销传播是用来计划、发展、执行和评估长期针对顾客、潜在顾客和其他内外部相关目标受众的相互协调、可衡量和具有说服性的品牌传播计划。营销商除了销售商品外，还应该注意建立自身的品牌形象，把营销传播的对象扩展到所有关系利益人身上。关系利益人主要包括投资人、金融市场分析师、金融报章杂志、产品供货商、顾客、员工、政府官员、竞争者、媒体等不同领域且与企业彼此互动的关系人。

2. “由外而内”的过程

整合营销传播在找出和消费者的接触点上不是“由内而外”(Inside-Out)的取向，而是由消费者开始的“由外而内”(Outside-In)的取向。整合营销传播以现实顾客和潜在消费者的需求为思考的原点，以便能满足顾客真正需求，并促发其购买行为的产生，而且使顾客在购买产品或服务后，能运用不同的渠道将使用的感受反馈给企业，使企业能不断地改进及创新，为消费者及其他关系利益人提供更好的服务。

3. 双向沟通

整合营销传播是一种以经营品牌关系为最终目的的交互作用过程，公司应加强与关系利益人间之积极对话，以了解他们真正的需求，增进其对品牌信赖的程度。双向沟通的目的即与关系利益人产生互动，如能将互动媒体加入运作，不但可以得到更多的响应，也可以接触到其他更多的潜在顾客。

4. 信息一致

整合营销传播虽由广告主或商品品牌通过不同的媒体传播渠道传递信息给消费者，但必须架构在“一致的声音”下。因此，整合营销传播应将所有的营销传播技能和工具加以紧密地结合，以维持并传达清楚、单一、一致的形象、定位、主题、信息、标语等。除此之外，运用整合营销传播的企业也应通过所建立的内部网络系统，将这一致性的信息传达给所有的内部成员及其他的关系利益人，以建立一致性的产品形象，甚至是整体的企业形象。

5. 使用多种传播工具

整合营销传播需要协调各种传播工具(如广告、公关、市场推广、人员推销等)，以便提供明确、一致性的信息，达到最大的传播影响效果。因此，企业应对能传达企业或品牌信息的各种传播手段进行评估，这些传播手段可能包括电视广告、杂志广告、展览会或任何可以运用的信息媒体渠道，或是公关活动、市场推广活动及人员推销等，以便与消费者直接进行双向沟通。

6. 建立关系

整合营销传播的信念之一是成功的营销传播需要在企业(品牌)与消费者之间建立长久

的关系的，经由关系的维持和持续的联结，使得消费者重复购买产品，建立起消费者对品牌的忠诚。整合营销的目的不只在销售产品，更在于与顾客和消费者建立起“品牌关系”，这与“关系营销”之理念不谋而合。

7. 数据库的应用

企业要执行整合营销传播，拥有一个数据库是非常关键的。McFadden 和 Hoffer 将数据库定义为“由互相关联的资料所组成的，为满足组织各种信息需求设计而成”。而舒尔茨在其整合营销传播企划流程的架构中，把顾客数据库作为其思考模式的起点。

## 13.2 营销传播预算

营销商要花多少钱在营销传播活动上，是一项主要的营销决策。不同产业的促销支出常有很大的差异。例如，饮料业、化妆品业、药品业的促销费用比例(占销售额的百分比)通常会远比机械业、电子元器件业、建材业的促销费用比例要高。

即使在同一产业内，不同厂商的促销费用比例也常高低有别。以下是 5 种决定促销法：销售百分比法、单位固定金额法、量力而为法(Affordable Method)、对付竞争法及目标任务法(Objective-Task Method)。

### 一、销售百分比法

销售百分比法是以目前的或预期的销售额的某一个百分比作为设定促销预算的基础。例如，某家公司决定以预期销售额的 3%为促销预算，假定该公司预估下一年度的销售额为 100 万元，则该公司下年度的促销预算将为 3 万元。

销售百分比法使用简单，具有以下一些优点：第一，它的使用意味着促销费用将与厂商的支付能力一起变动，这点会令财务经理感到满意，因为财务经理认为费用应与厂商销售额的变动维持密切的关系；第二，它会促使管理阶层去思考促销成本、售价及单位利润之间的关系；第三，它会促使同业间的竞争趋于稳定，前提是竞争厂商以大致相同的销售百分比作为其促销费用。

不过这种方法在逻辑上是有令人争论之处。销售百分比法认为促销是“果”，销售是“因”。但在逻辑上，促销应视为销售的“因”而不是“果”。这种方法未能考虑产品生命周期、市场情况和产品特性等因素，也是其缺点。而且，除了根据同业间成规或过去的经验，这种方法未能提供一个合理的基础来决定特定的百分比。

### 二、单位固定金额法

单位固定金额法是根据生产或销售每一单位产品的一个固定金额作为制定促销预算的基础。例如，某家公司可能决定每销售一个单位的产品提取 1,000 元作为促销出之用，如该公司预估下一年度将销售 50,000 个单位，则下一年度的促销预算将为 5,000 万元。

单位固定金额法的计算简单，但它和销售百分比法一样，未考虑产品生命周期、市场情况和产品特性等因素；它也把销售看成是促销的“因”而不是“果”，在逻辑上同样有令人争论之处。

### 三、量力而为法

量力而为法是以厂商本身的支付能力为依据来制定促销预算。这种方法使用简单，有多少钱可用就编多少促销预算。但这种方法忽略了促销对销售的影响，而且每年的促销预算可能会起起伏伏，变动不定，不利于厂商的长期规划。

### 四、对付竞争法

对付竞争法是以对付竞争作为制定促销预算的主要考虑，以便能与竞争者分庭抗礼。有些公司采用这种方法：如果主要竞争者花费 2,000 万元作促销费用，则他们也会花 2,000 万元的促销费用；或主要竞争者以其销售额的 5%作为促销预算，则他们也会以销售额的5%作为促销支出。

这种方法能考虑到竞争者的活动，是其可取之处。不过，由于各厂商的资源、机会、威胁、营销目标等不尽相同，以竞争者的促销预算来制定本身的促销支出，似有不妥之处。有人认为采用对付竞争法，维持与同业间大致相同的促销预算，可避免引起促销战争。但在实际上，促销预算相同，并无法保证促销战争不会发生。

### 五、目标任务法

目标任务法是根据所要达成的特定目标来设定促销预算。它要求先确定促销目标，再决定实现目标所需完成的任务，然后估计执行这些任务所需的成本，把这些成本加总起来即得促销预算。

目标任务法是最困难的一种方法，它需要了解促销支出和促销结果之间的关系，而这通常不是一件容易的事。例如，某家食品公司推出一种新产品，希望在三个月的促销期间内让80%的目标市场顾客知晓这种新产品，这家食品公司到底要用多少广告和促销活动才能达到这个促销目标呢？这虽不是一个容易回答的问题，但目标任务法可促使营销沟通人员去认真思考这个问题。

目标任务法可使营销人员更加关注促销目标的完成，更有效地使用促销预算。但它未能提供决定各目标优先顺序的基础，将所有的目标都视为同等重要，但实际情形常常不是这样，有些促销目标比其他目标重要。此外，如前所述，要估计完成某一特定目标所需花费的促销成本常常是不容易的，这也是目标任务法的缺点之一。

## 13.3 营销传播组合

营销传播工具有广告、人员推销、市场推广与公共关系等 4 种，如前所述，营销商如何把促销预算分配给这 4 种工具，是一项重要的营销决策。不同的行业，分配促销预算的方式常有明显的差异。即使在同一产业之中，不同营销商的分配方式也不尽相同。例如，同属化妆品业，露华浓公司把大部分的促销预算花在广告上；而雅芳公司则将促销费用集中花费在人员推销上面。

## 一、营销传播目标

营销商通过编制促销方案去达到某种特殊目标，其中，主要的目标是说服购买者前来购买，或使购买者对企业、企业产品的优点有所了解。促销目标必须与企业总体目标及销售目标相互协调。众所周知，企业目标是使业主资本或投资的报酬实现最大化，为达到企业目标，营销管理者总是寻找在获利基础上的最大销售量(市场占有率)。根据企业的总体战略目标，营销管理者可以制定各种不同的促销目标。

1. 吸引原始需求和选择需求

原始需求是对某种或某类产品或劳务的需求。比如，所有想购买汽车的消费者的欲望，构成了市场上对汽车的原始需求。针对原始需求的促销工作，通常要由行业协会来进行。在美国，牛奶的促销工作一般是由全美奶制品协会推行，推销费用由奶牛场主承付；全美禽蛋协会推销鸡蛋；科罗拉多牛肉食品协会推销牛肉等。所有这些组织的努力都是为了转移原始需求，让人们由喝饮料改为喝牛奶，由吃猪肉改为吃牛肉。

选择需求是针对某种产品或服务的需求。比如，有“康佳”牌彩电和“创维”牌彩电，有“两面针”牌牙膏和“黑妹”牌牙膏，纯净水也有“乐百氏”和“娃哈哈”的品牌差异，等等。选择需求决定着每一个营销商的市场占有率，它是原始需求的一部分。毋庸置疑，吸引选择需求是每一个营销商的最基本的工作。

2. 提供信息，说服，提示

提供信息，就是向受众说明企业的现状。企业在出售什么商品？某种品牌商品的价格是多少？在哪里能够买到它们？企业还为消费者提供哪些服务？假如某种商品的品牌很新颖而且具有竞争优势，就特别适于采用这种通过提供信息来促销的方式。提供信息使受众感到真实可靠，尤其是这些信息是通过一些权威部门或媒体发布的。

营销传播的根本要素是说服。对任何一个正常的人来说，掏钱“拔毛”的事情总是非常困难的，只有通过有效的、艺术性的说服工作才能奏效。营销商要使购买者购买公司的商品，就必须使他们相信，购买这种或那种商品，有利于维护、巩固和提升他们的自我观念。通过说服工作使购买者从知晓到感兴趣、产生欲望并最后付之行动。这是最常用的促销策略。

通过提示的方法促使购买者采取购买行动是促销的一种重要方式。这种方式是针对公司的现实顾客，而不能用于潜在的购买者。对市场领导者的公司来说，实施提示性的促销活动主要是起防御作用。

3. 树立品牌形象和企业形象

促销活动的一个重要内容，是树立和表现公司各种不同品牌产品的个性。品牌是用来识别某一个或某些营销商的产品或劳务，并用以和其他竞争者产品和劳务相区别的一个名称、术语、符号或设计，或者这些内容的组合。品牌形象是一个复杂的概念，它包括购买者通过品牌名称而引起的情绪变化，并决定于产品实体、产品价格、产品零售商、产品的购买者和使用者以及针对品牌的促销工作等许多影响因素。购买者购买商品是为了得到满意，这使得营销商的全部营销工作，不得不受购买者的想法和购买行为的制约。

品牌形象是与产品有关的概念，企业形象则属于与顾客光顾频率有关的概念。企业形象是指企业的外感形象和内在精神在社会公众心目中的总体印象和感识。外感形象包括企业服务特色、产品质量、经营规模、推销方法、公共关系、销售点的格调、商品的外包装、广告以及企业标志、图案、造型等。内在精神有企业宗旨和使命、经营管理特色、员工素质、技术力量、产品的研制力和开发力以及创新和开拓精神等。提升企业形象的促销的目的在于使产品带有其售出企业的特点。这就是说，购买者不仅决定买什么，还要决定从哪里买。品牌形象是产品的个性，企业形象是产品营销商的个性，而两者之间相互依存、相互制约。

## 二、各种营销传播工具的特性

营销人员在选择营销传播工具时，必须先了解各种营销传播工具的特性。

### 1. 广告

广告是一种相当普及的促销工具，可以允许销售者多次重复同一信息。广告可以较有效率地（单位展露成本较低）同时接触到散布各地的大量购买者。广告是一种高度大众化的沟通方式，购买者容易把广告的产品视为标准化的产品或合法的产品，同时也会把广告的产品当做是大众可接受的产品。广告的媒体形形色色，可供选择的空间很大。广告可通过文字、声音与色彩的巧妙运用，生动地描述公司及其产品，可收到扩大展示的效果。

不过，广告常会接触到许多非潜在购买者，会造成浪费；广告容易受到批评；又由于广告是由广告主付费，人们有时会怀疑其公正性；广告的展露时间通常较短，加上人们会筛选广告，对许多广告视而不见，影响广告的效果；广告的单位展露成本虽低，但总广告成本可能很高。

### 2. 人员推销

人员推销允许销售员与购买者做面对面的双向沟通，销售员可根据购买者的个别需要做及时的回应或调整。人员推销有助于人际关系的建立与培养，可让销售员有机会与购买者建立和保持长期的关系，增进双方的信赖。在进行人员推销时，销售员能够让购买者注意倾听产品介绍与展示。

不过，人员推销的成本（指接触每位购买者的成本）是所有促销工具中最高的。销售员不可能像广告那样可以随时增减，一旦雇用之后就代表比较长期的成本承诺。而且，优秀销售员的招募、训练和激励工作是相当费时费钱的。此外，不同销售员的技巧常存在差异，有些销售员的陈述会比其他销售员更清楚、更有说服力，这种不一致的情形是不容易克服的。

### 3. 市场推广

市场推广的工具包括折价券、奖品、竞赛等各种可促成销售的各种短期诱因，营销人员有很多种市场推广工具可供选择。市场推广在改变购买者的短期行为方面通常是很有效的，可以促成快速的反应，达到刺激短期销售的效果。市场推广也容易和其他的促销工具（如广告和人员推销）结合，共同运用。

不过，市场推广的效果通常只是短期的，如要建立长期的品牌偏好，促销的功效不大。有些与减价有关的促销，如使用不当，可能会伤害到品牌的形象。此外，市场推广工具容易被竞争者模仿或抄袭，也是促销的一项缺点。

### 4. 公共关系

广告、人员推销和促销通常是以销售者主导的方式来传递信息，而公共关系则可以公共报导、新闻报道或故事的方式来传递信息，较容易取信于人，也较容易接触到那些回避广告、人员推销或促销的潜在顾客。公共关系和广告一样，也可以以戏剧化的表现方式来生动地展示公司及产品。公共关系的总成本通常也较低。

不过，公共关系并非营销人员可以主导的，因此营销人员对信息的影响力很小。公共关系往往需借重大众媒体的帮忙，而媒体不一定能够充分配合。

各种营销传播工具的优点和缺点如表 13-1 所示。

**表 13-1　各种营销传播工具的优点和缺点**

| 营销传播工具 | 优点 | 缺点 |
|---|---|---|
| 广告 | 1. 可同时接触大量的购买者<br>2. 有许多媒体可供选择<br>3. 可生动地描述公司及其产品<br>4. 有效率：单位展露成本低 | 1. 会接触到许多非潜在购买者<br>2. 广告的公正性易受怀疑<br>3. 展露时间通常较短<br>4. 总成本可能很高 |
| 人员推销 | 1. 面对面的双向沟通，销售人员可做立即的反应<br>2. 有可能与购买者保持长期的关系<br>3. 可让购买者注意倾听销售者的陈述或展示 | 1. 单位接触成本最高<br>2. 销售人员的雇佣代表较长期的成本承诺<br>3. 优秀销售人员的招募、训练和激励耗费较大<br>4. 不同销售人员间的销售技巧不一致 |
| 市场推广 | 1. 有多种形式可供选择<br>2. 可在短期间内刺激销售<br>3. 易于和其他促销工具结合使用 | 1. 只有短期的销售效果<br>2. 与减价有关的销售可能会伤害品牌形象<br>3. 容易被抄袭 |
| 公共关系 | 1. 可信度高<br>2. 可接触到那些回避其他促销工具的潜在顾客<br>3. 可生动地展示公司和产品<br>4. 总成本可能较低 | 1. 对信息的影响力很小<br>2. 媒体不一定配合 |

## 三、营销传播组合策略

营销传播策略基本上有两种，即推的策略(Push Strategy)和拉的策略(Pull Strategy)。推的策略是指营销商通过中间商将产品“推”向消费者或最终使用者，营销商针对中间商进行促销活动(主要是人员推销和中间商促销)，鼓励中间商多订货，多向消费者或最后使用者推销厂商的产品。拉的策略是指消费者或最终使用者通过中间商将产品“拉”向他们自己；厂商针对消费者或最终使用者进行促销活动(主要是广告和消费品促销)，鼓励消费者或使用者向中间商要求购买厂商的产品，使中间商不得不向厂商订货。

厂商究竟是采取推的策略或拉的策略，应考虑产品/市场的类型、购买者准备阶段和产品生命周期等因素。

1. 产品/市场的类型

不同的促销工具在消费品市场和工业品市场中的重要性是不同的。消费品的厂商较常用拉的策略，花在广告上的资金最多，其他依次为市场推广、人员推销及公共关系。相反的，工业品的公司倾向于采用推的策略，大部分的资金用在人员推销，其他依次为市场推广、广告和公共关系。一般而言，对价格昂贵而且有风险的商品，以及在销售者数目较少而规模较大的市场中，会采用人员推销的策略。

在工业品市场中，人员推销比广告重要，但广告仍扮演重要的角色，在工业品市场中广告能执行下列的功能。

① 建立知晓：一个不知道公司或公司产品的潜在顾客可能会拒绝与销售代表见面。即使见了面，销售代表也必须花费许多时间来介绍公司及其产品。

② 建立理解：假使公司产品其有新的特色，则广告可以有效地解释这些特色。

③ 有效率的提醒：如果潜在顾客知道该产品，但仍未准备购买，则由广告来提醒他们将比销售人员的拜访来得经济。

④ 产生指引：提供小册子和附有公司电话号码的广告是为销售代表产生指引的一种有效方法。

⑤ 正当性：销售代表可以利用刊登在著名杂志上的广告来证明他们的公司及产品有明确的来路。

⑥ 再保证：广告可提醒顾客如何使用产品，也可对顾客的购买给予再保证。

2. 购买者准备阶毁

在不同的购买者准备阶段，促销工具有不同的效果。在知晓和认识阶段，广告与公共关系扮演主要的角色。在喜欢、偏好和信赖阶段，主要受人员推销与广告的影响。最后，在完成销售阶段，也大多依赖人员推销与市场推广来完成。显然，人员推销由于成本高，应集中用在顾客购买过程中较后面的阶段。

3. 产品生命周期阶段

不同的促销工具在不同的产品生命周期阶段也有不同的效果。在产品的投入期，广告与公共关系是产生高知晓度的好工具，而市场推广则可促进早期的试用，人员推销可鼓励中间商进货。在产品的成长期，广告和公共关系仍有其强大的影响力，而市场推广则可减少。在产品的成熟期，市场推广再度成为重要的工具，广告只用来提醒购买者不要忘了此产品。在产品的衰退期，市场推广仍然重要，广告只维持在提醒的水准，公共关系已基本无用，而销售人员只能让产品还能受到一些消费者的注意。

## 四、营销传播组合常用的方法和技巧

1. 营销传播组合的常用方法

(1) 说理教育法。通过介绍商品的原理、使用方法、功能效果等有关知识，使消费者认识到商品能给自己带来的利益，从而产生购买的欲望和动机。这种方法一是适用于产品生命周期的投入期和成长期；二是适用于文化程度较高的理智型的消费者；三是适用于工业品。

(2) 情感共鸣法。这种方法注重情感交流和激发情感，主要是利用推销人员面对面的、有针对性的推广，以及在广告中利用情感型的创意和运用色彩、音乐及画面，激发受众的潜意识及情感共鸣，以达到促销的目的。这种方法一是适用于消费品中的软性商品，如饮料、服装、小工艺品、化妆品及装饰品等；二是适用于情感型消费者，如女性消费者，少男少女类消费者等；三是适用于处于产品生命周期的饱和期和衰退期的产品，因为这类产品消费者已经非常了解，需要运用情感的刺激，以期他们继续保持对产品的忠诚和信心。

(3) 新闻聚焦法。以重大的新闻事件和新闻人物为契机，及时把本企业或本企业的产品与它联系起来加强广告宣传，使受众在关注新闻事件和新闻人物的同时也能注意到企业和企业的产品，达到广为宣传企业和企业产品的目的。所谓的新闻事件和新闻人物也可以由企业有意地制造出来。例如，中国马俊仁教练的田径长跑队获得前所未有的世界级荣誉，一时成为神州大地的妇孺皆知的新闻事件，广东今日集团不失时机从马俊仁教练那里花一千万购买他给运动员使用的中药补品配方，制成“生命核能”饮料，顿时走俏市场。

2. 营销传播组合的常用技巧

(1)实证。运用商品本身的实际特性来表明商品的优良性能，消除消费者的种种疑虑，是最有说服力的促销技巧。例如，展销会、现场示范、时装表演、试用、品尝等，以及广告当中运用拍摄实录的生产过程、操作使用过程和实际使用效果等都属于实证。

(2)论证。运用逻辑推理的办法来证明商品的优良，从而说服消费者产生购买欲望和动机的促销技巧。例如，“乐百氏”含有双歧因子的 AD 钙奶能帮助消化，增进食欲，是当今常患有厌食症儿童的佳品。

(3)证据。列举充分的证据来证明商品的优良品质，从而使消费者信服。例如，权威部门的质量抽检报告、市场占有率排行榜、奖牌、奖章、奖励证书等。

(4)权威。利用专家学者、权威机构的证言、证词向消费者推荐产品，或者由权威机构或人物出面推荐产品。例如，利用影视明星推荐服装、化妆品等，利用医生推荐医院、药品等。

(5)对比。将本企业产品与同类产品或替代产品在价格、质量、性能、服务、款式等方面进行比较，以证明产品优良。在比较过程中，应使用间接的、不明指的对比法，以避免法律纠纷。

## 本章复习思考题

1. 营销传播的含义、步骤和预算方法是怎样的？
2. 整合营销传播的概念是什么？
3. 营销传播的目标是怎样的？
4. 营销传播的工具有哪些？
5. 营销传播的策略、方法和技巧是怎样的？

# 第十四章　广告、市场推广与公共关系

**本章学习要点**

1. 掌握广告的含义、类型和决策；
2. 掌握市场推广的概念、类型和决策；
3. 掌握公共关系的含义和策略。

营销商的营销活动，不仅要开发优良的产品，制定适当的价格，选择合适的渠道，还必须要将产品的优点、定位、价格、销售地点等有关产品的信息，通过大众传播的渠道告知顾客。这些大众传播的工具包括广告、市场推广和公共关系。

## 14.1　广　　告

广告是指由某一明确的赞助者通过付费的各种媒体所做的一种非人员沟通。在各种促销工具中，广告是相当重要的一种，因为广告的传播媒体非常广泛，如杂志、报纸、广播、电视、户外展示（如海报、招牌）、新奇赠品（如火柴盒、记事本、日历）、车厢（火车、汽车）、商品目录及宣传单等都是广告的媒体。

### 一、广告的类制

广告可分为产品广告和机构广告两种基本的类型。

1. 产品广告

产品广告是为了引导目标消费者去购买广告主的产品或服务而从事的广告，广告的对象可能是消费者或最终使用者，也可能是渠道成员。产品广告又可分成先锋性广告（Pioneering Advertising）、竞争性广告（Competitive Advertising）、提醒性广告（Reminder Advertising）等三类。

（1）先锋性广告

先锋性广告也称开发性广告。先锋性广告的目的在于开发对某一产品类别（如塑胶、乳制品、牛肉等）的需求，而非开发对其一特定品牌的需求。厂商通常在产品生命周期的早期采用先锋性广告，用以告知潜在顾客有关新产品的信息，并设法将他们转变为采用者。

（2）竞争性广告

竞争性广告的目的在于开发次要需求，即对某一特定品牌的选择性需求。当产品生命周期往前移动，厂商面对强烈竞争时，常被迫采取此类广告。美国联合水果公司原先采用先锋性广告，独力推销香蕉，但后来市场占有率慢慢丧失，也不得不放弃做了二十年的先锋性广告而改为采用竞争性广告，推销它自己的 Chiquita 牌香蕉。

竞争性广告有直接和间接两种类型。直接性竞争性广告是要促成立即的购买行动，间接性竞争性广告则强调产品的利益，希望影响未来的购买决策。美国德尔塔航空的广告大部分是竞争性广告，其中有许多是想促成立即销售的直接型广告——告知价格、时间表和订位的电话号码；有些是间接型的，强调服务品质和飞航多少城市，并建议下次跟旅行社讨论时要提到德尔塔航空。

比较性广告是一种较激烈的竞争性广告，它使用真实的产品名称，做特定品牌的比较，让不同的品牌互相对抗。例如，Advil 止痛药在其广告中出现竞争者品牌的图片，广告文案宣称它的药效较佳，也较持久；MCI 和 AT&T 常在美国电视广告中争斗，彼此都宣称它们的长途电话服务比对方划算。

（3）提醒性广告

提醒性广告的目的在增强以前的推销，让大众记住产品的名称。当大众具有品牌偏好——可能是在产品生命周期的成熟期或衰退期，提醒性广告会有其功用。广告主可能会用软卖(Soft-Sell)广告，只提及或展示名称作为一种提醒的东西。例如，新奇士橙汁经常利用提醒性广告，因为大多数的消费者都已经知道新奇士这个品牌，而且经过多年的推销，这个品牌已经和高品质结合在一起。

2. 机构广告

机构广告的目的在于促销组织的形象或理念，强调组织的名称和声誉。例如，福特汽车的广告一再强调“品质是首要工作”(Quality is job 1)，突显公司对品质的关切，而非着重于特定汽车的特色。诺基亚广告宣称其宗旨是“科技以人为本”的理念。

## 二、主要的广告决策

在开发广告方案时，如图 14-1 所示，必须依次考虑以下 5 项主要决策。

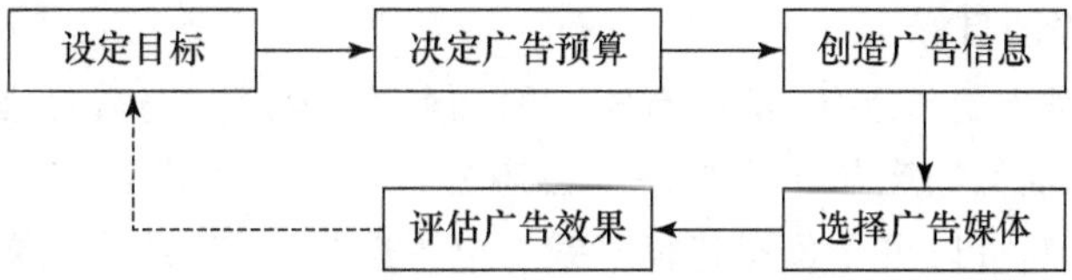


**图 14-1 广告决策流程**

1. 广告目标的设定

广告目标是指在某段特定期间内对某一群特定的受众所要达成的一项特定的沟通任务。设计广告方案时，企业必须先确定广告目标。广告目标必须配合有关目标市场、定位、与营销组合的决策，因为广告方案只是整体营销方案的一环而已。广告目标的设定要考虑到市场的竞争状况、产品生命周期阶段、顾客偏好等因素。例如，某厂商的广告目标可能是要花三个月的时间让某一群家庭主妇知晓其产品的比率从目前的20%提高到30%。

广告目标可依广告所要实现的主要目的分成三类，即告知性、说服性和提醒性的目标（见表14-1）。

**表 14-1 可能的广告目标**

| 告知性的目标 | 说服性的目标 | 提醒性的目标 |
|---|---|---|
| 告知新产品上市<br>告知产品的新用途<br>告知产品的销售地点<br>告知产品的价格或价格的变动<br>说明产品的性能<br>建立厂商的形象 | 建立品牌的偏好<br>说服顾客改买本公司的品牌<br>改变顾客对产品特性的认知<br>说服顾客接受销售的拜访 | 让顾客在淡季时仍然记得本公司的品牌<br>保持品牌的知名度<br>维持厂商的良好形象 |

（1）告知性广告的目标

告知性广告的目标是要告诉顾客有关产品的信息。这是一种报道性广告，即通过向消费者介绍广告的性能、用途、价格等，以刺激消费者的初始需求。当一种新产品进入市场时，人们对它还不了解，市场上也无同类产品出现，因而广告的重点是向潜在顾客介绍产品，以及产品能满足顾客什么样的需要。其特点是针对某种产品，而不是针对某种品牌。在推出新产品或新服务时，这是一种非常主要的广告目标。例如，微波炉新上市时，它的广告将微波炉的性能、功效甚至如何用微波炉烹饪等信息通过广告告诉消费者，便是一种告知性质的广告。

（2）说服性广告的目标

说服性广告的目标在于说服顾客偏好或购买某一特定的品牌。目的是使消费者偏爱某一种品牌，刺激消费者的选择性需求。当市场上竞争者增多，品牌之间竞争激烈时，就不宜泛泛宣传某一产品，而应突出特定品牌的优点和过人之处，以便消费者做出有利于企业的选择。例如，Pi Pi纸尿裤曾经以“太空尿尿趣事多”的广告，证明其产品为航天员专用的高分子吸收棉（Polymer），说明产品品质比其他品牌好，希望消费者购买其产品，这就是一种说服性质的广告。

（3）提醒性广告的目标

有些产品在市场上销售多年，虽已有相当的知名度，但厂商仍需要推出提醒性广告来提醒购买者，不要忘了他们的产品。这是一种备忘性广告。这种广告有利于保持产品在顾客心目中的印象。例如，可口可乐公司花很多钱在电视广告上，其目的主要是提醒人们不要忘了可口可乐，而不是为了告知或说服的目的。春夏之际的瓶装饮用水广告、中秋节之前的月饼广告等都属提醒性质的广告。

2. 广告预算的决定

广告目标确定后，厂商要为各产品编制广告预算。广告具有告知、说服和提醒的功能，可提升产品的需求曲线，但是广告仍需讲求投资报酬率，希望以较低的成本得到较大的效益。

在第十三章中曾介绍了决定促销预算的5种方法（即销售百分比法、单位固定金额法、量力而为法、对付竞争法与目标任务法)，这些方法同样也都可用来协助营销人员决定广告预算。不过，在决定广告预算时有5个特别的因素需要加以考虑：

① 在产品生命周期中的阶段：新产品通常需要编制较多的广告预算，用以建立产品的知名度，并鼓励消费者试用。对已建立品牌知名度的产品通常以销售额的某一百分比来编制较低的广告预算。

② 市场占有率与消费者基础：高市场占有率的品牌通常只需较少的广告支出来维持其市场占有率。但若想拓展市场来提高市场占有率，则需要较大的广告支出。此外，就接触每位消费者所费的平均广告支出而言，市场占有率高的品牌就比市场占有率低的品牌要少。

③ 竞争的需要：在一个竞争激烈且广告支出也高的市场中，为使品牌能在市场鹤立鸡群，企业须比竞争对手做更多的广告。

④ 广告频率：需要重复传达品牌信息给消费者的次数也是广告预算的决定因素之一。

⑤ 产品替代性：商品类(如香烟、啤酒、冷饮)的品牌需要大量的广告来建立与众不同的形象。当某一品牌具有独特的实体利益与特色时，广告也是重要的。

3. 广告信息的创造

不论广告预算多大，广告必须要能引起目标受众的注意，并让受众产生共鸣，广告才算成功。因此，创造有创意的广告信息是非常重要的。

创造有效的广告信息应从确定顾客利益着手，并以之作为广告诉求(Advertising Appeals)。广告诉求是指在广告信息中所强调的产品(或服务)利益。广告诉求应具有三个特征：第一，诉求应是有意义的——指出产品的利益，使产品更受消费者喜爱；第二，诉求应是可信的——消费者必须相信产品或服务将会提供广告所承诺的利益；第三，诉求应具独特性——应告知产品如何比竞争品牌还好。例如，乐百氏纯净水的“27层净化”、雅芳化妆品的“比女人更了解女人”，都是具备上述三个特征的广告诉求，不仅把产品的利益明确地表现出来，也能够把自己的产品和竞争品牌细分开来，展现与众不同的特色，因而都曾在顾客心目中留下深刻有力的形象。

广告诉求决定后，还要决定广告诉求的表现方式，将此诉求有效地表达出来，以便能吸引目标受众的注意和兴趣。营销部门往往需要提出一份广告企划书，说明拟议中的广告目标、广告诉求和表现方式。

**表14-2 旁氏冷霜曾经在台湾市场上的广告诉求**

| |
|---|
| (1) 目标对象 |
| 18～50岁有化妆习惯需要彻底清洁的一般妇女，特别是20～30岁居住在大城市的职业女性。 |
| (2) 消费者利益点 |
| 旁氏冷霜是唯一能深入彻底清洁，并保持肌肤柔润美丽的产品。 |
| (3) 支持利益点的理由 |
| 因为旁氏冷霜独特的深入清洁成分能有效地清除破坏皮肤美丽的隐藏污垢及化妆品。 |
| (4) 表现方式 |
| ① 格调：优雅、大方。 |
| ② 语气：要有权威性的语气，并且在故事中包含有力的证明因素，消费者利益点必须以视觉示范做清楚的强调(如化装纸示范道具)。 |

4. 广告媒体的选择

厂商制定广告决策的另一项任务是选择广告媒体以传递广告信息。选择广告媒体的主要步骤包括：(1) 决定广告的接触面(Reach)、频率和效果；(2) 选择主要的媒体类型；(3) 选择特定的媒体工具(Media Vehicles)；(4) 安排媒体的时间。

(1) 决定接触面、频率与效果

在选择媒体之前，广告主必须决定为实现广告目标所需的接触面、频率以及希望产生的效果。接触面是指在特定期间目标市场的顾客接触到广告活动的百分比。例如，广告主可能希望在前三个月的广告活动中接触到70%的目标市场顾客。频率是指目标市场中平均每一个人接触到信息的次数。例如，广告主可能希望平均接触三次。媒体效果是指信息展露的定性价值(Qualitative Value)。例如，对需要示范的产品而言，电视的信息效果要比报纸的信息效果更佳。

一般而言，广告主所希望获得的接触面愈广、频率愈多、效果愈大，则广告预算也必须愈高。

(2) 选择主要的媒体类型

媒体规划人员应该知道各主要媒体类型的接触面、频率与效果。表14-3为各种主要广告媒体的比较。各种媒体均有其各自的优点与限制，媒体规划人员可考虑下述几个因素来选择广告媒体。

**表 14-3　主要广告媒体**

| 媒体 | 优点 | 缺点 |
|---|---|---|
| 报纸 | 弹性；时效；能涵盖地区性市场；可广泛被接受；可信度高 | 寿命短；再制品质不好；传阅的读者不多 |
| 电视 | 大众市场涵盖面大；单位展露成本低；结合画面、声音和动作；诉诸感觉 | 绝对成本高；嘈杂；短暂的展露；不易选择受众 |
| 直接邮件 | 受众选择性高；弹性；在相同媒体内没有广告竞争 | 单位展露的相对初步高；“垃圾”邮件 |
| 广播 | 地方易接受；高的地区与人口选择性；成本低 | 只有声音；短暂的展露；低注意力；散布各地的听众 |
| 杂志 | 地区与人口的选择性高；具有可信性及声誉；再制品质高；持续时间长和转阅的读者多 | 购买广告的前置时间长；高成本；无法保证版位 |
| 户外广告 | 弹性；较高的重复展露；低成本；低信息竞争；位置选择性好 | 极难选择观众；创造力的限制 |
| 网络广告 | 真正的互动媒介；大量的受众；及时反应；高度针对性；购买力强的市场；提供详细的信息；飞速成长的行业；到达生产资料用户；社论式广告；实际门市 | 未经验证；定向成本昂贵；下载速度缓慢；趋于主流媒介；广告发布位置也许不当；安全与隐私方面的顾虑；全球性营销的限制 |

① 目标受众的媒体习惯。广告主应寻找能够有效接触目标受众的媒体。

② 产品的性质。例如，流行时装的广告最好利用彩色杂志，而尼康相机最好在电视上做示范。

③ 信息的类型。例如，宣布明天减价的信息需要利用广播和报纸；带有许多技术资料

的信息可能需要利用杂志或直接邮件。

④ 成本。例如，电视广告费用很高，相对的，报纸广告就便宜多了。

(3) 选择特定的媒体工具

媒体规划人员必须选择最好的媒体工具——各媒体类型内的特定媒体。媒体规划人员应在媒体成本和若干媒体效果因素之间求得平衡。首先，应平衡成本和媒体工具的受众质量；第二，应考虑受众的注意力；第三，应估计媒体工具的编辑质量。如此，媒体规划人员才能在一定的成本内，选择在接触面、频率与效果等方面都能合乎要求的媒体工具。

(4) 安排媒体播放频率

广告主必须安排年度广告的播放频率。大多数厂商都会做一些季节性的广告；也有一些厂商只做季节性的广告，如 Hallmark 只在主要节日前为其贺卡做广告。

广告主也须选择广告播放频率的形态。广告播放频率可平均分散在各时期，也可视市场情况做重点式的安排，以扩大广告效果。

5. 广告效果的评估

厂商投资在广告上的金额很大，因此对于广告的效果应定期加以评估。一般而言，广告效果的评估可分为沟通效果的评估和销售效果的评估两部分。

(1) 沟通效果的评估

沟通效果的评估是衡量一个广告和顾客的沟通情形。例如，广告是否能真正吸引受众的注意，受众看了广告之后是否能记住广告内容等。沟通效果的衡量，即文案测试(Copy Testing)，可在广告正式推出之前与之后加以测试。

① 事前测试

事前测试的方法有以下 3 种。

a. 直接评分：让一群消费者(或受测者)接触一些设计好的广告文案，并分别予以评分。例如，在让这群消费者看过若干为杂志广告而设计的广告后，请他们就“这个广告能引人注意的能力如何”、“这个广告传递诉求或利益的清晰度如何”、“这个广告对促成消费者购买的影响力如何”等问题在评点尺度上分别评分。显然，直接评分的结果与广告对消费者的实际影响毕竟有段距离，但仍可用来剔除较差的广告。

b. 组群测试(Portfolio test)：让一群消费者(或受测者)接触一些设计好的广告文案，等消费者看完或听完之后，请他们回想所接触的广告(访问员可以给予提示或不作提示)，并就记忆所及描述各个广告的内容。此结果可用来说明广告是否突出以及信息被理解及记忆的情形。

c. 实验室测试：在实验室中利用一些仪器来衡量消费者(或受测者)接触广告后的生理反应，如心跳、血压、瞳孔扩大、出汗情形等，以评估广告的效果。这种测试只能衡量广告引人注意的能力，但不能测出广告对信念、态度或意图的影响。

② 事后测试

事后测试有以下两种常用的方法。

a. 回忆测试：请曾经接触某种特定媒体的消费者(或受测者)回想过去某一广告的产品和广告主，说出他所能记忆的广告内容。回忆分数可用以表示广告受人注意与记忆的程度。

b. 认知测试：以在杂志刊登的广告为例，要求消费者(或受测者)指出他们在某一期杂志上所看过的广告，每个广告都可以求出 3 种阅读率：注意率，即自称曾在某一期杂志上看过该广告的读者比率；略读率，能正确指出该广告的产品和广告主的读者比率；精读率，即自称曾读完大部分广告内容的读者比率。

(2) 销售效果的评估

评估销售效果的目的在于衡量广告推出之后对销售的影响。一般来说，销售效果较之沟通效果更难衡量。因为销售除了受广告影响之外，还会受到许多其他因素（如产品特性、宏观经济景气变动、价格、竞争者行动等）的影响。在衡量广告对销售的影响时，应将广告以外的其他因素予以过滤才能有较客观的评估。

广告的销售效果通常可以用历史法或实验设计方法来加以评估。历史法是利用统计技术推出厂商过去的广告支出与同期（或下一期）的销售额之间的关系，然后据以估计广告支出的销售效果。有的研究人员则利用实验设计方法来评估广告的销售效果，即只变动广告支出的数额，将广告支出以外的因素保持不变，然后据以衡量不同的广告支出水准对销售额的影响程度。

## 14.2 市场推广

常见的营销传播工具除了广告之外，另一个常见的工具就是市场推广（也即销售促进，SP）。市场推广是指厂商为了立即提高销售量而采取的短期刺激。例如，百货商店的“跳楼大甩卖—全面五折起”、化妆品业的“附赠精美礼品”、冷饮业的“集瓶盖大抽奖”、食品业的“买一送一”、旅馆业的“淡季特别优惠专案”等都是市场推广的实例。

### 一、市场推广的类型

市场推广可依市场推广的对象分为两类，即消费者市场推广和中间商市场推广。表14-4列举了主要的市场推广工具。

**表 14-4 主要的市场推广工具**

| 消费者市场推广 | 中间商市场推广 |
|---|---|
| 免费样品 | 购货折让 |
| 特价品 | 免费商品 |
| 赠品 | 商品折让 |
| 抽奖 | 合作广告 |
| 竞赛 | 销售竞赛 |
| 优惠券 | 展览会 |
| 购买点展示 | |
| 现金减让 | |
| 示范 | |

1. 消费者市场推广

消费者市场推广是指针对消费者的促销活动，其目的主要有两个：① 增加消费者的购买量，例如“买三送一”可促使原先只想买一两个单位的消费者为获得赠品而增加购买的数量；② 鼓励非使用者的试用，例如新产品推出时提供免费样品的促销，可鼓励非使用者试用新产品。

(1) 免费样品

免费样品是指提供给消费者免费使用的试用品。样品可能是挨家挨户地赠送,也可能要求消费者函索,或摆在商店里供人取用,或寄附于其他商品之中。

一般而言,新上市的产品常运用免费样品来促使消费者试用。例如,巧手洗洁精在开始上市时附送在灭蚊剂上;白兰牙膏上市时则随白兰洗衣粉赠送。提供免费样品的成本可能较高,因此利用免费样品来推广的产品通常是制造成本低且消费者经常购买的新产品。对这些产品,如能促成消费者试用,很可能会使消费者成为经常的购买者。

(2) 特价品

特价品是指给予消费者在商品价格上某种程度的优待,通常均明白显示于标签或包装上面。采用方式有两个:一为特价品的包装,即两件或以上的相同商品一起包装,并减价出售,如三件只卖两件的价钱;另一为特价品的组合,即将两件相关的商品(例如牙膏与牙刷)包装在一起减价出售。

特价品推广可以在短期间内使市场占有率大幅度提高,因为有部分消费者会转换原来使用的品牌而改用正在促销的品牌。但是如果无法因此而建立起较高的品牌忠诚度,维持市场占有率,则当特价品推广结束后市场占有率将恢复原状,或甚至降低,将伤害厂商的市场地位。

(3) 赠品

赠品是指在消费者购买某一特定产品时随货免费赠送或以很低价格出售的商品。赠品通常是附于商品包装内,或另行包装,随货赠送。例如,乖乖食品赠送玩具、雀巢奶粉赠送铅笔盒、美的空调赠送美的电饭煲都是赠品的例子。

举办赠品活动时,赠品的选择相当重要,赠品必须是消费者喜欢的产品,而且又与一般市面上买得到的产品有所差异,以便能让消费者感受到赠品的价值。

(4) 抽奖

抽奖是由消费者填写参加抽奖表格并寄回厂商,厂商抽出得奖者后,给予中奖的消费者奖金或奖品,如旅游活动、手机、轿车等。抽奖活动的奖金或奖品通常都相当吸引人,因此虽然中奖率不高,但是常吸引许多消费者的投入。抽奖活动由于需要有大奖才能吸引人,因此较适用于市场占有率较高的品牌,才能够有较大的销售量来支持所提供的奖品或奖金。

(5) 竞赛

竞赛与抽奖不同。抽奖是只要填写并寄回参加抽奖的表格即可,能否中奖完全是靠运气;而竞赛则要求消费者完成某项工作,如回答一些问题,才有资格参与竞赛赢得奖品。参与竞赛者的人数通常比参加抽奖者要少,但参与竞赛者往往比参加抽奖者更为投入,因此,竞赛对参与者的促销效果常常是很大的。

(6) 优惠券

优惠券可降低产品的价格,是一种常见的消费者市场推广工具。优惠券可以印在杂志的插页上,或夹在报纸中随报附送,或附在产品的包装上,或放置在商店中让人索取,有时甚至可以派人在街上分送。

优惠券必须要能让消费者以相当的低价买到他们所需要的某种物品或服务,才能收到促销的效果。优惠券常用来鼓励顾客试用新产品或新包装,或用来吸引顾客重复购买。优惠券有若干优点，也有一些缺点。在优点方面：首先，在创造品牌的知名度方面，附有优惠券的印刷广告通常比非促销性的广告更有效；其次，优惠券可反馈给现在的产品使用者，找回以前的使用者，并鼓励大量购买；此外，从收回来的优惠券，厂商可以了解优惠券是否已接触到预期的目标市场。使用优惠券的缺点是有欺诈和错误之嫌；其次，由于有许许多多厂商提供优惠券，优惠券的价值正日益丧失；而且优惠券的大量使用者的品牌忠诚度已下降，许多消费者只用优惠券来购买他们常买的产品，使优惠券鼓励消费者试用新品牌或新产品的促销效果备受质疑；优惠券的另一个问题是商店对于优惠券的产品项目常常没有足够的存货，对商店和产品的信誉都会造成伤害。

(7) 购买点展示

购买点展示(POP)是在零售商店中所做的展示，其目的在于吸引零售商店中的购买者注意某一品牌或产品，并进一步促成销售。它包括店中标示、橱窗展示、展示货架等。购买点展示有时也会和店内示范或免费样品一起配合使用。只要购买点展示具有吸引力，能提供有用的信息，并能与商店布置相吻合，零售商店通常会乐于使用。

(8) 现金减让

现金减让是指消费者提出购买某一产品的证明时，由厂商给予一定金额的退款。现金减让主要用来鼓励消费者试用推广的产品。不过，许多人认为现金减让的退款过程过分繁杂，消费者对厂商提供现金减让的原因也有负面的想法，他们可能认为用来市场推广的产品是新的、未经检验的或销路不好的产品。如果不能改变消费者的这些想法，提供现金减让将会降低该产品的形象和对该产品的喜爱程度。

(9) 示范

产品示范可向消费者展现产品的功效或功能，从而鼓励消费者试用或购买产品。产品示范须有专人在示范现场实地示范，成本通常很高，除非推广效果很大，厂商不会轻易采用。对某些产品类别，如化妆品、家用电器、清洁用品等，示范是很有效的。

2. 中间商市场推广

中间商市场推广是指针对中间商所做的促销活动，其目的在于鼓励中间商多进货并努力销售。

(1) 购货折让

购货折让是当中间商购买一定数量的产品时，给予中间商的暂时性减价。购货折让直截了当，只要中间商购买一定数量的产品，就可获得减价，可增加中间商的利润。购货折让的缺点是竞争者容易模仿，所有厂商都对中间商折让的结果，将造成所有厂商的利润都下降的情形。

(2) 免费商品

当中间商购买一定数量的产品时，厂商可提供给中间商免费商品，以鼓励中间商多进货、多销售。

(3) 商品折让

商品折让是指厂商支付某一数额的钱给那些提供广告或展示等推广工作的中间商，以鼓励中间商协助执行厂商的促销活动。

(4) 合作广告

合作广告是指厂商和中间商之间的一种广告安排，由厂商分摊一部分中间商为厂商的产品所推出的广告活动的媒体成本。厂商分摊的金额通常是按照购货数量来决定。

(5) 销售竞赛

销售竞赛是用来激励中间商努力销货,对销售表现优秀的中间商提供奖金或奖品。为达到有效的激励效果,销售竞赛的奖金或奖品必须有足够的吸引力,因此这项促销工具常常是很花钱的,而且促销效果可能只是短期的,这是它的缺点。

(6) 展览会

厂商可参加行业展览会,向中间商展示他们的产品和服务。参加展览会是接触中间商和向中间商推广的有效方法,但参加展览会须支付场地租金、场地布置、产品运输、服务人员酬劳等多项费用,是很昂贵的一种中间商推广工具,因此要审慎选择参加哪些展览会,并对参展相关事宜做妥善的规划。

## 二、主要的市场推广决策

市场推广活动五花八门,各种市场推广工具的功能、延续时间、成本等各不相同,厂商在进行市场推广活动前必须要审慎规划。主要的市场推广决策包括决定市场推广目标、选择市场推广工具、设计市场推广方案、测试并执行市场推广方案和评估市场推广成果。

### 1. 市场推广目标的决定

首先,厂商应依照营销策略的发展、市场的竞争态势以及产品所处的生命周期阶段综合判断,以决定市场推广活动的目标。市场推广活动的目标不一而足,包括增进消费者或中间商对商品特性的了解、加强品牌印象、增强消费者或中间商对商品新用途的认识、增加新的试用者等,营销主管应慎重考虑本身条件与市场竞争状况,决定其市场推广活动的主要目标。

### 2. 市场推广工具的选择

在确定市场推广目标后,接着要着手选择市场推广工具。如前所述,市场推广包括消费者市场推广和中间商市场推广两类,分别都有多种市场推广工具可供选择。厂商应视市场推广目标和本身的资源条件,考虑各种市场推广工具的特性,选择合适的市场推广工具。

### 3. 市场推广方案的开发

在决定了市场推广目标和市场推广工具之后,接着要进一步开发一套有效的市场推广方案,内容包括诱因的大小、参与的条件、信息的传递、市场推广的时间、频率的安排以及预算的编制等重要决策。

(1) 诱因的大小

首先应决定诱因的强度或大小。市场推广活动若想成功,需要提供足够的诱因。诱因愈大,促销的效果通常亦愈大。但是,诱因条件愈佳,耗费的成本也会愈高。所以,厂商应在两者之间做一个权衡。

(2) 参与的条件

市场推广的对象可遍及所有人,也可限定于某些群体。许多市场推广活动对参加者的资格做了一些规范,例如寄回若干包装空盒或瓶盖才送赠品,或购买一定数量以上者才能享受折扣,或规定公司员工及眷属不得参加抽奖等,都是对市场推广的对象做适当的限制。

(3) 信息的传递

厂商应决定如何把市场推广活动的信息迅速传达给消费者或中间商。例如,抽奖活动的进行过程及结果要快速传达给消费者或中间商，以维持公平性。因此，市场推广活动从开始宣布、执行到最后结束都必须要通过各种不同的媒体，迅速地将信息报道出去。

(4) 市场推广的时间

市场推广活动的时间如果太短，也许会有许多消费者或中间商来不及参加，因而减少其吸引力。但市场推广时间如果太长，则又失去了“促使马上购买”的冲动，降低了促销的成果。促销时间究竟以多长为宜，常须视产品的类别而定。

(5) 市场推广频率的安排

营销人员应安排各种市场推广活动的频率，并与生产、销售、实体分配等部门事先协调，以保证市场推广活动的顺利进行。此外，还要准备应急方案，以应付可能的突发状况。

(6) 市场推广预算的编制

市场推广活动的总预算有两种不同的编制方式：一种是由下往上加总，即由营销人员选择个别的市场推广活动，并预估它们的总成本；特定市场推广活动的成本包括管理成本(印刷、邮寄、推广费用)以及刺激成本(赠品或折扣成本，包括兑换成本)乘以该市场推广活动的预期销售单位。另一种较为常用的方式则是以公司促销预算中的某一百分比作为市场推广经费，百分比的决定根据市场或品牌的不同而不同，也受产品生命周期阶段及竞争性推广支出的影响。

4. 方案的测试

市场推广方案应尽可能在事先进行测试，以决定其所提供的刺激是否有足够的吸引力，并了解市场推广方案的推动是否会遭遇那些可能的困难，以便及早规划。

5. 市场推广方案的执行

市场推广方案经测试之后，如测试结果令人满意，即可依市场推广方案的设计付诸执行。执行之前必须做好妥善准备，以免发生市场推广活动已正式展开，但由于零售商尚未准备妥当或市场推广的货品尚未送达零售商店，以致造成消费者与零售商的不便与抱怨等情况。

6. 市场推广成果的评估

对市场推广活动的成果应加以评估。制造商可以通过销售资料、消费者调查和实验法等3种不同的方法来评估市场推广的成果。

(1) 销售报表：比较市场推广前、市场推广中和市场推广后的销售报表来了解市场推广的成果。例如，公司市场推广前的市场占有率为6%，市场推广期间上升到10%，市场推广结束后立刻降为5%，而后又回升至7%。显然，这一市场推广活动不仅吸引了新的试用者，也促使原有的使用者购买更多的商品，由于消费者必须有一段消化存货的时间，所以促销结束时销售量会下降，但长期而言，占有率上升至7%显示公司已争取到一些新的使用者。如果公司的产品并没有优于竞争者的产品，则市场占有率可能又会恢复到市场推广前的水准，即表示市场推广改变的只是需求的时间形态，而非市场总需求。

(2) 消费者调查：如果需要的信息更多，则可进一步通过消费者调查来了解多少消费者仍记得此市场推广活动、他们对此市场推广的想法、多少人利用此市场推广以及此市场推广对以后品牌选择行为的影响。

(3) 实验法：市场推广的成果也可利用实验法来加以评估。实验法可改变刺激要素、市场推广时间等属性来衡量市场推广的成果。例如,从消费者固定样本中选出一半的家庭,寄给他们优惠券,然后利用扫描资料来追踪优惠券是否引领更多的人去购买市场推广的产品。

## 14.3 公共关系

### 一、公共关系的性质

公共关系是企业促销的又一重要策略。公共关系作为一种客观存在的社会关系是自古有之,现在已作为一门独立的学科,并被企业和其他组织所重视。

综合国内外研究成果,我们认为,公共关系是企业利用各种传播手段使自己与社会公众之间建立相互了解和信赖关系,在社会公众中树立起良好的形象和声誉,以取得理解、支持和合作,从而有利于促进企业目标的实现。

公共关系作为促销组合的一个重要组成部分,与其他方式相比,具有以下特点。

1. 注重塑造企业长期整体形象

公共关系不是追求企业产品一时一地的销售业绩,而是谋求企业长期发展的良好的社会形象。

2. 注重处理全方位社会关系

公共关系要注意处理好与政府、下级、内部员工以及外部公众的横向关系。在这些关系中,主要内容是处理好企业同客户、政府、各类团体、社区居民和单位、同行企业以及大众媒介的关系。图 14-2 概括了这些主要内容。

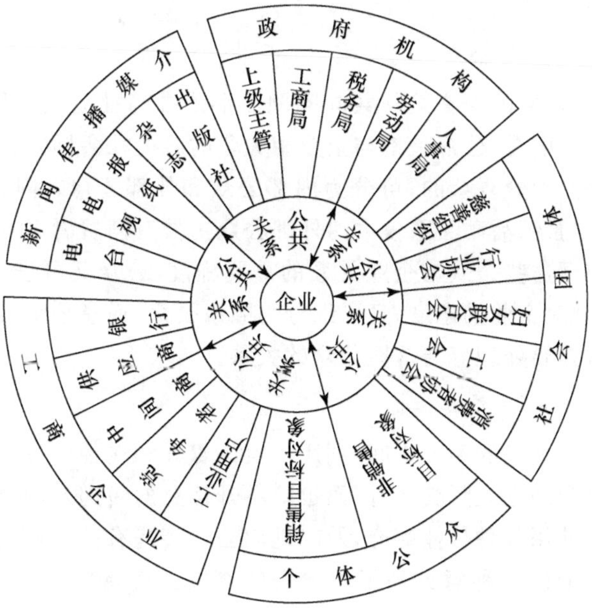


图 14-2　公共关系活动的主要内容

3. 注重企业与公众的双向沟通

处于社会环境中的企业，需要与社会系统进行双向的信息、能量和物质的交流。公共关系的使命就是要担负起这方面的职责。在公共关系活动中，既要使企业了解公众，又要让公众认识企业。

4. 注重与公众的真诚合作，互利互惠

企业的公众对象是对企业的目标和发展具有一定利益关系或影响、制约力的个人或组织。这种以一定的利益关系为纽带的双方关系特别强调平等相待、互利互惠。只顾本单位的利益而不择手段，不顾后果，这不符合公共关系的基本原则。“与自己的公众对象一同发展”是公共关系的重要原则。

## 二、企业公共关系的构成要素

企业公共关系是由 3 个完整的要素构成的，即社会组织、公众和传播。在公共关系行为过程中，这 3 个要素浑然一体，密不可分。

1. 公共关系的主体——社会组织

企业是整个社会大系统中的一个子系统，其生存和发展必须与外部各构成要素之间发生联系，产生各种各样的交往活动。从某种意义上看，企业必须依赖于其他组织才能生存下去。事实上，客观上要求每个社会组织都必须有意识、有目的、积极主动地开展公共关系活动，以增进社会组织之间的相互了解、沟通、支持和合作。企业作为一种营利性组织，为了使自己的商品价值和使用价值能尽快实现，并获得应有的经济效益，必须从公共关系的主体身份出发，积极开展各种各样的公关活动，以达到内求团结、外谋发展，最大限度地提高企业的经济效益及社会效益。

2. 公共关系的客体——公众

所谓公众，就是指任何因面临某种共同问题而形成并与社会组织的运行发生一定关系的社会群体。从企业角度看，公众是指与企业相关联的各类社会群体。

企业面临的公众是十分复杂的，可分为内部公众和外部公众。内部公众主要是指企业的内部职工和股东，与营销活动关系较大的外部公众主要有消费者、中间商、供应商、传播媒介、社区、政府等。根据这些公众与企业关系的重要程度，公众又可进一步细分为首要公众和次要公众；根据公众对企业的态度，又可细分为顺意公众、逆意公众、边缘公众等。企业公共关系的工作之一就是要处理好与这些公众的关系。

3. 公共关系的内容——信息传播

传播是指两个相互独立的系统之间，利用一定的媒介和途径所进行的、有目的的信息传递活动。公共关系反映的是人际交往，因而也离不开信息的传递及沟通。从企业来看，信息传播就是企业正确地使用各种传播媒介，及时地向公众传递有关企业的各种信息，及时有效地收集企业公众对企业的各种意见和了解他们的态度。信息传播过程是一种信息分享过程，双方都能在传递、交流、反馈等一系列过程中分享信息，在双方的信息沟通的基础上取得理解，达成共识。

### 三、公共关系的基本策略

企业公共关系的策略可分为三个层次：一为公共关系宣传，即通过各种传播媒体向社会公众进行宣传，以扩大企业的影响；二为公共关系活动，即通过支持和组织各种类型的社会活动来树立企业在公众心目中的形象，以获得公众的好感；三为公共关系意识，即企业营销人员在日常经营活动中所具有的树立和维持企业整体形象的意识。公共关系意识的建立，能使公众在同企业的日常交往中对企业留下深刻的印象。从这个意义上讲，公共关系经常是融于企业的其他促销策略之中，同推销、广告、市场推广等手段结合使用，从而使促销的效果得以增强。

具体来讲，企业营销活动中的公共关系通常采用以下一些手段。

1. 编写新闻

编写新闻是公关活动一个重要环节，是由公司的公关人员对企业具有新闻价值的政策、背景、活动和事件撰写新闻稿件，散发给有关的新闻传播媒体或各有关公共机构，争取发表。这种由第三者发布的报道文章，可信度高，有利于提高公司的形象，而且一般不需付费。IBM 的管理制度、可口可乐的营销策略常常是管理类杂志、报纸的热闹话题。公司内部的趣闻、历史、轶事，只要故事性和趣味性强，也是报纸生活版、消闲杂志、有关电视或电台节目乐于采用的。这种轻松有趣的公关报道，最能唤起人们的认知和兴趣。“反败为胜的艾柯卡”、“奔驰汽车的故事”、“百事可乐大战可口可乐”等就是一些典型例子。

2. 散发宣传材料

宣传材料包括与公司有关的刊物、小册子、画片、传单、年报等。这些宣传材料印刷精美、图文并茂，在适当的时机向有关的公众团体、政府机构和消费者散发，可吸引他们认识和了解公司，扩大公司的影响。公司一般都十分重视宣传材料的策划和研究。日本本田汽车公司在美国四处散发一本《本田与美国社会》的小册子，列举许多事实，阐明本田对美国经济的贡献，其目的是要减轻美国人对日本经济侵入的担心和抵触情绪。

3. 社会交往

企业应通过同社会各方面的广泛交往来扩大企业的影响，改善企业的经营环境。企业的社会交往活动不应当是纯业务性的，而应当突出情感性，以联络感情、增进友谊为目的。如对各有关方面的礼节性、策略性访问；逢年过节发礼仪电函、送节日贺卡；进行经常性的情况通报和资料交换；举办联谊性的舞会、酒会、聚餐会、招待会等；甚至可以组建或参与一些社团组织，如联谊会、俱乐部、研究团体等，同社会各有关方面发展长期和稳定的关系。

4. 社会捐助活动

社会捐助活动是日益流行的公关活动，是赢得良好社会关系、树立美好企业形象的重要途径。例如，捐助当地的文化活动、体育比赛，捐助当地的慈善事业、教育事业和重要节日等。这些捐助活动影响较大，常常受到当地人民的关注和好评，也属于制造新闻。美国麦当劳快餐公司每年儿童节都在世界各地的连锁店举办游乐会，组织球队，这一举措受到各地儿童及家长的喜爱。

5. 维系和矫正性活动

企业不仅要树立良好的企业形象，还要维系这种形象。当出现不利于企业形象的事件时，要采取积极措施，挽回声誉。这是一项经常性的活动，包括建立与公众的联系制度，接待来信来访的工作，及时对公众的意见做出反应等。这些工作是企业了解公众对其营销策略和经营作风的看法，并根据公众的意见调整自己的行为，或消除误解、澄清是非的重要手段，也是实现企业与公众双向沟通的重要途径。

6. 识别系统

组织可以通过建立识别系统让社会大众容易认识和了解公司，并塑造独特的形象。例如，有许多公司建立自己的企业识别系统，设计独特且具吸引力的标志图案，并将公司的信封、信纸、宣传小册子、报表、名片、建筑物、员工制服、车辆都印上公司的标志图案。如识别系统易于辨认，且有吸引力，将是一种有效的公关工具。

除此之外，还有诸如举办记者招待会；策划企业领导人的演讲或报告；制造新闻事件等。公共关系对于促进销售的效应不像其他促销手段那样容易立竿见影，但是一旦产生效应，其作用将是持久的和深远的，对于企业营销环境的根本改善能发挥特殊的效应，是企业促销策略组合中不可忽视的重要策略。

## 本章复习思考题

1. 广告的含义是怎样的？有哪些类型？广告决策有哪些？
2. 市场推广的概念是怎样的？有哪些类型？如何做出决策？
3. 公共关系的含义是怎样的？有哪些策略？

# 第十五章　人员推销

**本章学习要点**

1. 掌握销售人员的类型和任务；
2. 掌握销售队伍的结构与规模；
3. 掌握销售人员的管理；
4. 销售人员的推销过程。

促销工具包括广告、人员推销、市场推广和公共关系。前面章节已介绍了广告、市场推广和公共关系等非人员的促销工具，本章将探讨人员的促销工具——人员推销（又称“人员销售”）。

人员推销是指通过人员向消费者或组织介绍公司及其产品，解决客户问题，完成交易的过程。成功的人员销售需要非常职业的销售人员（亦称销售代表），而非那些靠喝酒、搭背、夸夸其谈、不考虑客户与不择手段地做销售的人员，专业销售人员同时也是客户的营销顾问，他们向厂商传递消费者需求以开发适宜的产品，他们不仅仅为了订单，而且要投身于整体顾问性和非操作性的销售工作，并且要能够解决消费者的问题。

## 15.1　销售人员的类型与任务

销售人员是一种非常重要的沟通渠道，一种双向沟通的渠道。销售人员一方面将有关厂商及产品的信息传达给顾客，一方面也将顾客的需求或对产品的反应传达给厂商，让厂商够调整其营销策略，以满足顾客的需要。在不同的公司，销售人员的名称虽常有差异，例如销售员、销售工程师、业务代表、营销代表、地区经理等，但其基本的任务都是以销售为主。

### 一、销售人员的类型

一般人往往对销售人员有这样一些印象，认为销售人员就是一群交友广泛生活多彩多姿、口才很好、能够随机应变，以便将产品推销出去的人。其实这种印象不一定正确，在现代工商业社会中，由于厂商不同、销售的产品不同，销售人员的工作角色也不一样。

早期的销售人员比较关心销售和利润，是属于销售导向的销售人员。但当厂商销售导向走向营销导向或市场导向时，销售人员也逐渐转变为市场导向的销售人员，愈来愈关心顾客的满足。长期来看，市场（或顾客）导向的销售人员将比销售导向的销售人员更为有效，更能为厂商创造有利的长期顾客关系。

一般而言，销售人员依其工作角色的不同，可分成订单争取者（Order Getters）、订单接受者（Order Takers）和支持人员等3类。

1. 订单争取者

订单争取者的工作是去争取订单，开发新的业务关系。他们要设法增加对现有顾客的销售，或开发新的顾客。订单争取者要能找出可能的购买者，及时提供给他们必要的信息，并要能说服他们去购买产品。争取订单是一项非常具有挑战性和创造性的销售工作。

订单争取者可以向现有的顾客争取新的订单，要求旧顾客继续购买并增加购买量。订单争取者也要去寻找、发掘并争取潜在的顾客，使之成为新的购买者。某些产业，如汽车业、房地产业、保险业、重机械业等，常须不断争取新的顾客才能维持正常的营运和成长。

为了争取顾客的订单，厂商利用其销售代表或销售业务员通过面对面、电话或其他沟通方式与现有或潜在的顾客交谈，或向他们做销售展示。此外，厂商也常利用团队推销（Team Selling）、会议推销（Conference Selling）和研讨会推销（Seminar Selling）来争取订单。

团队推销是由销售专业人员组成销售小组向主要顾客进行销售和服务。销售小组可能包括订单导向的销售人员、传教士销售人员、技术支持人员和其他部门（财务、作业部门等）的员工，彼此协调配合，提升对顾客的推销和服务能力。团队推销对复杂且需要售后服务支持的产品（如电脑设备和软件）非常有效。

会议推销是由一位销售人员和其他相关的员工（或许是生产或顾客服务部门的员工）一起和顾客开会，解决问题或讨论未来的可能合作机会。会议推销有助于和顾客建立长期的合作关系。

研讨会推销是由厂商的销售小组对顾客实施的一种教育性方案，提供创新或复杂产品的厂商可采用这种推销方式。销售小组的成员可针对顾客的技术幕僚举办研讨会，说明现有产品的创新或新产品的开发，目的是要先让顾客的技术人员对产品产生兴趣，再由他们回去说服购买决策者来购买。

另外，也有厂商运用系统推销（Systems Selling）的观念来争取顾客的订单。系统推销是指销售整套的相关产品和服务（即一个系统）给顾客，以更有效地满足顾客的需要，解决顾客的问题。例如，施乐公司原先是利用个别的销售人员来销售个别的产品，但今天施乐已采用系统推销方法，先研究顾客的办公室信息和作业问题，然后提供一整套自动化的系统（含机器和附属服务）来解决顾客的办公室问题。

2. 订单接受者

订单接受者又称接单者，其主要工作是寻求对现有顾客的重复销售，维持和现有顾客的关系。他们大多是在处理重复购买或例行购买的标准化产品的订单，并协助解决旧顾客的问题；这些工作通常并不需要做很多推销的工作。

接单的工作可在商店或办公室内进行，也可到顾客的工作场所或住处去做。前者如由销售人员站在商店柜台后面接受顾客购货，或由销售人员在办公室内接受电话订货或邮购；后者如定期或不定期派出外务销售人员到顾客的住处或工作地点去接受顾客的订单。

3. 支持人员

销售除了需要上述订单争取者和订单接受者的努力之外，还需要各种支持性销售人员来协助促成销售。支持人员可协助完成销售，但本身通常并不直接从事销售工作。支持人员的主要工作包括寻找可能的潜在顾客、提供信息、教育顾客、建立商誉、从事售后服务等。

支持性销售人员可分成两类：传教士销售人员(Missionary Sales People)和技术专家。

传教士销售人员是为生产者工作的支持性销售人员，他们拜访中间商和顾客，试图建立商誉，刺激需求，帮助中间商训练销售人员，通常也会帮中间商接受订单。依赖批发商以获得广泛分销的生产者通常会看重传教士销售人员，因为有些中间商并不是只经销一种产品，而是同时经销多种产品，未能全心全力经销某种产品，利用传教士销售人员可以使中间商更加注意某一产品。

技术专家是为订单导向的销售人员提供技术协助的支持性销售人员，他们通常具有科学和工程背景，能够了解产品对顾客的用途，并向顾客解释产品的利益。在技术专家去拜访顾客之前，订单争取者可能已拜访过顾客并已引起顾客的兴趣，然后再由技术专家向顾客提供技术的细节，最后通常是由订单争取者去完成销售。如果技术专家也能具备良好的沟通能力和说服技巧，他们通常会成为享有高薪的订单争取者。

### 二、销售人员的任务

在销售现场向顾客进行销售活动只是销售人员所担负的许多工作和责任中的一部分而已。除此之外，销售人员还要负责许多工作，包括撰写报告、服务顾客、处理抱怨和及时补货等。

1. 销售人员的任务

一般而言，销售人员的任务可归纳为下列六项。

① 发掘顾客：销售人员要积极寻找或发掘新的潜在顾客，以开拓市场。

② 沟通：销售人员通常要花费很多时间来提供给顾客有关公司及产品的信息，并与现有或潜在顾客沟通意见，争取顾客的惠顾。

③ 推销：销售人员应运用推销术，与顾客接近，展示产品，回答疑问及完成交易。

④ 服务：销售人员尚需为顾客提供各种服务，使顾客满足。销售人员的服务事项不一而足，如充当顾问、提供修理和安装服务、安排财务融通及催促送货等。

⑤ 收集信息：销售人员也需执行市场信息收集工作，探测市场动态，并定期向管理阶层提出各项市场走势报告。

⑥ 分销商品：遇到货物缺乏时，销售人员必须协助安抚顾客及分配有限的商品。

对销售人员而言，这六项任务有时不易划分清楚。例如，当销售人员向一位重要客户介绍新产品的功能时，他一方面在与顾客沟通，在进行推销，另一方面也负有信息搜集的任务，要从客户的反应中判断此项新产品在客户心目中的评价以及客户对产品的改进意见。不过，厂商虽不容易将其销售人员的任务很清楚地加以划分，但对其销售人员的任务仍应有清楚的规范，使其明了其工作重点。图15-1对销售人员的职责做了概括。

销售人员

| 产生销售 | 为消费者提供服务 | 区域管理 | 专业发展 | 公司服务 |
| --- | --- | --- | --- | --- |
| 拜访前规划 | 提供技术/管理咨询 | 收集和分析有关消费者、竞争对手的市场总体发展信息 | 参与: | 培训新的销售代表 |
| 寻找潜在客户 | | | 销售会议 | 履行员工义务 |
| 销售陈述 | 监管安装与修理 | | 专业协会 | |
| 排除障碍 | | 向公司内部人员传递信息 | 培训计划 | |
| | 检查存货状况 | | | |
| 通过要求订单来成交 | 配备货架 | 制订销售发展战略和计划 | | |
| 安排交货 | 提供商品化支持 | 预测及预算 | | |
| 招待 | 合作广告售点，展示宣传册 | | | |
| 安排信贷/财务 | | | | |
| 收取支付 | 监管产品和设备调试 | | | |
| 参与商业展示 | 培训批发商和零售商销售员 | | | |

**图 15-1　销售代表的活动总体概述**

2. 影响销售任务的因素

在决定销售人员的任务或任务组合时，应考虑下述 4 个影响因素。

(1) 营销目标

销售人员的任务会受到厂商整体营销目标的影响。整体营销目标会影响厂商短期销售目标和长期销售目标的平衡、对市场占有率和利润率的相对重视程度以及满足顾客需求的水准等。每一个目标均会影响到人员推销的类型、重要性和活动内容。例如，公司想要提高顾客满足水准，应要求销售人员增加拜访旧客户的次数；相反，公司若希望销售额能快速成长，则会要求销售人员花费较多的时间去寻找新客户。

(2) 顾客购买行为

销售人员的任务也受顾客购买行为的影响。例如，对新购的顾客与重购的顾客所采取的推销方法常会有所不同。新购者对产品的认识程度及偏好程度常不如重购者，因此对新购者应增加拜访次数，以便能通过多次的互动让他们建立信心；相反的，旧顾客通常较重视常规的服务，并不一定需要频繁的互动。

(3) 营销策略

销售人员的任务和企业的营销策略也有密切关系。例如，在食品业中，许多制造商以广告为主要沟通工具，他们的策略是运用大量的广告来影响消费者，借消费者的力量将厂商的品牌“拉”进经销商店。因此，厂商的销售人员只要多注意零售商店是否有充分的存货和良好的陈列，并在市场推广上给予必要的协助就可以了。但对其他厂商而言，尤其是那些尚未在消费者心目中建立品牌偏好的厂商，则应采取“推”的促销策略，利用给予经销商较高的毛利及其他奖励措施，鼓励经销商努力销售其产品，此时销售人员必须做更有创造性和更积极的推销工作，让经销商愿意经销厂商的产品。

(4) 经济景气与供需情况

当经济过度发热，形成供不应求时，销售人员将没有足够的货品可供推销，此时销售人员的任务主要不在推销货品，而在协助分销商品，安抚不满的顾客，并加强与顾客的沟通。反之，当经济不景气，货品供过于求时，销售人员的推销任务将非常繁重。

# 15.2 销售队伍的结构与规模

人员推销的成败与销售队伍的组织结构和规模有非常密切的关系，一个有效的销售队伍结构和合适的销售队伍规模能够发挥强大的激励力量，从而有效地完成厂商的销售任务。

## 一、销售队伍的组织结构

如图 15-2 所示，销售队伍的组织结构，有地区、产品、顾客和混合等 4 种可能的方式。

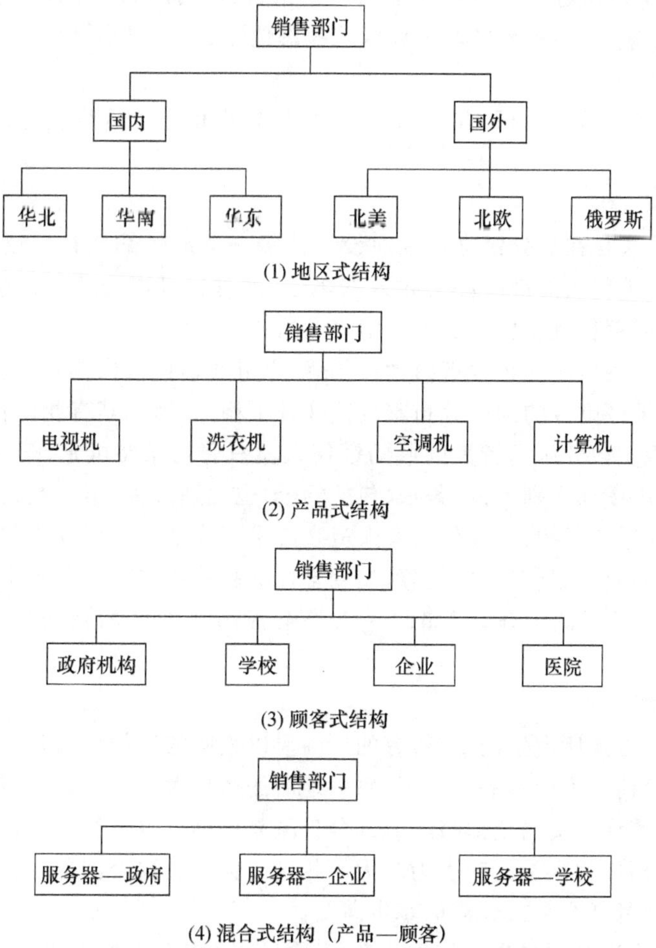


图 15-2 销售队伍的组织结构

1. 地区式的结构

最简单的人员推销组织就是由每位销售人员负责一个地区,在该地区内代表厂商负责全部产品线的销售任务。此种销售结构有以下若干优点。

① 销售人员的责任非常明确,因为他是该地区内唯一的销售代表,因此所有的销售业绩都是他个人努力和能力的表现,借此可激发销售人员的高度潜力。

② 由于对某一地区所负的责任很明确,销售人员会有更大的兴趣去培养他在该地区的社会关系,因而改进他的销售成效。

③ 由于销售人员的活动区域只限于一个地区,因此销售访问的差旅费用可能节省许多,因而能降低销售成本。

在产品一致性高和顾客类型相同的情况下,地区式的销售组织结构很合适。反之,当产品不同和顾客类型复杂时,此种销售组织常易造成销售效率低下的状态,因为在此种情况下,销售人员不易完全了解其产品和顾客。地区式组织成功的前提在于销售人员对其产品和顾客的特性能够有深入的了解。

在采用地区式的组织结构时,销售主管必须安排或设计每一位销售代表所负责的销售地区。销售主管在设计或划分销售代表的销售地区时,应考虑容易管理、容易估计销售潜力、能缩短销售人员拜访客户的旅程及能为每位销售人员提供适当的工作负荷及销售潜力等4项准则。具体来说,销售地区的设计应该考虑地区的大小和形状。

(1) 地区的大小

地区大小的设计主要有两种方式:销售潜力相等法和工作负荷相等法。这两种方式都各有其优劣点。

① 销售潜力相等法

销售潜力相等法是在划分销售地区时设法使每一个地区都具有大致相等的销售潜力,如此可以使每一位销售人员都有相同收入的机会,同时也可作为绩效评估的依据。在此种方式下,地区的长期销售成绩反映出个别销售人员的能力和努力的程度,可激发销售人员发挥潜能。另一方面,各地区的销售潜力大致相等,也可使销售人员在心理上感到公平。

但是,由于各地区顾客的地理分布密度往往并不相同,因此其有相同销售潜力的地区可能拥有不同的面积。被分派到较大区域的销售人员只有两条路可走,第一是和别人花一样的力气,但是销售成绩却比别人低,薪水(包括佣金)也比别人少;第二是付出更多努力,以便与别人得到相同的销售成绩;对这位销售人员来说是不公平的。厂商为解决这个问题,通常可给予较大地区的销售人员多一些优惠,如佣金标准高一些或基本薪水多一些,以鼓励和吸引优秀的销售人员担任此工作;但如此一来将会提高该地区的销售成本,降低该地区的利润。

② 工作负荷相等法

为了解决上述方式所产生的困惑,有的厂商便以相同的工作负荷作为划分地区的标准。在以相同的工作负荷作为标准的方式下,每一地区的销售潜力常有差异,销售人员的报酬也不一致。因此,若销售人员的全部报酬或部分报酬是以佣金方式给支付,即使各地区的工作负荷大体相等,但对销售人员的吸引力却大不相同。为解决这个问题,通常可对市场潜力较小的地区给予较高的佣金率或较高的基本薪资。

在操作上,厂商通常同时实行工作负荷相等法和销售潜力相等法的混合方式来建立销售地区，避免造成工作负荷和销售潜力太过于不均的情况。但是经过一段时间后，由于各地区经济增长率不同，仍然会造成地区间的销售潜力和工作负荷不均的现象。解决此问题的方法是定期重划销售地区，调整销售人员的薪酬标准，或当较好地区有职位出缺时，优先指派较佳人选前往负责。

(2) 地区的形状

销售人员分配到销售责任区之后，他必须常常拜访责任区内的客户。责任区的形状与自然地理形态、邻近地区的协调性、交通的方便性等因素有关。由于地区的形状对交通成本、销售人员的满足感和市场的涵盖度都有影响，因此，对销售责任区的形状应妥善规划，以便在工作负荷、销售潜力、市场的涵盖度和销售人员的路途时间等各方面都能统筹考虑，达到合理的状态。

2. 产品式的结构

许多厂商为了使其销售人员对特定产品有充分的认识，并对该产品负起明确的销售责任，便以产品线作为人员推销组织分工的基础。产品式的组织结构比较适用于产品的技术性复杂、产品的种类繁多且彼此的相关性不高的情况；在这种情况下，采取产品式的结构是很合适的。但是并非产品种类繁多便适宜采取产品式的组织结构，有些厂商的产品种类虽多，但却卖给相同的顾客，若用产品式组织结构来组织其销售人员，将会造成同一厂商的不同销售人员重复拜访同一顾客的现象，不但浪费人力，恐怕也会造成顾客的困扰。例如，某些医药用品供应者以大型医院为销售对象，如果未能妥善规划，将会造成这些医院时常要接待同一家医药用品供应商之不同销售人员的困扰。

3. 顾客式的结构

厂商也常以产业或顾客类型为基准来组织其销售人员。顾客类型可大致划分如下。

① 根据产业类型划分：例如，钢铁厂分别针对造船业、制造业和其他产业来设立不同的销售小组。

② 根据顾客大小划分：例如，铝品制造业者利用不同的销售人员分别对大客户和小客户进行推销。

③ 根据分销渠道划分：例如，食品公司利用不同的销售人员分别对连锁商店、批发商、和大型独立商店进行推销。

④ 根据公司类别划分：例如，汽车零件制造商利用不同的销售人员分别对上海大众、广州本田、神龙富康等汽车业者进行推销。

顾客式组织结构的最大优点在于每一位销售人员均能深入了解特定顾客的需求，可和客户建立密切的关系，有助于长期销售任务的实现。这种组织结构方式的主要缺点在于当各类型的顾客均匀地分散于市场各处时，各销售人员的销售地区难免互相重叠，由此会增加销售的成本。

4. 混合式的结构

当厂商以多种产品在广大的地区销售给多种类型的顾客时，可能需要采用混合式的人员推销组织结构，以“地区—产品”、“地区—顾客”、“产品—顾客”或者是“地区—产品—顾客”等方式来组织销售人员。在此种情形下，每个销售人员在形式上可能要向好几位不同的经理报告；例如，“地区—产品”式结构的销售人员一方面要向负责地区的经理报告，一方面也要向负责产品的经理报告，此时权责之划分必须要界定清楚，以免发生权责重复且冲突的现象。

不论销售人员的组织结构在设立当初是如何地有效，在经过一段时间后，可能会因市场与经济形势的改变而变得不适用。因此，应定期分析其销售队伍是否需要以更有效的方式重新加以组织安排。而在比较旧的组织结构和新建议的组织结构的优劣时，不但要考虑经济层面的因素，也应考虑相关的人性因素。

### 二、销售队伍的规模

厂商在决定其销售队伍的组织结构之后，接着就要考虑销售队伍的规模或大小的问题。增加销售队伍的人数将会增加销售量，同时也会增加成本。厂商通常采用工作负荷法(Workload Approach)来决定其销售队伍的规模，其步骤如下：

(1) 依据顾客的年度销售量，将顾客分成不同的规模等级；

(2) 为每一规模等级分别设定希望拜访的频率(每年对每位客户进行销售访问的次数)；

(3) 将每一规模等级的顾客数目乘以其相对应的访问次数，求得每年销售访问的总工作负荷；

(4) 决定一位销售代表每年能进行的平均访问次数；

(5) 将每年所需的销售访问总次数除以一位销售代表平均一年所能进行的访问次数，即可决定所需的销售代表人数。

假定公司估计全国有500名A等级客户与1000名B等级客户。A等级客户每年需做50次的销售访问，而B等级客户需进行10次访问，则公司需要一年可做35000次销售访问的销售队伍。倘若平均一位销售代表一年可进行1000次的访问，则公司将需要有35名专职销售代表。

## 15.3 销售人员的管理

在决定了销售队伍的组织结构和规模之后，就要进行销售人员的招募、甄选、培训、薪酬、激励和绩效评估等管理工作。

但是由于销售人员活动范围广、灵活性高、弹性大、人员素质要求高等特殊性，导致管理工作比较困难，表现在以下几个方面。

(1) 招聘人员以经验取人。企业总是希望找到能迅速为企业带来客户和订单的销售人才，因而绝大多数的招聘都十分强调应聘者的“相关工作经验”，而且，如果招聘主考官是企业销售主管的话，还往往以自己的销售经验、能力和水平去衡量应聘者。事实上，销售人员过去的工作经历在给他们带来了工作经验的同时，也给他们打上了过去工作的烙印。由于不同企业有不同的企业文化、不同的管理制度、不同的销售策略和政策，因此，在实践中往往出现这样的情况：招来的销售代表越是经验丰富，就越难以融入企业的销售团队当中，其行为与企业的销售管理行为冲突就越大，也越是容易跳槽。

(2) 销售人才流动量大。销售人员跳槽将对整个企业的采购、销售活动产生极大的负面影响：一是每个企业培养一名优秀合格的销售人员都要付出相当的代价，他们的离开使一切努力有付诸东流的可能；二是销售人员的流失将带走客户和营销渠道，会增强竞争对手实力；三是销售人员跳槽还会带走对企业至关重要的信息和有关资料，给企业造成损失。

(3) 人员培训不注重实效。近年来，在企业职员在岗培训中，销售人员培训无疑是最受重视的。可是，往往存在着一个普遍的误区：把销售人员的销售业务工作错误地等同于企业的市场营销，所以，对销售人员进行培训时，企业往往是从当地高校请一位教授市场营销的老师去讲授市场营销课，而且，培训形式也几乎都是以教师讲授为主，受训人员极其被动。事实上，从销售人员的角度来看，这种培训供给与培训需求常常错位。

(4) 销售人员难以控制。销售人员的外勤工作性质使管理难度较大，差旅费、住宿费、电话费、广告费、公关费等费用居高不下；对呆账、赖账未制定相应的制度和办法，回笼货款不及时上缴，公款私用，甚至携款潜逃，企业管理的方法和控制力度不够，多数销售人员处于无效率状态，有些甚至是无组织状态，见利忘义之事时有发生，缺乏基本的职业道德。

(5) 保障体系不健全。无论企业的广告与推广力度有多强，或覆盖面与影响面有多大、多广，企业的销售任务一旦落实到销售人员身上，都需要一线销售员工必须完成。市场一线销售人员往往为了完成销售任务而经常提心吊胆，甚至患有心理障碍。另外，企业往往无法有效地将销售人员的个人发展计划与企业整体运作与发展协调起来，对销售人员缺乏引导。销售人员整天为销售任务而奔波，就会经常产生干一阵过一阵的消极思想，导致短期工作效应。

(6) 考核和激励单一。不少企业或者用同一套激励工具和方法对全体销售人员进行统一的激励，或者只是简单地根据销售数额进行激励。结果要么难以激励大多数销售人员，要么激励效果与企业的整体营销目标背道而驰。另外，在一些销售经理甚至企业管理层看来，销售人员的任务就是实现一定的销售额，在一定时间内完成的销售数额越多，该销售人员就越优秀，至于如何实现这样的销售数额，则往往是采取“只看结果，不问过程”的态度，放任销售人员“八仙过海 ，各显其能”。如果这种思想再加上以按销售数额进行业绩评价和取酬的政策，则往往使企业的市场区域划分、价格体系以至于整个销售计划遭到致命的破坏。

### 一、销售人员的招募和甄选

招募和甄选优秀的销售人员是人员推销成功的重要关键。成功的销售人员通常具备两个基本的素质：(1) 同情心(Empathy)，即设身处地为顾客着想的能力；(2) 自我驱动力(Ego Drive)，即个人想完成销售的强烈需要。除了要考虑优秀销售人员所应具备的基本素质之外，在招募和甄选时，也应考虑特定销售工作的特性，如是否须经常到外地出差、是否有许多文书工作、工作是否有很大的变动性与挑战性等。

进行招募时，可以通过销售人员的推荐、校园招募、职业介绍所的介绍、刊登招聘广告等方式来寻求应征者。招募工作做得好，就会招到许多有兴趣的应征者，接着可进行甄选工作选出合适的人才。甄选工作繁简不一，简单的如只做书面的甄选或简单的面谈，繁杂的如履历资料、面谈、笔试、推荐信等一应俱全。厂商应根据本身的情况和需要，设计一套合适的招募与甄选程序。

## 二、销售人员的培训

厂商在雇用了新进的销售人员之后应对他们进行必要的培训。有许多公司有完整的培训计划，有些公司则只对其销售人员做非正式的在职培训。完整的培训计划需要花费讲师费、教材费、场地费、受训新进人员的薪资、训练行政费等，是相当昂贵的。不过，通过良好的培训才能使新进的销售人员认识公司和产品，了解有效销售的方法，熟悉市场和竞争情况，如此才能胜任销售任务，因此培训费用通常是一种必要的、也是划算的投资。

具体培训方法不一而足，不同的培训方法有不同的成本，培训成效也各有不同。负责培训的部门应尽可能分析不同的培训方法对销售绩效（如流动率、缺勤率、销售量等）的效果，然后选用成本较低的培训方案。

现代企业要注重培养销售人才，这是确保企业销售人力资产保值增值的必然要求。销售人才的培养特别要注意强化营销培训与指导环节，关键是要抓好以下几个方面。

一是营销培训制度化。企业要完善营销培训设施，健全营销培训队伍，建立营销培训援助制度；形成适合企业经营特点的营销培训体系；制订周密的营销培训计划。

二是确立营销培训内容。通常企业的营销培训内容可以区分为三类：即感性教育，其目的是培养员工的营销道德，改善员工工作态度，统一其价值观，协调企业内部的人际关系，增强相互之间的沟通与了解；营销技能教育，其目的在于提高员工的营销技巧和业务熟练程度；营销知识教育，即在提供概念与事实的基础上，培养员工发现问题与解决问题的能力。

三是确立营销培训的类型，主要包括新进人员培训，以感性教育为主，着重于公司理念、文化、营销政策、职业道德、规章制度等的学习，时间可以在1～2个月之间；年度培训，可以在营销人员进入公司一定时间后，进行集中培训，一般在从事营销工作第二年、第三年进行；职务阶层培训，主要对营销活动中不同职务阶层的人，依据职务内容，分别进行培训，以提高其担当职务的能力；职能培训，主要是对公司中不同职能资格的人，依据其职能资格水平，分别进行培训。公司也可以提倡员工进行自主培训，并制定相应的激励政策。

四是采取灵活多样的教育培训形式。营销队伍的教育培训，要形式多样，紧密结合公司营销工作的特点，尽可能充分利用现代高科技成果，真正实现寓教于乐，有声有色，在员工接受培训的过程中，要注意从点滴做起，力戒形式主义。企业也可以利用社会性的专业培训教育机构，为专业的营销培训提供服务。

## 三、销售人员的薪酬

企业必须制定一套有吸引力的薪酬制度，才能吸引与留住优秀的销售人员。一般而言，销售人员和管理层对薪酬制度的要求并不相同，甚至相互冲突。一方面，销售人员希望的薪酬制度是能让他们有稳定的收入，业绩优异时能获得较高的报酬，且能随着经验和资历的增加而合理调整待遇。而另一方面，在管理层看来，理想的薪酬制度应该是可控制的、经济的和简单易行的。管理阶层和销售人员对薪酬制度的要求有时是互相冲突的。例如，管理层希望薪酬制度能具有经济性，可能与销售人员希望的收入稳定相冲突。在设计销售人员的薪酬制度时，应能兼顾厂商和销售人员的观点与利益。

薪酬制度包括两个重要的层面，一是薪酬的水准，二是薪酬的组成项目。薪酬的水准必须配合各类销售工作和工作能力的“市场行情”或“市场价格”，如同业的平均待遇水准或同业的销售人员薪酬等。若销售人员的薪酬有明确的市场行情，则通常别无选择，只有依照市场行情来决定薪酬水准。薪酬水准偏低，不足以吸引人和留住人，薪酬水准偏高，也没有必要。但在操作上，销售人员的薪酬水准没有明确的市场行情。各厂商的薪酬制度中对于固定底薪和变动薪资等项目通常各有不同的轻重，同业间销售人员的能力和年资都各有不同，很难作为比较的标准。而且，不同行业的平均薪酬水准也不易取得。

薪酬的项目包括固定薪资（底薪）、变动薪资、费用津贴及福利。固定薪资一般可满足销售人员对稳定收入的需求；变动薪资，如佣金、奖金、红利或利润分享等，可用来激励销售人员更加努力；费用津贴是指销售人员支付出差、食宿及应酬的费用；福利，包括休假津贴、疾病或意外事件津贴、退休金、人寿保险及其他福利，可提高销售人员安全感与工作满足感。

销售主管必须决定上述薪资项目在薪资制度中的相对重要程度。一般而言，非销售性工作的固定薪资比率，应比销售性工作的比率为高；而技术性较复杂的工作，其固定薪资比率也应较高；对于循环周期性或绩效根据销售人员努力程度而定的销售工作，则应较强调变动薪资。

根据对固定薪资和变动薪资的处理，可得到 3 种基本的薪酬方法，即薪水制（Straight Salary Plan）、佣金制（Straight Commission Plan）和混合制（Combination Plan）。薪水制是定期付给销售人员固定的薪酬；佣金制是根据销售人员的销售成绩（销售额或毛利）付给一定比率的佣金作为薪酬，如以销售人员所实现的销售额的 3％或所创造的毛利的 10％作为支付给销售人员的佣金；混合制是前两种方法的混合，除支付给销售人员固定的薪资外，还根据销售人员的销售表现支付佣金。表 15-1 列出了这 3 种基本酬金方法的优点和缺点。一般而言，混合制若设计得好，可取薪水制和佣金制二者之长，去二者之短，是一种较理想的方法。事实上，大多数的厂商是采用某种形式的混合制。

**表 15-1　三种基本酬金方法的比较**

| 酬金方法 | 优点 | 缺点 |
|---|---|---|
| 薪水制 | 1. 提供稳定的收入，让销售人员有最大的安全感<br>2. 销售费用较易估计和控制<br>3. 易于要求销售人员配合销售政策<br>4. 销售人员较愿意花时间去从事可增进顾客满足的非销售活动<br>5. 简单易行 | 1. 未提供销售人员努力的诱因<br>2. 需要密切监督销售人员的活动<br>3. 薪水与销售量或毛利无关，成为一种固定成本 |
| 佣金制 | 1. 提供销售人员努力增加销售量的足够刺激<br>2. 不需要密切监督销售人员的活动<br>3. 佣金与销售量或毛利直接相关联，是一种变动成本<br>4. 可提高佣金率来鼓励销售人员配合销售政策（如全力销售某一产品） | 1. 销售人员没有固定的收入，缺少财务上的安全感<br>2. 不易控制销售人员的活动，特别是很难要求销售人员去执行没有佣金的工作<br>3. 销售人员可能会忽视对小客户的服务<br>4. 销售费用较不易控制 |

续表

| 酬金方法 | 优点 | 缺点 |
|---|---|---|
| 混合制 | 1. 提供某一水准的固定收入，让销售人员有一些财务上的安全感<br>2. 提供销售人员努力销售的一些刺激<br>3. 销售费用随销售收入变动而变动<br>4. 对销售人员的活动可有一些控制 | 1. 销售费用中属于佣金的部分较不易估计<br>2. 在3种方法中是最复杂的 |

**四、销售人员的激励**

大多数的销售人员都需要有足够的激励或刺激，才能全力投入销售工作。对那些需要单枪匹马到各地去拜访顾客争取订单的销售人员，尤其要经常给予激励，随时给他们鼓劲打气，帮助他们面对竞争者销售人员的竞争和克服销售过程中常常会碰到的挫折与失望，实现销售的任务。

前面讨论过的薪酬是一种财务的酬劳，也是一种重要的激励工具。除了薪酬之外，还有许多可用来激励销售人员的工具，如销售定额、销售竞赛、销售会议、组织氛围、升迁、荣誉、个人成长机会等，都是常用的激励工具。

1. 销售定额

销售定额是厂商为销售人员设定的年度销售额度。销售定额可以用销售金额、销售数量、毛利、销售活动和产品类别来表示。销售定额的设定有3个不同的理论。

① 高定额理论(High-Quotaschool)：将定额设定在比大多数销售代表能达成的水准还要高的额度，但是所设定的水准仍然是可以实现的。这个理论相信高定额可激发更大的努力。

② 中定额理论(Modest-Quotaschool)：将定额设定在多数销售人员能达成的水准。这个理论认为销售人员会接受这个定额，认为是合理的、会办得到的，且可获得信心。

③ 变动定额理论(Variable-Quota School)：这个理论认为销售代表之间有差异存在，因此应视个别差异分别设定高定额和中定额。

2. 销售竞赛和会议

许多厂商利用销售竞赛和销售会议来激发销售人员的热忱，使他们能更加努力，更加投入于销售工作。销售竞赛可用来激励销售人员专注于特定的销售任务，如争取新客户、提高销售量、推销特定产品项目、加强对特定地区的销售工作、扩大销售地区等。销售竞赛的奖品必须具有吸引力，竞赛规则必须公平合理，并让足够多的销售人员有机会能获得奖品，才能达到激励的效果。

销售会议可能提供给销售人员一个和销售主管或公司高层主管会面和交谈的机会。销售会议也是一种社交场合，让销售人员有机会彼此表达心声、沟通意见和发泄情感。

3. 组织氛围

管理阶层可通过组织氛围来提升销售队伍的士气和绩效。组织氛围反映了销售人员对有关他们的薪酬、工作环境和在公司的发展机会的感受和看法。有些厂商不重视销售人员，有些厂商却非常重视销售人员，视他们为发展的主要原动力，并提供给他们在收入和升迁上无限的机会。那些不尊重销售人员的厂商，销售人员的流动率通常较高，绩效也不好。那些尊重销售人员的厂商，销售人员的流动率往往较低，绩效也较好。

### 五、销售人员的评估

销售主管要不断激励销售人员，让他们更加卖力；对销售人员的工作绩效亦应定期予以衡量和评估。

1. 信息的来源

销售主管通常可通过销售人员定期提出的销售报告(Sales Reports)、访问报告(Call Reports)或其他书面报告来取得有关销售人员活动的信息。销售报告包括事前提出的销售计划和事后提出的销售成果报告；比较这两种报告可看出销售人员的事前规划能力和执行计划的能力。访问报告则说明销售人员的活动内容，包括被访问的顾客名单以及和顾客互动的情形。其他报告则包括费用报告、新业务报告、产业和经济形势报告等。

这些报告可提供一些原始资料给销售主管来找出销售绩效的关键指标，包括：(1) 每位销售人员每天平均销售访问次数；(2) 平均每次销售访问所花的时间；(3) 每次销售访问的平均收入；(4) 每次销售访问的平均成本；(5) 每次销售访问的交际成本；(6) 每一百次销售访问的接单百分比；(7) 每一期的新顾客人数；(8) 每一期失去的顾客人数；(9) 销售人员的成本占总销售额的百分比。这些指标可以回答几个很有用的问题：销售代表每天的销售访问次数是否太少？每次访问所花的时间是否太多？交际应酬费用是否过多？每一百次的销售访问所获得的订单数是否足够？是否争取到足够的新顾客并保有原来的老顾客？

除了销售人员所提出的报告之外，销售主管也可通过平日对销售人员的观察与销售人员的日常交谈以及顾客的信函与抱怨情况等途径来获得有关销售人员绩效的信息。

2. 评估的方法

销售人员的报告加上来自其他来源的信息，提供了评估销售人员绩效的原始材料。有了这些材料销售主管可以用不同的方法来进行评估工作。

(1) 销售人员之间的比较

评估销售人员的一种方法是比较并评比各销售人员的销售业绩。不过，如果各销售人员所处的销售环境彼此有显著差异时，这种比较方式很可能会产生误导。只有在地区销售潜力、工作负荷、竞争程度、推广努力程度等方面没有显著差异时，这种相对销售绩效的比较才有意义。举例说明如表 15-2 所示。

**表 15-2 销售人员业绩考评表 I**

| 考评因素 \ 销售人员 | | 甲 | 乙 | 丙 |
|---|---|---|---|---|
| 销售额 | 1. 权数 | 5 | 5 | 5 |
| | 2. 目标/万元 | 100 | 80 | 120 |
| | 3. 完成/万元 | 90 | 74 | 114 |
| | 4. 达成率(%) | 90 | 80 | 90 |
| | 5. 绩效水平(1×4) | 4.5 | 4.0 | 4.75 |

续表

| 考评因素 \ 销售人员 | | 甲 | 乙 | 丙 |
|---|---|---|---|---|
| 订单平均水平 | 1. 权数 | 3 | 3 | 3 |
| | 2. 目标/万元 | 400 | 350 | 600 |
| | 3. 完成/万元 | 320 | 315 | 540 |
| | 4. 达成率(%) | 80 | 90 | 90 |
| | 5. 绩效水平(1×4) | 2.4 | 2.7 | 2.7 |
| 每周平均访问次数 | 1. 权数 | 2 | 2 | 2 |
| | 2. 目标/万元 | 50 | 40 | 60 |
| | 3. 完成/万元 | 40 | 34 | 48 |
| | 4. 达成率(%) | 80 | 85 | 80 |
| | 5. 绩效水平(1×4) | 1.6 | 1.7 | 1.6 |
| 绩效合计 | | 8.5 | 8.4 | 9.05 |
| 综合效率(综合绩效÷总权数) | | 85% | 84% | 90.5% |

在表 15-2 中，由于销售额是最主要的因素，所以把权数定为 5，另外，订单平均批量和每周平均访问次数的权数分别定为 3 和 2。用三个因素分别建立目标，由于每个销售人员所在地区环境的差异，如该地区潜在顾客人数、竞争对手、消费者习惯和偏好不同等，所以每个因素对不同地区的销售人员建立的目标是不一样的。每个销售员每项因素的达成率等于他所完成的工作量除以目标数，随后将达成率与权数相乘就得出绩效水平，再把各因素的绩效水平相加，除以总权数 10，即可得到各个销售员的综合效率。从表 15-2 中可看出，推销员甲、乙、丙的综合效率分别为 85%，84%和 90.5%，推销员丙的综合绩效最佳。

(2) 现在与过去销售绩效的比较

将销售人员目前的销售绩效与过去的绩效作比较，可以看出销售人员的进步或退步情形。销售绩效可以用销售量、销售金额、销售费用、销售毛利、新顾客数或失去的顾客数等项目来表示。下面举例说明。如表 15-3 所示。

**表 15-3　销售人员业绩考评表Ⅱ**

| 销售员：丙 | 所辖区域：西北区 | | | |
|---|---|---|---|---|
| 考评因素 \ 年份 | 2008 | 2009 | 2010 | 2011 |
| 1. 产品 A 的销售额/元 | 200 000 | 210 000 | 225 000 | 225 000 |
| 2. 产品 B 的销售额/元 | 350 000 | 370 000 | 396 000 | 410 000 |
| 3. 销售总额/元 | 550 000 | 580 000 | 621 000 | 635 000 |
| 4. 产品 A 的定额达成率(%) | 95 | 94 | 92 | 90 |
| 5. 产品 B 的定额达成率(%) | 110 | 115 | 118 | 121 |
| 6. 产品 A 的毛利/元 | 40 000 | 41 000 | 41 600 | 42 000 |
| 7. 产品 B 的毛利/元 | 68 000 | 70 000 | 70 500 | 71 500 |
| 8. 毛利总额/元 | 108 000 | 111 000 | 112 100 | 113 500 |
| 9. 销售费用/元 | 13 125 | 14 000 | 16 200 | 18 900 |
| 10. 销售费用率(%) | 2.39 | 2.41 | 2.61 | 2.98 |

续表

| 销售员：丙 | 所辖区域：西北区 | | | |
|---|---|---|---|---|
| 考评因素＼年　份 | 2008 | 2009 | 2010 | 2011 |
| 11. 销售访问次数 | 1 450 | 1 560 | 1 720 | 1 920 |
| 12. 每次访问成本/元 | 9.05 | 8.97 | 9.42 | 9.84 |
| 13. 平均客户数 | 140 | 142 | 145 | 149 |
| 14. 新客户数 | 13 | 15 | 17 | 19 |
| 15. 失去客户数 | 8 | 9 | 11 | 10 |
| 16. 每个客户平均购买额/元 | 3 929 | 4 085 | 4 283 | 4 262 |
| 17. 每个客户平均毛利/元 | 771 | 782 | 773 | 761 |

考评人员可以从15-3中了解到有关销售员丙的许多情况。比如，丙的总销售量每年都在增长，但A产品的销售额每年都大于B产品。从完成率来看，丙在B产品上的业绩增长是以牺牲A产品为代价的。根据毛利额可以看出推销产品B的平均利润要高于产品A，这与他大力推广B产品是不谋而合的。从销售费用来看，其增长率与销售额的增长率基本上同步，可能与访问次数增长有关。但是，该销售员在寻找新客户时，很可能忽略了现有客户，这可从每年失去客户数的上升趋势中得到说明。最后两行每个客户平均购买额和每个客户平均毛利要与整个公司的平均数值进行对比时才有意义。

(3) 顾客满意度的评估

有些销售人员在销售方面业绩可能有不错的表现，但顾客对他们的评价可能不高，对他们的服务可能并不满意。这种情形如不改进，很可能会损害到厂商的整体形象和长期利益。因此，已有愈来愈多的厂商日益重视顾客对销售人员的评价，并运用邮寄问卷调查、电话访问等方法来衡量顾客的满意度，再以调查结果作为评估销售人员绩效的一项重要参考指标。

(4) 定性的评估

对销售人员也可用其对公司、产品、顾客、竞争者、销售地区及责任的了解程度来加以评估，人格特征也可加以评估，如态度、外表、谈吐及气质等。销售主管也可考核销售人员是否熟知并遵从法令。

不论采取哪一种评估方法，或依据哪些准则来评估销售人员的绩效，厂商都应该把评估的准则和方法事先与销售人员做充分沟通。事先清楚地让销售人员了解销售主管将如何评估他们的销售绩效，将可激励他们尽力去提升绩效。

## 15.4　人员推销的过程

不论人员推销的规划如何完善，仍然需要靠销售人员的销售技巧去提升销售业绩。人员推销的过程可用对新顾客的销售和对现有顾客的销售两部分来说明。

### 一、对新顾客的销售

对新顾客的销售过程，如图15-3所示，大致包括发现潜在顾客、事前准备、接近、展示、克服异议、完成销售和追踪等 7 个步骤。

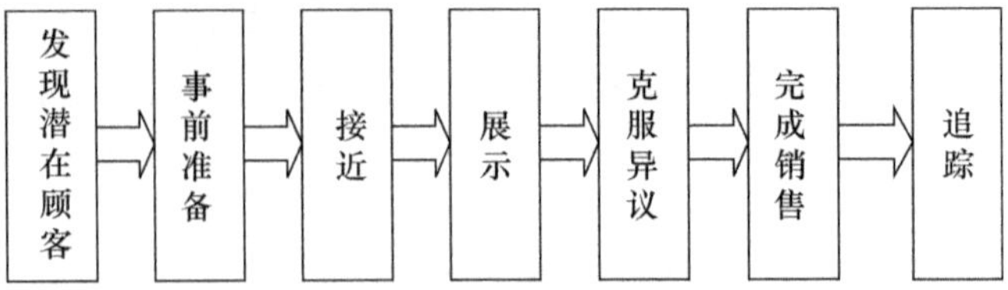


**图 15-3　对新顾客的销售过程**

1. 发现潜在顾客

销售过程的第一个步骤是发现与辨认潜在的顾客。虽然厂商通常能提供一些线索，但销售人员也要有能力寻找自己的潜在客户。下列的方法可用来帮助销售人员发现客户的线索。

① 向现有的顾客询问潜在顾客的姓名。

② 从供应商、经销商、没有竞争关系的销售代表、银行家和商业协会的主管等其他来源得到有关资料。

③ 加入潜在顾客所属的组织。

④ 从事会引起顾客注意的演说和写作活动。

⑤ 查询资料来源(报纸、厂商名录、CD)以找寻潜在客户的姓名。

⑥ 利用电话与邮件去发现线索。

⑦ 不事先通知，顺道去拜访各办公处所。

销售人员需要知道如何筛选顾客，以避免浪费宝贵的时间在无价值的潜在顾客上。销售人员可通过考察可能对象的财务能力、业务量、有无特别要求、地点等来辨别有无可能成为顾客。

2. 事前准备

找出潜在顾客之后，销售人员应在正式接近客户之前，先做好事前准备的工作，包括：

① 搜集有关潜在客户的资料，例如潜在客户的需求特性、采购的决策过程、可能的决策者等相关资料；

② 决定访问的目标，如收集进一步的信息、达成立即销售或评估潜在顾客成为真正顾客的可能性等目标；

③ 决定访问的方式与时间。销售人员可根据受访问对象的工作特性或作息时间来决定拜访的时间，同时还需要考虑如何接近受访问的对象，是用电话联络、电子邮件联络、以信件联系，还是直接前往访问。

3. 接近

销售人员应知道如何会见或接近潜在的购买者，以便能建立良好的关系。销售人员的仪表、言谈、举止等都是重要的影响因素。销售人员可考虑穿着和顾客相似的服装，要有整洁的外表，显得有礼貌，并避免有引人分散注意力的举止和行为。

访问的开场白应明确而令人愉快。如“郑经理，我是××公司的销售代表张三，很感激您接见我。我希望此次拜访能对您及贵公司有所帮助”。开场白后，可以简单的寒暄来增进了解，或问些重要的问题，或展示样品以吸引潜在顾客的注意和好奇。

4. 展示

经过前述几个阶段之后，接着可向潜在顾客进行产品介绍与展示。在介绍和展示产品时，销售人员一方面要以生动的方式展示产品的特色，一方面也要倾听潜在顾客的意见和评论。一位有经验的销售人员应该要保持营销导向的原则，随时配合采购方的反应来展示产品的特性，并且将产品的特性和潜在顾客的利益相结合。

在此阶段，销售人员宜掌握 AIDA 模式。AIDA 模式说明购买者在购买时经过的 4 个阶段：注意—兴趣—欲望—行动。销售人员可顺着此模式来介绍和展示产品，先引起购买者的注意，再激发其兴趣，并诱导其购买意愿，最后促使其采取购买行动。

5. 克服异议

销售人员在展示产品或要求下订单时，潜在顾客常常会提出一些异议。这些异议可能是理性的，如对价格、送货日程或对某些产品或公司特性的不满；也可能是心理上的拒绝，如抗拒被干扰、偏好现有的供应来源或品牌、冷漠、不愿放弃某些事物、销售代表令人有不愉快的联想、先入为主的观念、不喜欢作决策和对金钱的敏感态度。

面对潜在顾客的异议，销售人员应具有相当的耐心，也要有谈判的技巧，设法消除潜在顾客的疑虑，甚至要将理性的或心理的异议转变成购买的理由。

6. 完成销售

在处理和克服异议之后，销售人员应努力完成销售，使交易得以达成。但有些销售人员不能有效处理这个步骤，他们对自己、对公司或对产品缺乏信心，或对要求潜在顾客订货感到不安，或不能在适当的时机完成销售，而使销售工作功亏一篑，非常可惜。因此，销售人员把握时机、完成销售的能力至为重要。销售人员可利用一些销售的技巧来协助完成销售，包括：

(1) 直接法：直接要求顾客下订单。

(2) 汇总法：重述同意购买的要点。

(3) 佯装法：提议协助对方的秘书填写订单。

(4) 选择法：问顾客要选择甲方案还是乙方案。

(5) 施惠法：提供顾客一些特别的刺激，如特价、额外售后服务、数量优待、赠品等，以促使顾客完成销售。

7. 追踪

如果销售人员要确保顾客满意并重复购买，那么追踪这个步骤就非常重要。完成销售后，销售人员应立刻准备好有关送货日期、购买条件和其他事项的必要详细资料。接获第一次订单时，销售人员也应考虑作一次追踪访问，以确定各项服务都很恰当，并可发掘问题，向顾客显示销售人员对顾客的关心和服务的诚意。

## 二、对现有顾客的销售

一旦争取到一位新顾客之后，销售人员就要对这位顾客进行另一种的销售——对现有顾客的销售。对现有顾客的销售强调长期关系的建立和维持。对购买量大的主要客户，如何建立和这些大客户的长期买卖关系，取得他们的信赖，是非常重要且具挑战性的工作。销售人员应密切注意主要客户面临的问题和需要，向他们展现自己服务的热忱和能力，以便能和他们维持长期的合作关系。这种建立长期合作关系的销售工作常常比争取新顾客的销售工作还要复杂和困难。这种营销活动即是所谓的关系营销，以有别于较传统的交易营销。

前面有关章节已述及，关系营销强调要和主要顾客维持良好的长期关系。销售人员不是只在顾客要订货了才去拜访他们，也不是只为了争取订单才去拜访顾客，而是要在平时就多和顾客一起进餐叙旧、打球、参加群众社团、赞助公益活动等，并向他们提供业务上的建议，以便能和他们建立长期的合作关系。

## 本章复习思考题

1. 销售人员的类型和任务是怎样的？
2. 销售队伍的结构与规模应如何确定？
3. 销售人员的管理有哪些内容？
4. 销售人员的推销过程是怎样的？

# 主要参考书目


1. Gilbert Churchill, Jr. and J. Paul Peter, Marketing: Creating Value for Customers. Burr Ridge, IL: Richard Irwin, 1995
2. Michael Etzel, Bruce Walker, and William Standon, Marketing, 11th ed. New York: McGraw-Hill, 1997
3. William Perreault, Jr. and E. Jerome McCarthy, Basic Marketing: A Global-Managerial Approach, 12th e d. Chicago: Richard Irwin, 1996
4. Philip Kotler and Gary Armsrong, Marketing: An Introduction, 4th ed. Upper Saddle River, NJ: Prentice Hall, 1997
5. Rajiv Lai, John A. Quelh and V. Kasturi. Rangan, 行销管理, 美商麦格罗・希尔国际股份有限公司(台湾), 2007
6. 约翰・W・马林斯 等著. 营销管理[M]. 清华大学出版社, 2008
7. 罗杰・卡特赖特 著. 市场营销学[M]. 经济管理出版社, 2008
8. 卡尔・麦克丹尼尔 等著. 市场营销学[M]. 上海人民出版社, 2009
9. 菲利普・科特勒 等著. 营销管理(第 13 版)[M]. 上海人民出版社, 2009
10. 诺埃尔・凯普 等著. 21 世纪的营销管理[M]. 上海人民出版社, 2003
11. 威廉姆 G. 齐克芒德、迈克尔・达米科. 有效的市场营销：创造竞争优势[M]. 机械工业出版社, 2003
12. 罗杰・A. 凯林 等. 市场营销[M]. 世界图书出版公司北京公司, 2011
13. 刘军. 定位定天下[M]. 东方出版社, 2010
14. 林建煌. 营销管理[M]. 复旦大学出版社, 2003
15. 晁钢令. 市场营销学[M]. 上海财经大学出版社, 2009
16. 郭国庆. 市场营销学[M]. 中国人民大学出版社, 2011
17. 吴青松. 现代营销学原理[M]. 复旦大学出版社, 2003
18. 吴健安. 市场营销学(第 4 版)[M]. 清华大学出版社, 2010
19. 迈克尔・J. 贝克. 市场营销百科[M]. 辽宁教育出版社, 1998
20. 郭国庆. 营销理论发展史[M]. 中国人民大学出版社, 2009
21. 爱成. 心智战[M]. 机械工业出版社, 2005
22. 李传屏. 营销论语[M]. 中国市场出版社, 2006
23. 吕巍, 周颖. 战略营销[M]. 机械工业出版社, 2007
24. 于建原. 营销策划[M]. 西南财经大学出版社, 2005